田夏彪 著

生活世界

学校教育的实践归向及路径研究

九州出版社
JIUZHOUPRESS

图书在版编目（CIP）数据

生活世界：学校教育的实践归向及路径研究 / 田夏
彪著 . -- 北京：九州出版社，2024. 6. -- ISBN 978-7-
5225-3095-6

Ⅰ . G40-015

中国国家版本馆 CIP 数据核字第 20241ZU980 号

生活世界：学校教育的实践归向及路径研究

作　　者　田夏彪　著

责任编辑　周红斌

出版发行　九州出版社

地　　址　北京市西城区阜外大街甲 35 号（100037）

发行电话　（010）68992190/3/5/6

网　　址　www.jiuzhoupress.com

印　　刷　天津中印联印务有限公司

开　　本　710 毫米×1000 毫米　16 开

印　　张　17

字　　数　255 千字

版　　次　2024 年 6 月第 1 版

印　　次　2024 年 6 月第 1 次印刷

书　　号　ISBN 978-7-5225-3095-6

定　　价　69.00 元

　　教育是什么？当人们在这样追问的时候，其所要获得的到底是何种答案？是一个具体的、实体的标准"对象"吗？如此的话教育仅仅只是一种确定性的知识而已，它顶多是人类众多知识类型当中其一而已，这显然与教育是培养人的实践活动之本质相背离。既然教育是培养人的实践活动，它就不会是一种具体的知识或技术，而是与人的整个生命发展相关，教育不得不面对或呼应人的存在问题。那么，何谓存在？尤其是人的存在是怎样的？这个问题得不到澄清，教育在人的培养上难免会陷入虚无，会停留于抽象的理论知识和外在的形式之中。现实中人们将教育视同为一种高效率的理性技术或方法，其目的在于能让学生在各类考试中获得好分数，以及作为教育对象要遵从既有的规范而成为所谓的模范，于是教育者和学习者共同将自我的身心潜能围绕着既定的单一目标而发挥作用，不断取得计量上业绩的突出表现。这不可谓不是教育的重要功能和作用，然而教育如果只是在知识、分数上追求效率化，其所造成的一个弊病在于忽视了人的存在，或者说教育仅仅把人塑造成用工具理性去高效率追求现成的明确的对象化之人。这种对象化在今天集中体现在以资本为核心的价值诉求上，它以金钱、权力、身份、地位等来衡量一个人的成功，从而将人的身心存在掏空，迷离无所适从，在焦虑的竞争中难以找到属于自己的安身立命之根基。

　　可以说，作为培养人的实践活动的教育，其本源是要为人的身心发展打开一个世界，让世界多元存在的可能意义向其生命照射进来，不断将自我生命融入世界的发展之中，此即为人的存在的意义，它乃是人与世界的统一关系在生命实践中不断开显意义的过程。在此当中，人的生命总是处在流动的时空境域里，把过去、现在和未来凝聚在自我生命的选择、定向之中，去开启有意义的人生。所以，教育在培养人的过程中不仅只是设立一个外在于人的生命的具体目标，无论这种具体目标是知识、技术，还是权力、资本，它们都将人的生命与世界隔离开来，以一种被动给予或明确无误的方式来设置人的身心发展，结果往往把具有人心的感性生命肢解为抽象的理性存在或功利性的物质存在，于是人与自然、人与社会、人与自我的关系被计算化了，情感、价值、信仰等人的感性生命所寄托的有意义的生活世界难以进入人的身心性命发展中，感恩、感动、感激、感铭等情感不再撼人心魄，以致人们生存在一个刚硬的冰冷世界里，原来由人的理性和情感混融而成的生命与世界的融通依靠不复存在。

所以，未来的教育改革和发展为避免陷入抽象的理性和空疏的形式之中，一条重要和基础性的路向选择在于回归生活世界，在实践中开启教育者身心性命的切实存在，使其结合现实的社会交往中生发出来的问题来展开教育教学互动，把知识融化在开放性的生命时空世界当中，使得教育教学过程中知与行、理与情、心与物、自然与社会得以有机和谐统一，从而促成教育主体健全人格的形成，积极去开启一个丰富而有意义的世界。

目 录
CONTENTS

第一编　生活世界：学校教育实践的本源基础

第二编　立德树人：学校教育实践的根本任务

第三编　希望前行：农村学校教育实践的本体回归

第四编　和谐共生：民族教育实践的文化认同

生活世界：学校教育实践的本源基础

导　言

　　教育是实践活动，其目的是指向于人的自我生产。那么，何谓人的自我生产呢？它是一个给予的现象吗？答案是否定。既然是人的自我生产，也就意味着人在教育的影响下能够认识和定位自我，在生命实践中不断将自我的人性潜能得以发挥出来，这显然是处于一个充满了活力和弹性的现实性可能世界之中，而非停置在抽象的王国或阴影里。然而，长期以来教育实践中存在着各种抽象的现象，这种现象追求着一种外在于生命和生活的目标，反映在：首先，教育本质运行的"非实践活动"，也即将教育变为一种以知识为主导的实践活动，虽为实践活动但其主要是围绕着静态的知识获取来进行，远离了动态的人与人生命交往的实践性；其次，教育主体关系的"非感性意识"，也即将教育者和受教育者视为纯粹的理性存在，将他们具体感性的且又充满精神的完整生命加以割裂，完全用冷静的大脑来进行知识的授受；再次，教育内容的形式的"非内在统一"，也即各种知识以一种外在散碎的方式暂时停留在学习者的记忆之中，没有化为其系统的思维能力；此外，教育过程方法的"非生活世界"，即没有将教育主体生命实践纳入进来，以一种逻辑的标准化来组织教育教学。

如此种种，所带来的结果是教育远离了人的生活世界。所谓生活世界乃是人们在具体的生命实践中形成的自然与社会相统一的历史性世界，各种知识都源出于生活世界里的人们所进行的感性意识交往，通过人与自然、人与他人打交道的基础上领悟着世界的意义，并由其而生发出各种外显的包括科学在内的人类文明，并滋养着历史世代中人们的生命实践创新，进而让生活世界处在一种有机的发展运动变化之中。作为培养人的教育实践活动，要能完成好人类的自我再生产，不应当以抽象的现成的知识为主导，而须将教育教学扎根于广阔有机的生活世界之中。

第一章　走进生活世界：新时代学校育人的实践向度

　　生活世界是一个具有丰富意义的场域时空，人们只有置身于生活世界中其意识才能切实地触及问题或事情本身，而非先入为主地或外在地停留于纯粹意识、抽象理论知识的泡沫或主观经验的偏见中来思索、解释和解决之。教育部颁发的《大中小学劳动教育指导纲要（试行）》强调："在系统的文化知识学习之外，也应有目的、有计划地组织学生参加日常生活劳动、生产劳动和服务性劳动""必须面向真实的生活世界和职业世界，引导学生以动手实践为主要方式，在认识世界的基础上，获得有积极意义的价值体验，学会建设世界，塑造自己，实现树德、增智、强体、育美的目的。"[1] 可以说，生活世界是人类与自然环境之间展开全面、丰富、持续的劳动实践交往而在时间中生成着的本源的属人的世界。种种概念化、逻辑化的理论知识都是建立在生活世界的基础上，并通过人在生活世界中有意识的生命活动（劳动）来更新推进。2023 年 3 月中央办公厅印发的《关于在全党大兴调查研究的工作方案》指出："调查研究是谋事之基、成事之道，没有调查就没有发言权，没有调查就没有决策权；正确的决策离不开调查研究，正确的贯彻落实同样也离不开调查研究；调查研究是获得真知灼见的源头活水，是做好工作的基本功；要在全党大兴调查研究之风。"[2] 显然，理论的活水来自实践，决策的成效取决于实践，只有深入生活世界的调查研究才能切实地走近事情本身，才能实事求是地形成满足和指导人们社会生活需求与发展的真理。

---

[1]　中华人民共和国教育部.大中小学劳动教育指导纲要[EB/OL]（2020-07-07）[2024-05-23].
　　https://www.gov.cn/gongbao/content/2020/content-553529.htm

[2]　中共中央办公厅.关于在全党大兴调查研究的工作方案[EB/OL]（2023-03-23）[2024-05-23].
　　http://www.nhc.gov.cn/wjw/mtbd/202302/57ecf6b568df49318abfeboa2f753f8c.shtml.

马克思曾言："意识在任何时候都只能是被意识到了的存在，而人们的存在就是他们的实际生活过程。"[1] 这里的实际生活过程无疑是生活世界的另一种表述，它是人们在与自然进行多重丰富的社会实践交往而体验着、领悟着、思想着和生成着的世界，也是人们有意识的生命活动过程，而不是与人无关的独立的内在的"意识世界或活动"。现象学开创者胡塞尔认为，生活世界是每一个人所生活于其中，所经历和所体验的人的经验世界的总体，它是主体性的世界、原初性的世界以及对理论世界而言是具有奠基性的世界[2]。基于此，新时代背景下为避免学生身心发展的抽象性、片面性和异化，摆脱过往以知识分数、应试升学为中心的泥淖，切实把他们培养成为"德、智、体、美、劳"全面发展的社会主义建设者和接班人，学校育人实践有必要走进生活世界，在内容选择上追求"科学与人文"的价值范导，过程形式上追求"自律与自由"的品格锤炼，方法运用上追求"情感与理性"的人性共谐，让学生经由对人类一切文明成果的学习内化，将历史与现实、传统与现代、当下与未来、自然与社会关系有机结合起来，在充满生动、生气的生活世界中进行属人[3] 之有意识的生命活动创造，积极去构建"天与人""我与你"相互"美美与共"的人世间。

一、新时代学校育人实践的内容选择之"科学与人文"价值范导

新时代，人类社会已迈入技术化、信息化和智能化的道途中，科学技术是第一生产力成为时代发展的强音和重要动力。同时，在科学技术不断给人们带来生产生活的进步、富足和便利之余，新时代人类社会发展也更加注重文化传统、民族精神和人文价值的赓续弘扬。可以说，新时代的人类社会发展要走向繁荣兴旺与文明和谐，在实践上理当追求和处理好"科学与人文"

---

[1] 马克思恩格斯选集：第1卷[M].北京：人民出版社，1995：72.

[2] 韩震.西方哲学概论[M].北京师范大学出版社，2006：337.

[3] "属人"一词最初出现于拉丁文，有"隶属于人的法律"的含义。这里的"属人"是指与人有关的、属于人的体现人性内涵的意思。

价值的统一关系，既要积极发挥科学技术造福于民的强大力量和科学精神，也要在社会发展中奉行、弘扬和追求以人为本的价值关怀和人文精神，使得新时代背景下人类历史不断朝着富强、民主、文明、和谐的方向进发。作为学校教育，它以增进和提升人的生命能力和人性境界为导向，在目的上是自觉的，在价值上是有追求的。一则其要积极培养学生的高尚人格品质，使人性潜能得以充分健全地发挥；二则要让学生具有适应、推动社会前行的生存能力，使之成为能发扬和引领时代精神的生命主体。

（一）大脑和人心：具体性综合研究，"育"学生的科学精神

人是现实性的存在，其发展离不开对历史积淀所成的人类知识和经验的学习。在人类众多的知识经验中，科学及其技术已然成为重要的影响人类生存与发展质量的文化构成内容。着眼于现代化和全球化发展的趋势，科学及技术已渗透在人们生产生活的方方面面，从衣食住行、医疗卫生、生态环境、国防军事，社会各行各业都不断朝着机械化、信息化、智能化发展，现实中人们的物质财富日益丰富，生活学习日益便利，自由个性日益激扬，而这些无疑与科学及技术所起的催化作用有关。可以说，科学及技术是人类精神能力的重要表征，它是人类历史实践的文明智慧成果，至今已成为引领行业和社会发展的强大动力，无它则一国一社会难以融入全球化、信息化的现代竞争中，无视和逆此而行显然是反理性的，也是违背历史潮流的。国务院关于《全民科学素质行动规划纲要（2021—2035年）》指出："激发青少年好奇心和想象力，增强科学兴趣、创新意识和创新能力，培育一大批具备科学家潜质的青少年群体，为加快建设科技强国夯实人才基础""坚持立德树人，实施科学家精神进校园行动，将科学精神融入课堂教学和课外实践活动，激励青少年树立投身建设世界科技强国的远大志向，培养学生爱国情怀、社会责任感、创新精神和实践能力。"[1] 因此，学校教育要与时俱进，理应将最新的科学

---

[1] 中国科协.全民科学素质行动规划纲要（2021—2025年）[EB/OL]（2021-07-14）[2024-05-23].http.m.toutiao.com/group/6984762174166336031

及技术知识纳入课程体系中，使学生自觉地运用科学方法解决学习和生活问题，并通过不断地反思和创新实践来培养他们的科学精神。当然，在肯定和重视科技在学校教育中的重要性和必要性的同时，学校及师生也要清醒意识到现实中不乏存有科学技术对人、自然和社会的异化现象，要警惕唯科学主义、技术主义在人们生命生活中的消极影响，对此则离不开"人心"来加以控制和消解，须人们将生命生活的真谛和世界意义的开启扎根于人性实践的大地上，从人与世界一体本源关系思考和构建人类的生存境域。

所以，新时代学校育人有必要正视和兼顾学生科学求真的"大脑"和生命求善的"人心"之间的统一问题。一方面，让学生习得和掌握理性的逻辑科学研究方法，从原理、概念、假设和事实出发来调查求证，以客观务实的思维、态度来分析研究问题，使其积极获得各种知识来认识和理解外在的环境事物；另一方面，让学生在深入和体验社会生活中用心观察和领悟问题对象所具有的复杂性和具体性，以质疑批判的眼光来审视抽象逻辑求证所不及的可能性和非确定性，为科学和技术知识的发展、应用留有审慎、想象的余地或空间。尤其对于青少年学生而言，学校教育很重要的方面在于培育其运用科技让世界变得更美好和谐的价值意识，使之既确立起科技是第一生产力的思维认知，也要形成科技是服务于人类生命生活的手段的价值观念，明了人类生命生活实践乃为科技生发之始源的道理，而不能颠倒二者的存在关系。也就是说，科技是服务于人类身心自由健全和生命生活丰富完整的，而不是束缚、割裂、片面等相反的异化结果。"的确，倘若人的一切文化事业及其创造的文明价值，归根到底以人对存在的遗忘作代价的话，或者说，以人之物化、人的生存之客体化为代价的话，那么，一切文化的成就终将归于虚无。"[1]

因而，为了更好地培养学生的科学方法和科学精神，学校可针对学生在日常生活中所碰到的具体性社会和生活问题，结合科学课程内容来构建综合性的研究项目，依托区域的资源和条件基础，让学生通过实地调查、查阅文献、行动参与来获得对问题的系统全面了解，从自然与社会等跨学科和多元

---

[1]　王德峰.哲学导论[M].上海：复旦大学出版社，2021：204.

视角来加以分析，不断在观察验证、参与操作、调节修整的行动中认识、掌握一定的科学原理和技术，并在反思中对其作用和限度加以质疑批判，从而在生活和学习中逐渐形成科学方法的有效运用，陶冶科学精神。在此，"具体性综合研究"之所以十分重要，原因在于从长远来看，社会成员特别是青少年如果缺乏良好的科学素养，整个社会未来科学发展的后劲就会乏力，单凭少数杰出的科学家和企业家是难以支撑起一个社会和国家科技的创新发展的。假若大部分社会成员仅仅停留于只会享用科技的成果而无科学素养的提升，他们单纯消费着和使用着科技产品及其所带来的便捷性，这在一定程度上有可能会让其失去感受、领悟生命生活灵动性的感性力量，于自我身心素质潜能的丰富性和社会文明的健康活力是有阻滞的。由是观之，新时代学校教育务必要注重对学生科学方法与科学精神的双向统一培养，让学生兼具有科学的"大脑"和生命的"人心"，在具体性社会问题的综合研究中促发和培养其科学研究的兴趣与能力，使之通过解决现实的具体问题去感受和领悟生命实践自由的人文光彩，实现科学与人文在其人性生命中的互补共谐，以科学的"大脑"去探究自然规律并进行生产生活实践，以充满温情、敬意的"人心"去感悟和领会世界的脉搏和时代的召唤。

（二）"生存"和"意义"：情境性主题探讨，"育"学生的人文理想

人的发展首先遭遇到的是生存问题。在"活着""活得怎样""为什么活"这几者之间，"活着"是基础，也就是人们常说的"民以食为天"的吃饭问题。只有解决了"吃"的问题，人才能"活着"，进而才会提出更高的发展需求。直至今天，人们依然还要为过上富足的物质生活而不息奋斗，这也是每一个人的人生所必须面对和经历的，没有谁可以完全不劳而获、坐享其成的。为了让自我活得更好而不得不努力拼搏，于是"活得怎样"又变成了现实的人生存在的诉求。当人们的物质生活日益丰裕和多元便捷成为现实之后，建立在物的依赖（物质经济）基础上的人的独立性不断增强，人作为精神的生命存在面对诸如自然与社会、个体与他人、现实与理想等各种矛盾关系时又会生发出超越的希求，此时"为什么活"的意义问题在其情感、心理、价

值、信仰上凸显出来。当然，无论是人类总体还是人类个体，"活着""活得怎样""为什么活"等的生存问题既是历史的也是现实的，或者说它们都具有社会性，绝非是现成、直观和线性的抽象存在，而是交织在人的存在中。比如，为了"活着"，人必须得结成各种社会关系，在实践中通过认识、利用和改造自然来创造物质财富，并在交往合作、冲突对峙及消解中来解决"活得怎么样""为什么活"的问题，从而才逐渐创造和形成了人类社会的物质和精神文化。人作为物质与精神相统一的生命主体，正是在与自然的社会关系中生成的，这也就使得人的"活着"变得异常复杂和丰富，在物质生存发展的基础上充满着精神的创造性。

从历史发展进程来看，伴随着生产工具、生产方式和生产关系的变革，人类社会的生产生活日益从人对人、人对物的依赖关系不断走向每个人的自由全面发展。无疑，人在自然和社会中的存在是历史的，历史的社会发展同时又是一个充满着曲折的人性锤炼、陶冶和教化的过程。人成为人不是天生的或自然的，而是历史的、生成的，人生在世去做人乃是人的生命归向和责任，活到老、学到老、行到老乃为个体的命运所然。正因如此，人类及个体的生存与发展必然离不开教育的影响与化成，尤其学校教育作为有意识培养人的实践活动，其对青少年身心发展的促进和影响理当是自觉的，这种自觉在于要将人的现实性、历史性或社会性和个性融合统一进教育教学中，既使学生身心发展浸润历史积淀所成的体现真善美的社会知识和价值，又能使其自我的"个性"得以自由创新和发挥，不断促进社会文明的发展更新。所以，新时代学校育人不能抽象地把学生视为"完人""现成的人"或"抽象的人"，或任其自然发展，或一味满足他们的需求，或仅仅停留于单纯的知识学习而不顾及其所具有的社会性。正所谓"十年树木，百年树人"，学校于学生的培养不止于知识化的，而理当是生命化的。何以这样说？人的生命是物质自然的，又是精神主体的，二者统一于人的感性生命实践活动中。人通过社会交往来生成"人心""人道"，也即人们常说的文化传统或民族精神。个体要成为人，首先离不开社会文化的熏陶教化，否则其人性潜能中的个性无以为基础。同时，个体在习得和内化传统文化和心理之余，他又是独立自为的存在，其发展要以自我的方式来让世界的意义敞开，积极去完成对"人道"的弘扬。正所谓"尽己性则尽人之性，尽人之性则尽物之性"[1]，在实践中推动历史的生成和发展。因此，新时代学校育人要注重学生社会性和个性化的统一，其中很重要的方面在于培养学生好学、立志、笃行的心向，尤其是社会物质生活和学习环境条件日益向好的当下，更应注重其理想、信念、毅力、慎独、知耻等身心品质的陶铸。假如他们没有接受和承受"挫折""失败""吃苦"的教育影响，以及缺乏榜样人物、感人事迹的激励和垂范，其身心难免陷入或呈现出散漫、随意、放纵之态而失其正，从而难以真正成为适应、融入和担当社会历史发展的主体。"教育的本质主要是一项规范性活动，而不是一种技术活生产活动。这种规范性不断地期望教育以一种正确的、良好的或恰当的方式从事教育活动。"[2] 为了更好地促进学生对科学知识和文化传统的学习，让其身心获得良好的发展，学校除了依据党和国家的教育方针、教育目的来构建和落实课程方案、教学系统之外，也有必要加强对学生的社会主义核心价值观教育，让其在与老师、同学之间展开现实的生命交往，并在其中思考、感悟、体验真善美的真理与价值，把自我的学习与生活置于人类大群的文化生命长河里，从而才能凸显个体生命所具有的历史和社会属性。也就是说，学校教育虽然要重视和注重学生个体的个性发展，但这并不意味着其无须与他者建立起良好的合作关系，那种单纯原子式、我行我素的脱离社会的个体其实是不存在的。人生的意义如果离开了亲友爱、师生谊、朋友信、故园恋、家国情，缺乏共同的奋斗、相互的扶持、快乐的分享、苦难的分担，则个体的个性或特立独行是不可通达的，唯有在充满深情的人文关怀中去运用理性才能切实地去构建规范有序、公平正义的社会存在，让学生身心在自由发展中创造有意义的人生。为此，新时代学校育人有必要积极将社会主义核心价值观融贯在学生课堂内外的学习和生活中，使其树立起为他人的幸福、为社会的繁荣、为国家的富强而踔厉奋发的人生理想和信念，把青春的汗水挥洒

---

[1]　王国轩译注.中庸[M].北京：中华书局，2006：106.

[2]　马克斯·范梅南.教育的情调[M].李树英，译.北京：教育科学出版社，2019：158.

在增进人类文明事业的征程上。

那么，如何才能把社会主义核心价值观铸牢在学生的身心发展中呢？较为切合实际的进路在于师生日常教学中可积极展开情景性探究，结合学科具体知识内容形成研讨主题，让学生将其生活中所遭遇的社会人生经验作为素材进行分享讨论，把富强、民主、文明、和谐等价值的重要性与现实学习和生活建立起联系。不过，研讨主题虽从课堂教学中生成，但对其的深化必然要延伸到课外的社会生活，须学生查阅搜集、观察记录来自社会现实的与自由、平等、公正、法治价值相关的事例和材料，根据教学内容和进度，师生间断性地在课堂教学中穿插案例加以讨论，随着教学时间的推进可形成系列性的研讨专题，并以主题班会、假期调研等形式加以系统地深研下去。可以说，伴随着此过程的持续开展，学生会在情境性的行动研究中真切感受到爱岗、敬业、诚信、友善在学习和生活中的重要性，从中明了做人做事需要诚心、恒心、爱心的必要性。当然，社会主义核心价值观教育是一个系统工程，离不开学校从校园物质文化环境、精神文明风气、道德法治心理、日常行为规范等方面来建设和夯实，并通过黑板报、歌舞文艺、报告宣讲、征文演说、社会服务等多种途径和形式让学生耳目心脑注入社会主义先进文化，如春风化雨般滋润学生的心灵，让其将自我的个性潜能在与他人的携手同行和奋发有为中开启人生和世界的意义。

二、新时代学校育人实践的过程形式之"自律与自由"品格锤炼

新时代，人类社会日益呈现出多元化发展的活力态势，尤其是人们的创造性、创新性和自由个性不断得以发扬，这是人类社会得以持续发展的重要基础。不过，新时代在凸显社会主体自由和创新个性的同时，为了使自由和创新个性发挥和运用"有度"且在不同社会主体之间能形成"理解"和"共识"，也还要注重他们各自的责任、义务、担当、协作等人格品质的陶冶和锤炼，从而人类社会的文明发展在具有健全身心素质能力的社会主体推动下才能充满张力且和谐有序。为此，实践中学校教育对学生的培养，在过程形式

上要讲求"自律与自由"并重，既不能一味地纵容、迁就，也不可一味地防堵、压制，而应动之以情和晓之以理，在真诚的心灵交往和榜样垂范中引发学生的转变和成长，使其自觉主动地去选择和践行真善美，并用坚强的意志力去促进自我身心的不断超越。

（一）"自控"与"惩戒"：规范性原则立行，"育"学生的慎独习性

人是自然的动物，也是社会的存在，更是文化精神的生命。人是自然的动物，意味着人有着本能存在的一面，利己自爱是人的基本欲求，但作为社会的存在，人的立己自爱是有着一定限度的，以不能损害他人利益为基本原则。作为文化精神的生命，人具有强力意志，能够在理性的指导下克己利他。可以说，这几个方面在人身上是交织相融的，在不同的时空情境中，它们在具体个人的人性结构中的比例关系是有所不同的。不过，从人之为人的角度而言，人虽然在机理和本能上始终有着自然属性，但既然称之为人，就理当有着不同于动物的尺度，人要在自我意识的驱使下去按照社会文化的价值规范去行事，要让自己去成为人而努力。生活中人们常说"做人难"，之所以"做人难"就在于人很容易被自己的本能或欲望所击败，从而不能"做好人"，而要"做好人"就得按照人心之所同然去做。何谓人心之所同然？略言之，在人类各种社会关系中，比如同事、朋友、家人之间要讲求互信、友爱、和睦，自我言行中对之须当力行、谦让、担当等，而且不是偶然的一次，而是得终身奉行的，这当然不是一件容易的事情。正因为不容易，它才彰显了人之为人的自我意识、理性意志能力的可贵，故而为人要自律如常。"人作为本体的理性存在，可意识到自己是不属于时间条件的，他的这同一行为、活动和意志只服从于理性的自我立法。而道德优于认识，本体高于现象，自由可以作为原因干预自然，所以……'能做'属于自然因果，'应做'就属于自由。"[1] 也就是说，把人做好不仅在于"能做"，更在于"应做"，在"应做"的自律下赢得自由。所以，当下学校育人需从学生日常的行为举止抓起，让

---

[1] 李泽厚.伦理学新说述要[M].北京：世界图书出版公司，2019：47.

其养成健康的、文明的学习和生活习惯，使教育着眼和回归于"做人"的根本导向上。而学生"做人"最重要的两个方面在于要有一个健康的身体和一个美丽的心灵。健康的身体是属己的，是自我立身处世的基础，身体只有舒适无恙其精神才能专注集中和用力得道。美丽的心灵则是内得外施的，与人交处恒以对方为重，在亲善相待中遵守道义而慎独自守。生命着实可贵，健康的生命是人的精神意义得以充分彰显的物质基础，但现实中，随着人们物质经济生活水平的改善，人的生命健康问题却由于人们的饮食、作息不规律和缺少适宜的运动而日益凸显出来。这当中的原因除了环境和饮食卫生之外，更主要的在于人们不是"吃少了"而是"吃多了"，正所谓"病从口入"，过剩的营养在人体不断堆积而致使身体器官难以承受负荷，从而逐渐引致身体机能的损坏。比如，在学校，近视、肥胖以及运动能力弱化在学生中有着一定的数量比例，这显然是不利于他们发展的，从长远来看学生没有健康的身体作为基础，其精神生命的绽放也是会受到牵制的。

为了让学生有一个健康的身体，新时代学校育人要把学生体质的提升作为一项教育任务来抓实，将运动作为学生学习生活的重要组成内容，通过丰富多元的体育服务开展让学生动起来。比如，学校要适当增加体育课程所占的课时比例，除此之外要设立体育社团，将适合学校开设的羽毛球、乒乓球、篮球、排球等作为学校的常规体育活动抓实抓牢，让学生在课余有从事体育锻炼的时间，使其在运动中找到属于自己的快乐，能劳逸结合地增进自我的学习效果。中共中央、国务院《关于全面加强和改进新时代学校体育工作的意见》指出："学校体育是实现立德树人根本任务、提升学生综合素质的基础性工程，是加快推进教育现代化、建设教育强国和体育强国的重要工作，对于弘扬社会主义核心价值观，培养学生爱国主义、集体主义、社会主义精神和奋发向上、顽强拼搏的意志品质，实现以体育智、以体育心具有独特功能。"[1] 显然，学校坚持注重学生体育运动能力的培养，其目的不在于让学生成

---

[1] 国务院办公厅.关于全面加强和改进新时代学校美育工作的意见[EB/OL]（2020-10-15）[2024-05-23].中华人民共和国中央人民政府.http://www.gov.cn/zhengce/content/2020-10/15/content_5551609.htm.

为某一运动项目的专业选手，而是让学生积极参与运动的竞技中，培养自己的业余爱好和专注力，在运动中体验到生命的乐趣。这种乐趣是通过自我身体的投入练习，以一种日益娴熟的方式来展现运动的力量、耐力、柔韧性等潜能，不断增强挑战和超越自我的勇气和意志力。同时，做人除了有健康的体魄之外，其心灵美也必不可少。人的心性不是天生自足的，而是从小不断在家庭和学校社会生活的交往学习中锤炼习得的，因为做人是在人群中去做，人与人相处总得讲究分寸和尺度而不能任意孤行。然而现实生活中，学校、老师及不少的父母都十分重视孩子的学习成绩，只要孩子考试分数不赖，其余的都"好商量"，而在"商量中"孩子往往以会考更好的分数为由而让自己的言行一次次脱离了基本的规范要求，他们的坐姿、饮食、作息、诚信、友爱等日常行为习惯和交往心理打破常规，在朝夕的累积中其言行习惯慢慢失范而难以转变，诸如沉迷游戏、贪吃肥胖、拖沓散乱、不爱运动、不做家务等习性逐渐成自然。

所以，新时代学校育人要注重学生身心意志能力的锤炼，教育教学中要做好"严字当头"和"爱在内里"的统一。"严字当头"意味着学校要承担起培育具有时代精神的社会主体，他们肩负着传承、内化和推进人类真善美的文明价值，学校教育就是要有意识地将这些文明价值灌注进学生人性生命之中，对他们在学习和生活中言行的失范和失当要给予及时的惩戒，让其知耻并心生羞愧，进而积极承担起不良言行的相应行为责任。当然，惩戒的依据或标准不在于教师单方面"说了算"，而要有着具体的"规矩尺度"，它是学校和班级在民主的调查、主题班会召开等基础上经过师生讨论、协商来订立的，得到了全体师生自由意志的理性认同和情感认可的，故而学生对"规矩尺度"的违反须要接受相应的惩处，学校和老师对此得严格施行而不放松。同时，为了更好地促进教育对象身心发展的文明和谐，学校除了履行"严字当头"之外，也要讲求"爱在内里"。老师既要对学生怀有平等的"爱心"，关爱每一个学生，又须有正义的"责任心"，促进每一个学生的发展，还需要有艺术的"慧心"，面向不同学生而因材施教。学生只有真切感受到老师对其身心发展的关心、细心、贴心，他才能实心实意地接受学校和老师的严厉批评和惩处，在学习和生活中自觉自愿地遵守和践行各种规范要求。总之，新时代学校育人要注重学生慎独习性的培养，使其在学习和生活中的言行举止、饮食运动、游戏娱乐、劳动交往等能够做到文明有度、规范有节，从而积极促进自我身心的健康成长。

（二）"自然"和"社会"：生产性园区开辟，"育"学生的自强意志

人的生命来自父母的遗传，可称之为"受命于天"，它具有自然属性。自我出生之前或死亡之后，作为个体的我是"不存在于世"的，由此而言，人生在世难免显得"偶然"和"有限"。不过，具有"偶然"性的人的生命则需要承担起"必然"的人生展演，其"有限"的生命须得卷入"无限"的人类绵延中，如此其自然的生命才逐渐在历史实践中转化为社会文化生命。具体而言，"偶然"的生命降临世间，随着人世生活的展开，个体获得了自我意识之后，他必然要面临和承担起自我命运的发展问题，须由自己进行选择、设计、奋斗来构建人生，别人或他者无法取代自我，也即人生路要靠自身来完成。说得更为直白一些，人生只有一次，只有一次的人生要由自我来走完，别人无法代替自己去生，无法代替自己死，也无法代替自己去活，自己的人生唯有依靠自己来经营。此意味着一个基本的道理：人生当自强，拼搏、奋斗、顽强、独立乃是每一个人自我人生的底色。另则，人生又只能是社会性的人生，"有限"的生命并不意味着与他人或世界绝缘孤立，每一个人从生命的降临、发育、成长和建功立业都是在家人、朋友、同事和社会成员的抚育、关爱、互助、合作的交往中实现的，他人是成就自我梦想的同路和同道人，在相互砥砺努力中一道去追逐志向和道义。而人们所追求的志向和道义是相通的，其体现了真善美的人文价值理想，这种价值理想是普众的而非利私的，也可以将之称为人之为人的善性品质。作为个体正是要通过自我的意识、情感和意志行为去认同、追求和坚持此善性品质，从而将自然的个体生命融入社会的、大群的文明中去，积极发挥和实现自我生命的无限价值。总之，人生天地间，每一个体的确是自然的一分子，他有着生死有限的自然生命，但其自然的生命又是社会的，个体相互之间进行着有情感、善良、勇敢、正义、

宽容等的生命实践交往和创造。现实中，每一个人的生命往往与他人的生命建立起联系，既包括横向的人际互动，也包括纵向的代际交往。正因为个体的生命是在社会中存在而使得自我能够活在别人的心里，而一个人能活在别人心里则无疑在一定程度上实现了个体生命之超越。扩而言之，整个人类生命和文明正是人与自然、人与他人在社会交往实践的基础上，在历史行程中不断地往复循环而向前不已。

人之为人最终要成为的是个体或自己，个体只有具备了独立的生存能力，方能在与人交往中被他人所认可。个人如果沉沦于众人中丧失自我甚至以一种寄生的方式而存活，这样的个人是会被人所鄙视或厌弃的，原因就在于他没有个人的独立性。那么，新时代学校育人如何增强学生的自立能力，真正地促使其成为具有个性的自我存在？毋庸置疑，无论是个体要成为人，还是在成人的基础上成为他自己，一个必不可少的基本存在方式在于劳动实践。人作为个体存在，需要在社会中以劳动为生，唯有通过劳动才能创造财富以养生存活，并且也只有通过劳动方能将自我与他人更好地联系起来，因为劳动的对象、材料、手段和技术等都是社会性的产物，绝非作为个体的人的主观意识的产物。也就是说，作为个体的人所遭遇的现实社会及各种供其劳动的对象都具有历史社会性，其中凝聚着的是过往人类共同的精神智慧。个体不劳动则无以为生，他既不能获取、使用和创造物质生产资料，也不能习得、了解和内化人类共同体的情感和价值等。教育部关于《大中小学劳动教育指导纲要（试行）》指出："劳动是创造物质财富和精神财富的过程，是人类特有的基本社会实践活动""劳动教育是新时代党对教育的新要求，是中国特色社会主义教育制度的重要内容，是全面发展教育体系的重要组成部分，是大中小学必须开展的教育活动。它具有鲜明的思想性，必须将马克思主义劳动观贯彻始终，强调劳动是一切财富、价值的源泉，劳动者是国家的主人，一切劳动和劳动者都应该得到鼓励和尊重；倡导通过诚实劳动创造美好生活、实现人生梦想，反对一切不劳而获、崇尚暴富、贪图享乐的错误思想。具有突出的社会性，必须加强学校教育与社会生活、生产实践的直接联系，发挥劳动在个人与社会之间的纽带作用，引导学生认识社会，增强社会责任感；

同时注重让学生学会分工合作，体会社会主义社会平等、和谐的新型劳动关系。具有显著的实践性，必须面向真实的生活世界和职业世界，引导学生以动手实践为主要方式，在认识世界的基础上，获得有积极意义的价值体验，学会建设世界，塑造自己，实现树德、增智、强体、育美的目的。"[1] 因此，为了提升学生的生活自理能力，新时代学校育人很重要的内容和路径在于加强对学生的劳动教育，积极培养其热爱劳动和善于劳动的素质能力。热爱劳动意味着学生喜于显露身手，乐于参与完成学习和生活中的社会劳务，而非心存"等靠要"或"坐享其成"的观念和心态。善于劳动意味着学生能有质量地完成任务，应对事情不"随意敷衍"或"马虎了事"，而能专心用情地投入其中。

具体而言，学校要使学生形成良好的劳动素养，除了让他们承担班级日常卫生打扫等任务之外，学校还要切实有效地实施好劳动技术教育课程，并因地制宜地进行实践转化，确保学生有所知还能有所行，达成学习效果上的知行统一。比如，借助于信息技术及相关资源，劳动技术课程教学中老师可结合视频影像的形式让学生了解包括材料供给、产品加工、流通销售、消费盈利等劳动环节和过程，在此基础上学校通过参观和实地考察等方式组织学生对企业、社区进行调查且形成相关的主题研究，从而有效激发学生的探究兴趣，培养其好学的态度。此外，学校要充分利用校园空间和资源，积极开辟和开发生产性劳动生活园区，让学生有直接参与劳动实践的机会和体验，不同学期或季节的生产任务由组员在科学制定方案的基础上进行，其中包含对生产的成本与效益核算等各个环节，学生以分组的方式负责本组"田地"的耕种、维护等全过程管理。他们在这样的亲身劳动实践中会真切地懂得唯有付出方能回报的哲理，在用心投入中逐渐形成和培养起热爱劳动和珍惜劳动成果的情感和观念等，从而以自立自强和勤俭奋发之姿来面对自我的学习和人生。

---

[1] 克利希那穆提.唤醒智慧的教育[M].周豪，译.重庆：重庆出版社，2016：9.

三、新时代学校育人实践的方法运用之"情感与理性"人性共谐

新时代，社会的发展既追求人与自然的共生和谐，也注重人类自我身心的自由个性发挥，人类在继承传统、立足现实和面向未来的历史行程中以美的方式不断进行创造性和创新性实践，积极推动世界朝着"自然的人化"和"人的自然化"相统一的境界迈进，以便达成"天人合一""四海协和"之人类世界景象。为此，新时代学校育人理当要追求"完人"的培养，使其"知、情、意"等身心能力的发展得以发达且调和，让之既有"是非善恶"之"知"，也有对"是""善""非""恶"的爱憎、好恶之"情"，又能对"是""善"自觉地加以学习践行和对"非""恶"给予回避和抵制之"意"，从而在面向自然、社会和自我矛盾关系上能够"应对自如"。正如王国维先生在《论教育之宗旨》里所言："何谓完全之人物？谓人之能力无不发达且调和是也。人之能力分为内外二者：一曰身体之能力，一曰精神之能力。发达其身体而萎缩其精神，或发达其精神而罢敝其身体，皆非所谓完全者也。完全之人物，精神与身体必不可不为调和之发达。而精神之中又分为三部：知力、感情及意志是也。对此三者而有真美善之理想：'真'者知力之理想，'美'者感情之理想，'善'者意志之理想也。完全之人物不可不备真美善之三德，欲达此理想，于是教育之事起。"[1] 显然，为了形成一个和谐美满的人类社会和世界，新时代学校培养具有审美心灵和能力的主体是十分必要和重要的。实践中的教育教学在方法运用上要注重协调学生"情感与理性"的和谐统一，不断通过学生主体间合作互动和自然性体验活动的组织与实施来激活其人性潜能的自由和创新个性。

（一）交往与解放：主体间合作互动，"育"学生的仁爱心灵

人是社会关系的存在，个体作为人类的成员，只有通过与他人的共在交往才能开启自我丰富的人性类本质。人性的类本质是开放的，这种开放性不

---

[1]　王国维.论教育之宗旨[J].教育，2015（37）：1.

独被人类个体所独占或穷尽。每一个体的人在其现实性上是一切社会关系的总和，人只有在社会实践关系中透过他人才能更全面地认识自我，他人在一定程度上是另外一个可能的自我，而这种可能性经由与他人的社会交往学习后会在自我身上实现出来。当然，人作为社会关系的存在，也包括人与自然的统一性在内，因为自然是人类无机的身体，人之为人的精神主体性是在自然人化中生成的，人通过实践活动使自然成为属人的自然，并实现人自身自然生理的人化。这也就是说，影响人的身心的因素是多元现实的，包括内外环境的共同作用，虽然主观能动性在其中起着内在的决定意义，但它不是纯然自足的，而是要通过对象性的实践活动来实现人与人、人与自然的相互确证。因而，把人视为单纯的精神实体存在，以思想或意识自身来代替现实的人的生命成长，无疑是虚幻的、唯心主义的。事实上，人的发展离不开现实的时空环境，唯有人将自我能动性在实践中对象化出来，经由自然和社会的改造来完成主观目的的客观化。当然，这是一个双向的主体互动过程，作为自我总是要将自己对世界的理解来向他人转达，以求得别人的认可和认同，而作为对象的他人也是以此来要求他者，于是人与人之间就形成了相互的主体间性关系，双方不断在交往中以对方为镜子来反思和调适自我。正因为有着一个不同于我的他者存在，自我才能不拘囿于自身内部而充满了改变的可能性，这种可能性既来自自我的主体能动性发挥，也来自他者对自我所提出要求做出的不一致回应，主体双方在交往合作中保持着适度的张力平衡，相互在对象性学习中来突破和发展自我，从而使得作为个体的"我"的个性和类的"我"的人性共同得到丰富和提升。

既然如此，新时代学校育人要注重不同学生的特殊性和差异性，让他们在交往创造中实现自我人性的最大潜能发挥，以不同的个性发展及相互间的合作交往来促进自我人性的丰富性表现。这里涉及一个重要的教育学命题：学生是具体的或个体的，不同学生有着相别于他者的个性。而这种个性之所以可能，又在于其身上内聚着共同的人性潜能，它以独特的发展水平和形式积淀在不同学生身上，也即作为抽象形式的人性潜能终究以不同个体的个性方式在现实中存在。如是，学校育人不应是抽象的，当是具体的，它要从学生个体自我的生活世界出发来对其身心施加影响。而言及学生的生活世界，它是充满生命律动的，绝非仅仅由单纯的逻辑认知和理论知识学习构成，而是其整个身心与世界发生的生命实践交往关系，内含着情感、想象、自信、理想、欢喜、忧愁等复杂细腻的人性质素。"教育不仅仅是训练头脑。训练提升了效率，却没有造就人的完整。一个仅仅接受训练的头脑只是过去的延续，这样的头脑永远无法发现新事物。所以，要发现什么是正确的教育，我们必须探询生活的全部意义""要带来正确的教育，很显然，我们必须了解生命这个整体的意义所在……了解生活就是了解我们自己，这既是教育的起点，也是教育的重点。"[1] 因而，学校不应将他们完全束缚于单纯的理论知识的学习中，以一种静默的逻辑思考取代感性的生命交往过程，如此会造成学生身心发展的局促和狭小，往往使得他们把心思和精力更多投放在考试成绩和分数之上，并以此作为其在学校立足的"资本"。果如其然的话，那只会把学校育人裁解为抽象的计量分数，使得鲜活的生命能量被机械化和程式化，学生身心交往的开放性和真诚性受到了"计分"的牵绊和捆绑。同时，这还会在一定程度上形成学生群体间的"集聚效应"，也就是学生之间的交往以成绩高低差别来聚类，不同成绩群体交往产生界限，这无疑不利于学生身心发展的健康和谐，难以使得学生形成谦虚、从容或一视同仁地从不同他人身上汲取和反思自我的心性。

因此，为了让学生从单纯的知识分数追求及以此为基础的聚类交往中走出来，形成同学之间真诚、开放的学习和生活交往氛围，切实将学生之间的交往变为积极有效的学习资源，让他们因其他同学的存在并与之交往作为反思、改变和提升自我的重要力量。学校可以积极创设敞开性合作互助活动项目，让不同学生将其对生命和生活的理解以实践或运动的方式展现出来，能使学生以实际行动来见证和感受其他同学所具有的人性魅力，比如坦诚、直率、爽朗、豪放、谦让、宽容、友爱、坚韧、勇敢等，这些人格品质在学生

---

[1] 国务院办公厅.关于全面加强和改进新时代学校美育工作的意见[EB/OL]（2020-10-15）[2024-05-23].中华人民共和国中央人民政府.http://www.gov.cn/zhengce/content/2020/10/15/content_5551609.htm.

相互交往与合作中会得到更为直观的透显、激发和伸张。当然，学校构建和组织的敞开性合作互助活动在形式、方法上要注重灵活多元化，包括趣味游戏、球类比赛、郊游体验等，其目的在于让学生有着合作交往的锻炼机会，让他们在共同的任务分工、对话交流和分享表达中体验着、感悟着与己相似和不同的人生故事和生命历程，从而引发自我的反思和人性叩问，激荡和唤醒其仁爱慎独之心，以忠恕之道来待人成己，从而在生活实践中让世界因有"你"有"我"而更亮彩。

（二）现实与超越：多元性审美活动，"育"学生的创新个性

人的存在离不开社会，作为个体发展前提和基础的社会是历史性的，它为个体发展提供了人类积淀的文明成果。没有人类过往的社会文明成果之灯，个体注定在黑暗的长夜中徘徊不前以致迷路消逝。正因为有了代际绵延积存的智慧结晶，个体才有了发展的基本凭资和依据，但这并不意味着作为个体的人就淹没于社会中，相反社会发展的活力则是来自个体的人的创新性推动。这是一个辩证的实践过程，一方面个体的成长是现实的，其身心的成长离不开既定的社会所提供的物质和文化养料，社会生产力水平和生产关系决定着身处其中的个体的认知行为和价值观念等；另一方面，在一定社会生产力水平和生产关系中成长的个体则在学习、适应和完成社会化的基础上，会以自我独特的方式融入社会，以与众不同的个性创造为人类的社会文明注入新鲜的血液。由此而言，人类社会的发展是在个体的社会化和社会的个性化统一中前行的，其中个体潜能的充分发挥是促使社会文明进步的重要助推力量，因为个体不仅要习得和适应社会规范，他还得主动做出调节来超越既定的事实现状，将自我融入更为宽广和深远的时空关系中，把对事物或问题的思考理解放置在横向和纵向交错的由远近、表里、显隐众物构成的网络体系里，通过感知、想象、行动实践来领悟世界的律动节奏，让自我从单一的现成事实中摆脱出来而自由驰骋于万有相通的天人合一的审美境地，在此基础上返回对事物或问题的认识、理解则会产生或形成新的、更真切的体悟，从而创造性地应对和解决诸种矛盾问题和关系。

教育的本质是培养人的实践活动，培养人也就意味着让教育对象向人去生成。那么，何谓向人生成？一则是个体要完成社会化，二则个体要成为具有个性的自我存在，此两方面是辩证的互为一体。就学校教育来说，其在注重对学生在知识、技术、道德、价值等方面的社会化培养之余，也要完成好对学生个性的培养，切实让学生通过自我个性的发挥而为人性潜能开拓出新的丰富性和可能性。为此，新时代学校育人很重要的一个方面在于要加强和夯实对学生的审美教育，积极开发和构建多元的审美教育资源和空间，提供让学生的生命力和个性得以充分展示的平台，以便能使他们的潜能得以自由舒展和发挥。《关于全面加强和改进新时代学校美育工作的意见》指出："美是纯洁道德、丰富精神的重要源泉。美育是审美教育、情操教育、心灵教育，也是丰富想象力和培养创新意识的教育，能提升审美素养、陶冶情操、温润心灵、激发创新创造活力。"[1] 何以见得会如此？这是因为审美教育是一种自由的教育，它之所以是自由的，就在于审美教育注重人自身生命能力的整体感悟和释放，把人对世界的认知、理解建立在感性生命的领会之中，而非单一的诸如科学知识的逻辑标准化和道德价值的规范化来束缚身心。具体而言，审美教育追求在认知、想象的引领下去构建超越现实的感性形象，这种感性形象是多元个性化的，它可借助于语言、动作、声音、色彩、形状等的运用来形成有特色的创造性"作品"，"作品"凝聚着的往往是个体对生活世界的独特感受，这种独特感受摆脱了常人或世俗的价值标准或眼光，把人性中久藏而未能名状的喜好、感动、理解等以形象化的方式表达出来，见之听之往往能够拨动人们的心弦，在人们之间引起共鸣的教育效果。这样的"作品"既是个性化的，往往体现出创作者独特的个性品质，然而其又是人性的或普遍的，它揭示了人之为人的某种可能性。正因为人性是可能的，而不是必然的，人类在文化的历史创造中才不会停下脚步，其中个体的个性化发挥着十分重要的作用。只有人类不同的个体尽可能地发挥自我的聪明才智，不拘泥

---

[1]　国务院办公厅.关于全面加强和改进新时代学校美育工作的意见[EB/OL]（2020-10-15）[2024-05-23].中华人民共和国中央人民政府.http://www.gov.cn/zhengce/content/2020-10/15/content_5551609.htm.

于陈规地去进行自由创造，才能更好地推动人类文明的更新。

所以，新时代学校育人要更好地培养学生的审美个性和创新能力，实践中除了注重系统的音、体、美、书法、舞蹈、语言等各类美育学科课程的开设及相应社团的组建之外，还可将手工、服饰、礼仪、摄影、戏曲等传统技艺等丰富多元的审美教育资源、要素和形式纳入进来，虽然未见得所有学生都能参与或融入各种审美教育活动中，并能获得所谓较高的艺术发展水平，但这些活动资源和平台的建设却能为不同学生身心的全面发展提供条件，也为特定方面有天赋的学生提供了发展自我个性的可能。另则，学校也还要积极组织自然性的审美活动，让学生在学习诸如地形地貌、山川河流、动植物分布、农作物出产、季节气候等知识性课程之余，学校应结合当地自然地理环境和气候特征，定期让学生到野外观察和体验自然生态环境，使之置身于具体的田野、山林之中，用自己的身心去感受大自然的魅力，走出长期以来学校育人所固守的人与自然主客二分的思维取向和内卷于理论知识授受的抽象境况，教育学生积极将自我的身心与自然宇宙建立起共息律动的一体关系，以"超功利"和"超道德"的自由心境来学习、体验、研究流变不易的宇宙真理。在诚意笃行、乐思慎独、自由创新中去求学问道和修身立命，将其身心性命融入人类历史长河里，从而通过自我有意识的生命活动中去化育一个美丽和谐的世界。

第二章　学校育人的"感性意识"基础及实践路向

什么是学校育人的"事情本身"？马克思提出的"感性意识"观点于此有着重要的启示意义，它从存在论视域为学校教育从纯粹的知识、技术、语言、逻辑的抽象意识中解放出来，不仅仅让学生习得和接受既成的知识或事实，将之作为不加反思的真理而必然如此地去认识和把握，而是使其在体验、领悟、行动的实践中与世界发生属人的关系。那么，何谓"感性意识"？"感性"怎能是"意识"的？"意识"又怎能是"感性"的？这岂不有所矛盾吗？其实，"感性意识"乃是对近代以来以理性主导的纯粹意识或思辨知识所构建的抽象世界的批判，正如马克思所言："科学只有从感性的意识和感性的需要这两种感性出发……才是真正的科学。"[1] "意识在任何时候都只能是被意识到了的存在，而人们的存在就是他们的实际生活过程……思辨终止的地方，即在现实生活面前，正是描述人们的实践活动和实际发展过程的真正实证的科学开始的地方。"[2] 也就是说，真正的科学是属人的历史的科学，而非把人的生存放逐出去，单纯地停留于纯粹意识或思辨知识内部的科学，也不是建立在逻辑求证基础上的以物为对象的抽象自然科学，它是人以对象性的实践关系为基础的对生存于其中的世界的人心领悟，是包括自然科学和社会科学在内的人类文明及创造活动的真正本源和动力。因此，"感性意识"乃是感性活动（也即实践）中的意识，它是人之为人的生命存在的本然，其通过感性活动或实践去向人生成，当中意识不独立于感性活动之外而独立存在。用人们熟悉的话来说，人是物质和精神统合不分的生命存在，这样的生命不是动物、

---

[1]　马克思.1844年经济学哲学手稿[M].北京：人民出版社，1979：81-82.

[2]　马克思、恩格斯.德意志意识形态[M].北京：人民出版社，1972：30-31.

不是机器也不是神，而是在实践中去成为人的"感性意识"生命。

基于"感性意识"的观点，反观学校育人现实，长期以来存在的一个事实在于其所具有的抽象性，这种抽象性比较突出地表现于师生对知识分数、工具技术的重视和追求，更多关注学生理性认识能力的培养和理论概念知识的掌握，而在一定程度上忽略了其情感、意志、想象等非理性精神，但它们是连同理性精神一同构成了人之为人的完整生命。所以，学校于人的培养无疑要指向于学生"感性意识"生命的发展，要促使其身心个性的全面自由开启，而非仅仅沉陷于既成的理论知识或抽象意识的授受中，以致使学生在身与心、理论与实践、理性与非理性、自然与社会等本应同源一体的历史生命存在分离和异化，对此，当须引起学校育人实践在进路与方法上的反思。然而，如何改变这一境况？其改变能否直接是对既有"事实"的否定、抛弃？抑或是展开单纯的道德批判？无疑，系统化、制度化的学校教育无论形式、内容、过程、方法都是迄今为止人类在教育实践上的文明成果，人类教育不可能退回到非正规化的"自然教育"中去，如此则是非历史和反历史的；同时，对学校教育存在的不足和矛盾发出道德责难和价值批判虽有必要，但仅仅从应然的理想来解释或评论教育，如此也是非现实和非历史的，无济于事情的根本改变。因此，很重要的进路和方法在于学校育人要从本源上切入教育对象的"感性意识"生命，将学生的身心发展置入对象性的世界关系视域中来进行培育，这是一项奠基于丰富和完整人性潜能基础上的促使学生去成为人的生命实践活动，学生的身心在感性的、现实的、具体的、历史的实践活动中获得属人的丰富性发展。

一、师生"互见"：学校育人主体的对象性交往存在

人是教育的中心，这既是从作为教育者的教师而言，也是从作为教育对象的学生来说的，他们共同构成教育的主体，相互间一同去问道教育之学，此学的根本在于人的培养和发展。其中，问题的关键在于"人之发展"乃由"人之培养"而来，而"人之培养"基础又系于作为教育者的教师和作为教

育对象学生之间发生的"人与人"的教育关系，离此则"人之发展"会偏离本源。

何谓"人与人"的教育关系？无论是教师还是学生，他们都是具有社会属性的个性化生命主体，其置身于学校中展开的交往活动要能切实促成其人性潜能的丰富和绽放，离不开教育教学融入和渗透历史生成的社会文化，让其去面对更为开阔和深远的世界关系，而非把他们的生命仅仅缩减为对某一或某几种抽象的理论知识的学习和掌握，如此教育难免走向空疏、抽象和片面而远离了人的真实性、丰富性和具体性。因此，师生之间的交往是以人性的真实性和全面性为基础，并以人性能力和境界的提升为目的和价值导向的，这就要求师生交往不仅仅是"授业解惑"，还要"传道"。其中，教师不只是"经师"，更为重要的是"人师"；学生不只是学"知识"，还要学"做人"。而"传道""做人"都离不开师生对人生价值、世界意义的共学体验、领悟反思，以真切、真实和全部的生命经验共鸣来激唤起其人性实践的灵动。所以，"人与人"的教育关系在学校里离不开师生之间对象性的生命实践交往，学生在老师的引导下打开超越自我的窗口，老师在学生的发展中进入教育的科学和艺术历史中，他们共同在教学相长中去开启自我生命与世界之间的多元丰富意义构建的可能性。

（一）对话交往：师生"观看"中超越自我

显然，无"人"的学校是不复存在的，但有"人"的学校却未必能把握到教育的真谛。这绝非为一种批评或贬义，更多是对学校育人所具有的复杂性的反思。学校的魅力在于师生之间通过生成教育关系而开启学生人性潜能的自由而有个性的发展，但它不是一个机械的因果必然性关系，不会自然自动发生或形成。如果离开了"人与人"的师生主体间对象性交往关系，则学校教育便失去了活力和灵性，即使教育教学在理论知识授受上有着高效率，可这并不意味着育人上的健全与和谐，因为教育离开了促进人本身的发展及人与生活世界整体关系的生存经验的领悟开启，则人的培养只关注了"大脑"而未深入"人心"，其终究是抽象和片面的。那么，师生之间的对象性交往关系如何能具有教育性？师生教育教学展开的是"人与人"之间的"观看"，在"观看"中师生把切己的生命经验向对方敞开和给予，相互在交流中激荡、生成、丰富着超越自我既有人生经验、视野、思想的教育意义，从而获得知识、情感和态度上的拓展和转变。也就是说，教师和学生通过相互的"观看"而能返回对自身的"观看"，从而实现自我身心的认识、反思、定位、转变和超越。当然，问题也由之而来：交往中师生切己的生命经验如何敞开？一个很重要且基本的方式就在于"对话"，唯有师生之间通过话语交心来实现他们生命的敞开，从而触发、理解和走进有着共同人性根底的生命世界之中，形成师生对人类普遍性知识和价值的认同心理，又生发和孕育出好学、反思的积极心态，在不断的学习探究中形成创新个性品质。

师生之间的对话交流是围绕着人的生命、生存和生活而展开的，在内容上具有双重性。一重是以自然和社会为对象的科学知识，师生要将历史过往中人类积淀的智慧结晶加以学习内化，它是师生对话交往的重要内容，以理性的逻辑语言符号为表征，师生主要以此为媒介来展开教育教学，对既成的人类知识进行传承。无疑，师生之间围绕着知识展开的"对话交往"是十分重要的，原因在于知识代表了人类共同的心智发展水平，作为个体只有在融入和学习了解人类已有知识的基础上才能更好地完成其社会化。其中，科学和技术能够有效促进和改变人们的生活水平，从物质财富的丰富、交通出行的便捷、娱乐消遣的多元、寿命健康的延益等，这是现实中的人们生命质量的重要基础。而法治、公正、平等、诚信等规范和价值则是人们生活交往有序的重要制度和道德保障，无之必会给社会发展带来混乱。因此，学校教育中师生对话交流的重要组成内容体现了以理性思维和逻辑法则为基础的自然科学和社会科学知识，培养具有科学理性思维和科学精神的学生主体是师生对话交往的重要教育关系构成。然而，学校师生的对话交往并不能被"知识"所完全覆盖或取代，"知识"无疑是重要的，可它不能仅只停留在自身内部，也即人们常说的从"知识"到"知识"，这样的"知识"是静态的而不是活的，活的"知识"是与生命生活不可分离。

知识来源于和系于生活，知识所代表的理性不是完整的人的生命，人的生命是以生活为其底蕴，在生活中人的生命不脱离非理性的喜怒哀乐爱恶欲等情感。它们是人们在共同社会性交往中对生命的整全体验，而不仅仅是一种理性的认知，其在本源上先于理性的认知，而且是整个生命不可游离的本色。也即人的生命是系统的整全存在，理性与非理性统一于人的生命之中，二者不是外在的相加，而是情理的融合，这种融合是一体的。一体的也就意味着不能将二者人为地分离开来，它们的关系是你中有我、我中有你："情"并非无"理"，有"理"之情才是属人的；"理"也并非无"情"，有"情"之理也才是属人的，否则只是一台机器而已。所以，学校中师生关系的教育性还体现在对话交往的另一重，那就是师生基于各自生活基础上进行的言语交流，在交心、坦诚、互信、激励中面对知识、学习和生活，既在相互的情感和心声的倾诉、倾听中来唤醒共同的性灵，使得生命的实践趋向于真、善、美的追求和统一。比如，"真"不独是逻辑的理性法则，还是逻辑的理性法则在实践中融化于对生命的领悟中，让"求真"的社会行动有"度"的界限，在公共社会生活中讲求规则，而在日常生活中注重亲仁、包容、礼让、友爱等。在人与自然的关系上可讲求主客二分的科学认知，但也同时注重"物吾与也"的和谐共生。"教育学要研究怎样去形成新的自然教育观，形成人既是主体，又是生态世界万物协和的责任人之双重身份的意识和能力。这是中国教育学建设需要面对的'宇宙级'问题，也是传统文化中'天人合一观'的当代创造性转化及其教育问题。"[1] 总之，学校要将人培养好，十分重要的基础在于师生之间的对话交往，它是教师和学生对象性存在的体现，要使对话交往具有教育意义，不仅要关注理性的知识，还要着眼于生命的敞开，唯有师生以包含了知识在内的"人与人"的性灵碰撞和"人心观看"，方能将人性潜能激发出来去创造有意义的人生。

（二）自省激励：师生"共学"中丰富个性

何谓有意义的人生？去践行有意义的人生不应成为学校育人所追求的目

---

[1]　叶澜.新时代中国教育学发展之断想[J].中国教育科学，2021（5）：9.

的和价值吗？答案是肯定的。人生或人的生命展开理当有所"化育"，而不应是自然生理的变化。人生的"化育"乃是人融身于自然而展开的社会性人文实践活动，一则人通过与天地自然打交道来形成、发现物之经验和物之理则。同时，人与天地自然打交道是与他人合力协作而进行的，人们在相互分工、协同的交往中创建和生成了相应的社会经验或规范。可以说，自然之物理和社会之法则乃是人们为了追求有序性、确定性的社会人生所"化育"出的文明成果，代际的人类身心正是对这些文明成果的学习而得以滋养和发展。然而，社会文明本身具有历史性，而不是实体化或静态化的存在，人类在利用历史文明成果的基础上经由实践持续走向未来，而未来又绝非是一个确定性的对象。未来如何不可能由知识或逻辑来预测和决定，只能是通过人类的生产生活实践来孕育、生成和推动。这里特别强调的是，虽然知识或逻辑在人类生产生活实践中具有解释、判断、指导的功能作用，但人类社会的发展是"实践"或"做"出来的而不是"纯思"出来的。当然，"实践"或"做"中必有"思"，可"纯思"不能成为独立的"主体"而成为人类社会发展的决定力量，唯有人们在生命实践行动及其感受、领悟中才能对既有的文明形态做出心灵回应，催化出对当下知识、技术、道德等诸文化进行持存、改进的反思和诉求。这也就是说，生存着、生活着、体验着是人生在世的本源状态，它是先发或源发的，而确定性的经验、知识或逻辑是后生或后出的，二者的先后关系不得不分清楚，否则会引发人们生命存在的抽象性。所以，现实中学校师生除了去教授和学习客观性的逻辑知识，不断推动他们提升对自然物理、生命科学规律的认识能力及水平，以及积极认同、遵守历史和现实中人类社会规范之外，也需要师生有着超越"知识"的教育教学观，将学生视为一个完整的具有独立个性的生命存在来进行培养，使其身心获得个性化的整全发展，让之能够认识自我、反思自我和超越自我。

那么，学校教育教学如何才能超越知识而切入师生的生命身心和人性潜能的激发中去？现实中的人有着不同于他者的生活历史，虽然这种生活历史也必定是社会性的，但他们各自在客观的社会生活中所发展而成的自我身心是个性化的。人的个性化存在无疑是真实和真切的，不论个体在认知层面对自我身心发展的社会水平持否定或肯定的评价，都无法将自我的身心感受完全等同于他者，否则他就不是一个具体和真实的人，而是以某种社会标准或尺度来衡量的抽象者。事实上，每一个人的确是独一无二的，其身心的社会性发展终究不能掩盖和取代其生活中的个性。所以，学校在注重自然和社会科学知识的教育教学同时，理应关注师生的具有个性的生命，让他们能够相互自省激励，在共学反思中丰富自我人性的潜能。虽然师生各自有着不同于他者的个性，而这种个性又非为完美无缺的，它在人性的某些方面体现出属于自我而别人没有的特性或优点之余，又在另一些方面体现出自我弱于别人或有所不足的缺点，也即人类的人性不是自足而是充满弹性或活力的，这种弹性或活力就在于人们的个性是有别的，只有个体在相互的取长补短中方能使得人性潜能或境界水平得以整体发展。既然如此，学校教育教学中师生须要敬畏和审视人性，敬畏乃是对他者个性生命的一种尊重、爱护，审视是对自我个性生命的一种反思、慎独。从老师角度而言，老师眼中要有学生，要看到不同学生的个性差异并给予关心和爱护，对学生发生的错误、遭遇的挫折、经历的失败、表现得不如意等也都应"因事"施以批评、鼓励、安慰等，让学生深切感受到老师对自我成长的在意。并且，老师理当把教育教学当成一种生命存在状态而非工作任务，要结合教育教学和学生的表现来审视自我，在总结、反思和学习中促进自我的育人素养和能力。从学生角度而言，学生要亲师信道、友爱同学，要积极主动地参与各种教育教学活动中，真诚地表现自我，坦诚和虚心地接受老师和同学帮扶、指导，形成悦纳他人、欣赏自我的积极心理品质。"教育和教育研究本就是离不开人、在人与人的交往中发生的。但受科学主义的影响，教师教育中我们过多关注技术层面的培训，专注于研究如何把书本内容更有计划、更高效地灌输给孩子；教育研究则往往使用量化的方法，要求研究者置身事外，多用抽象理论的演绎和量化资料的描述代替对鲜活生活体验的关注，试图如自然科学那样追寻客观真理和普遍规律。因此，我们在教育和教育研究中看到的多是'抽象的人'和'客观的事物'。"[1] 总之，学校教育教学不止于知识、理论、技术的授受，还应充分发挥师生作为人、作为具有个性的人本身所蕴含的教育意义，让师生能相互走进对方的"心灵"，视他人如己，又能慎独省己，如此他们对知识或理论的教学才有着人性的土壤滋润而不会变得抽象，而是能够切入其身心性命的律动当中。

概言之，学校育人实践中良好的师生关系是本源性的、持续性的教育力量，师生通过对象性交往存在"互见"生命和世界的多元丰富性，双方在相互的对话交流、共学反思中把自我人性发展导向真善美的境地。

二、课程转化：学校育人内容的生活性交往敞开

师生关系是"显""微"共在的。"显"者在于学校育人中总有师生的"现身"；"微"者在于师生的"现身"需追求教育性，有待于师生适时地去实践出来。这当中，重要的纽带在于课程的构建与转化。课程之所以重要，乃在于它是学校教育使人成为人的具体性活动力量。课程不仅仅是知识或知识体系，而是包含了知识并使其转化为育人意义的"活的动态的教育存在"。基于此，学校育人在课程选择、设计和实施上要将"活的动态的教育存在"原则融贯其中，把知识、理论与人们现实的生活基础进行有效的联结转化，实现其解释和改变"世界"的功能作用和价值意义。

（一）综合劳动课程：参与体验中育身心自由

学校的使命在于培养人，其所培养的人当是整全的，而什么样的人才是整全的？对此人们往往偏向于抽象地回答，诸如常见的是人的"德、智、体、美、劳"的全面发展。的确，不作深究，这回答似乎是没问题的，难道人的全面发展有何问题吗？"德、智、体、美、劳"全面发展不是很好吗？不错，比起只注重智力或追求知识分数的片面教育来说，"德、智、体、美、劳"全

---

[1] 马克斯·范梅南.教育的情调[M].李树英，译.北京：教育科学出版社，2019：160-161.

面发展教育无疑是系统的，但试问"德、智、体、美、劳"是并立分列或相加的吗？以及它们是知识或抽象化存在吗？如果说如此就是全面发展教育的话，其只能算是知识内容在面上或量上的拓展，有的只是表象或形式上的"全面"，并未深入触及全面发展教育所指向的人的自由个性生成。自由者，乃是人之身心的全面而个性化发展，具体表现在人与周遭环境的对象性实践关系之中，能够在"陶冶"对象的基础上返回自身，实现自我意识的能动性，使自我的人之本质力量得以积极伸张，并不断在实践中、在自我否定的基础上超越自我，让自我生命获得积极的存在感。同时，自由在不同个体身心发展中并非同质的，虽然它在形式上体现出了意识的类特征，且在特定的社会历史发展阶段自由总有着客观的社会规范性界限，但个体的自由须得建立在自我身心与周遭环境实践交往关系不断超越的道途上，是一个逐渐认识自己、战胜自己、发展自己的过程，以不同于他者的方式来展示人性的可能性。"自由的教育是'自求'的，从事于教育工作的人只应当有一个责任，就是在青年自求的过程中加以辅助，使自求于前，而自得于后。大抵真能自求者必能自得，而不能自求者终于不得。"[1] 所以，所谓的全面发展是每一个人不同于其他人的个性化发展，其个性化发展是基于自我身心能力的自由发展，这就意味着一个全面发展的人是能够认识、定位、反思和超越自我的人。而这样的人只能是身处在实践关系中去自求自得的人，只追求或关注知识上"德智体美劳"全面发展的人仅仅是抽象"全面发展"的人，而不是人的具体的个性全面发展。

个性的全面发展是人的身心的整体、和谐发展，它不是静态平面的，而是历史超越的。这种历史超越性只能在实践的多重关系中才能实现的，其中的"实践"也可称为"劳动"，当然此处的实践或劳动并不仅仅是生产实践或劳动，更不是停留在意识内部的"抽象劳动"，它是具有意识或精神的主体的感性对象化活动及其对之的自觉和反思。人身心发展水平的提升正是在对象的属人化劳动或实践中实现的，而具有意识能动性的感性具体的人是面向整

[1]　潘乃谷、潘乃和.潘光旦教育文存[M].北京：人民教育出版社，2022：301.

个世界的，世界的丰富性则经由不同个性的人与之实践交往而得以显露，也就是说世界的丰富性离不开多元个性的人的存在。因此，作为学校育人内容或载体的课程，在形式和实施上要注重其实践性，积极构建起学校有特色的综合劳动课程，以自然观察与科学实验、社会交往与道德法治、日常生活与价值审美等主题活动的开设，将现实的生产生活问题渗透进学校课程教学中，其过程除了在课堂上进行基本知识或原理的讲解之外，更多的还要让学生在课外亲自参与体验，以其融身于自然、社会、生活的切身感受为基础，从中生发出来自切己的生命之"惑"，带着此"惑"而去问"道"。当然，"道"部分已显露于人类的智慧结晶中，也即知识之中，但知识毕竟不是"道"本身，它需要实践中的人们用自身生命体验来领悟，如此形而上之"道"才是流动有机的而非是抽象静态的，离开了人的生命实践的参与，则知识或理论是灰色的。所以，学校构建和实施综合劳动课程，其前提和基础在于注重学生的"自然观察""社会交往""日常生活"的实践，且在组织形式上以分工合作的方式实施，以避免学习中学生单个人在问题理解上的片面性，以及问题所涉及的条件、资源要素搜集、准备上的有限性，需要学生共同体在校内外的协作互助来完成，以确保实践或劳动的综合性，从而使得学生在与自然、他人的社会性互动中身心获得自由的、丰富的和个性化的发展。

（二）学科融合课程：现象直观中育创新精神

人是历史性的存在。历史先于个体而存在，当然先于个体存在的历史本身也是历史的，是人类通过实践创造而积淀成为历史的。因而，历史性存在的人也是时间性的存在，他通过集过去、现在和未来一体的动态存在去创造文化，并不断与周遭环境进行着主客辩证统一的交互关系实现文化的传承与更新，而文化之所以经流不息地绵延发展的动力就在于人的实践中所蕴含的创新精神。显然，作为培养人的学校教育理当要让学生具有传承、创新文化的担当和能力，不仅仅使其接受既成的文化知识和适应现有生产生活关系，还需孕育、激发和生成其推动文化发展的创新精神。那么，当前在人类知识结构体系以分科或分专业主导的背景下，学校教育如何更好地培养学生的创新精神，或者说学生在学习分科的理论知识的过程中如何保证其创新精神的培养？当然，这里还涉及一个核心的概念，即什么是创新精神？以及创新精神的基础是什么？当然，创新精神不是接受现成知识和适应既定规范的能力，而是突破既定成规提出和运用新思路、新视角、新方法来揭示、解决矛盾问题，让矛盾问题更为完整或全面地得到呈现的综合能力，包括质疑、否定、批判和认知、想象、意志、情感等诸多思维心理的组合构成。"创造的自由是伴随着自我了解而来的，但自我了解并不是一种天赋。一个没有什么特殊才华的人也可以具有创造性。创造性是一种存在状态，其中没有自我的冲突与悲伤，心灵也不再陷入欲望的种种需求和追逐之中。"[1] 为此，学校为了培养学生的创新精神，一个方面需要让学生摆脱单一学科知识的狭隘视野和思维禁锢，另一个方面需要让学生摆脱抽象的主观臆测和形式推理，让学生的整个身心沉入问题或对象之中，从问题或对象本身进行客观的、周全的、动态的认识、理解和判断，从而可以适时适度适当地做出有效的应对。

所以，为了培养学生的创新精神，学校为学生提供多元丰富的学科课程是十分重要的。这种重要性除了使学生能够获得人类历史积淀的系统性而非单一性的知识之外，还在于学生人性潜能具有不定向性，其潜能的激发和发展离不开多元知识的滋养。不过，学校为学生提供多元的学科课程或知识，并不意味着学生学习和获得这些知识后其创新精神就能直接提升，因为学科课程或知识相对于学生而言是抽象的，其往往排除了自我生命置入其中的社会和生活的现实性、具体性和复杂性，他们更多是"定理或公理"的逻辑法则来描述、分析真实的社会和生活，常常得到的结果只是一种解释或评论而非有效地切中和解决问题。为避免如此状况，学校在积极为学生营造可供选择的多元学科课程的同时，也应注重学科课程之间的融合。而在融合的形式或方法上注重"显隐"结合，"显"指的是形成综合的学科课程，让学生在分析问题的过程中能综合运用多门学科的知识，使其在发散思维中来"想象"问题解决的多种可能性，从而培养学生质疑、追问、批判的科学方法或能力；

[1]　克利希那穆提.唤醒智慧的教育[M].周豪，译.重庆：重庆出版社，2016：183.

"隐"则相对"显"而言，如果说"显"的学科综合课程还是一种"知识体系"的话，"隐"的综合课程则是"无形"的。"无形"则意味着课程不是"知识体系"，而是基于学生在学习和生活中遇到的和提出的各种自然、社会、人生问题，及其为了解答而通过诸如社会调查及报告会、生活故事及演讲会、社会体验及分享会、个人创意及展示会等活的动态的教育存在，这种课程会让学生在对世界的参与中沉思领悟并将其表达和流露出来，并在师生的交流讨论转化为研究"主题"，在后续的学习和生活实践中使之不断成为真理的源泉而生发出教育意义。

三、教学境域：学校育人方法的意味性交往开启

人是社会性和个体性统一的存在。社会性意味着人的身心发展离不开人类已有文化的熏陶，他需要从过往积淀下来的现实社会规范中与他人进行生产生活交往。个体性意味着人有着不同于他人的生命实践状态，它是人类潜能在个体身上的具体化呈现。无疑，学校育人实践要促进学生身心的社会性和个体性的协调统一发展。社会性突出的是与他人交往的共在性，强调人的知识学习和能力培养的客观性；个体性突出的是自我的本真性，强调人的知识学习和能力培养的创造性。那么，学校育人实践要让这两方面得以和谐共生，在方法上需注重情景的创设与生发，让教育教学有着人性潜质和生命厚度的时间性向度，使学生在知识与生活、自然与社会、感性与理性、现实与历史交织而成的意味性交往中开启身心的自由生长。

（一）余韵溢出：知识教学中走进本源世界

学校育人的基本形式是教学。教学要具有育人性，其过程不能只是物理时间的展开，而理应是情感性的，唯有情感才能将物理的时间"软化"为有温度、有意味的人性学习过程，此也应合了人们常说的教书育人的道理。为何用"有温度、有意味的人性学习过程"来描述作为学校育人基本形式的教学的教育性呢？其实，这并未有何新奇之处，因为教学乃是师生围绕着以课

程为中介展开的育人活动，既然是育人活动则不可能离开师生以整全的生命状态投入其间，而不仅仅把教学"除余"为单纯的"知识流向"过程，如此师生双方仅成为"知识运输"的载体或工具而已，知识反倒占据了教学的中心或主导而成了"主体"，师生"离身而去"成为"纯净"的抽象思维存在来达成对知识法则或逻辑的把握，这样的教学只能称之为"知识的教学"，亦可称之为"冷静的教学"，它将人的诸多非理性的精神或人心排除在外，只剩下冷静得如同高效运转的逻辑程序机器。当然，学校育人实践中知识的教学是十分重要和必要的，因为知识是人类历史实践的智慧结晶，它是过往人类应对周遭自然和社会环境的人性能力的表征，也是人类文明重要组成内容和形式。但是，知识的教学不能仅仅停留于"知识本身"，知识虽然是教学的重要内容，但教学不是为了知识而教学，还包含"知识"背后的人性陶冶。用人们常说一个观点或许更能把这层含义道明，也即"用知识教而不是教知识"。"用知识教"是"活"的教学，它不是教知识，而是用知识开启学生的思维、情感和身心个性，这才是教学的根本。

那么，如何才能实现教学陶冶人性这一根本呢？一个很重要的进路在于教学中要进行情境创设，让知识在情景中焕发出人类的智力、情感、意志所"应有"的存在，能够使之与事实的知识之外的"其他"建立起联系，包括让师生切身的生命生活经验融入其中，以促使教学溢出"知识"之外追寻"更多的东西"，而这"更多的东西"是充满灵动和韵味的，简言之称为"教学余韵"。在此"教学余韵"中学生才能展开感性意识或人心的质疑、想象之自由驰骋，以作为"一切社会关系总和"的自我身心来投入对知识的对话当中，与老师和同学就自我对知识的理解为基础展开交往，不断让世界丰富的意义得以透显出来。"完美的教学一定能让学生感受到人性之美、人伦之美、人道之美；感受到理性之美、科学之美、智慧之美；感受到人类心灵的博大与深邃；感受到人类文明的灿烂与辉煌。完美的教学一定能够唤起学生对于生活的热爱与柔情；唤起学生对于未来的热烈憧憬和乐观、光明、正直的期待；能够以新的眼光审视生活、洞察人性。"[1] 为此，教学中教师首先对知识的基本原理或观点进行讲解阐述，并让学生结合自我的生命经验对知识进行分析，经由师生相互讨论和交流而使得与知识有关的各种关系或可能性显露出来，从而将知识的真理或意义融入现实的生活中去。其次，随着师生对知识对话交流的深入，教学逐渐从知识中游离出来，师生借助于知识而搭建起一座通向对世界及其意义进行思索的桥梁。为何能如此？原因就在于教学中师生、学生与学生之间形成了良好的情景互动，他们结合各自的生命生活经验来反思知识，也即他们对知识的认知和理解不是把其当成抽象的教条，而是以自我与自然、社会环境交往的人生经验为背景向知识提出新的"要求"，这种"要求"是他们整体的生命在与现实的社会交往中的呼声或心声，知识只有"响应"了这一呼声或心声，才能显示出其对人的生命的影响力，故而唯有情景化的教学才可能使得师生身心生命整全地参与知识及其背后的广阔意义联系中去。

（二）问题悬置：自然探索中走进历史科学

学校育人具有时代性，其所培养的人需能立足现实而不断推动社会的发展，这就要求学生获得和形成参与社会生产生活实践的各种知识和身心品质，尤其是全球化背景下，科技已然成为社会发展的核心竞争力，作为新时代背景下的青少年学生理当积极掌握以自然科学及其技术为重要内容的人类先进文化，以便为国家和社会长足发展打下坚实的知识和能力基础。其实，这一点长期以来在学校教育中是受到重视的，特别是围绕着自然科学的教学及其分数成绩的追求成为学校和师生的重要目标和任务，它为学生认识和理解自然物理和天地宇宙现象及其规律打下良好的知识基础。"无论科学还是技术，它们都是非人格的宇宙的力量。只有通过人的希求、计划、目的和努力，它们才能产生作用。科学和技术的产生和应用是人与自然的相互作用，并且人

---

[1] 肖川.完美的教学[M].北京：北京师范大学出版社，2015：4.

的因素直接决定作用和作用方向的过程。"[1] 因而，自然科学及其技术虽然对于人类物质生产起着十分重要的作用，是人类生活质量得以保障的必要条件，可其并非充分条件，唯有人自身的自由全面发展才是社会文明进步的根本动力。当然，人自身的自由全面发展具有历史性，绝非是一个静态的抽象实体，无论这个实体是理性的概念知识、信仰的圣灵之神，还是心理的主观体验，都非为人的自由的"本真"所在，它们都未把自由看作是建立在实践也是时间性基础上的自否定行程。人只有在实践中才能将自我身心与世界交融而不断生发出新的文明、意义，从而彰显了自由的创造性。

人的自由正如同涌动的源泉，"流动"是其基本的存在样态，它不会停留于"某一处"或"某一对象"身上而静止下来。之所以如此，是因为人通过实践而将各种或一切世界关系纳入进自我的身心交互中，根据不同的境域做出选择、决断和行动，由此开启创造和推动包含了自然科学在内的历史科学的旅途。换言之，人的自由乃在于人去构建属人的世界的过程，而属人的世界从自由的意义而言是人去创造的而不是既成的，假如人与世界的关系不再生发出新的真理而止于某种状态，无论其以何种面貌呈现，终将是一种自然而非自由。总之，自由离不开人类与环境之间的实践关系，人的身心发展是在创造、延续、调节、更新人类文化系统的过程中得以丰富。其中，人通过实践所创生的文化系统众多，范围和类型包括人处理和解决与自然、社会、自我矛盾关系所积淀形成的自然科学、社会科学、人文科学等，它们可通称为一门"历史科学"，这门科学围绕着以人与世界的关系在历史的实践中开启自由的征程。正如，马克思和恩格斯在《德意志意识形态》手稿中所说："我们只知道一门唯一的科学，即历史科学。"因此，学校教学虽然离不开既有的人类知识为材料和媒介，但教学所要追求的不是对既有知识的复制和翻版，更不能仅仅关注的是自然科学及技术知识，而是要有着包含它们却能超出其上的"内容"，这"内容"就在于师生要将知识放在人类与世界关系的历史之中来探析，借由知识媒介而展开对生命、生活和世界意义的追问。而追

---

[1]　约翰·杜威.我的教育信条[M].彭正梅，译.上海：上海人民出版社，2019：303.

问则离不开教学中有"问题的悬置"，不能只对知识本身来进行既成的、事实的、规定性的教授和学习，师生须得把自我生命实践中所遭遇的矛盾、疑惑、感悟、领会作为对知识"有限性"的"源始"补充，他们共同围绕着"悬置的问题"进行发问、讨论、反思，透过各自不同的生命实践来激发出对知识进行新的构建的可能性，从而能够更深入地描述和触及作为一门"历史科学"的自由本质，让人性的潜能在自由发展中绽放出多元丰富的人生和世界意义。

第三章　新时代学校"五育"融合的实践向度

"五育"融合乃培养全面而自由发展的生命主体的学校教育之道，同时也是新时代对学校教育改革提出的新要求。在内容结构上，"五育"融合不意味着只是"数量"的补足和扩充，在形式上也不意味着只是"类型"的变化和替换，而是指在生产力迅猛发展、科学技术日新月异、文化价值多元交汇碰撞的新时代背景下，使学生在面对经由历史发展所形成的更为复杂多变的诸如感性与理性、现实与理想、共性与个性、自然与社会、道德与法治、生存与生活等社会矛盾关系上，让外在而有内容的"五育"融合为内在而有生机的教育影响和存在，并围绕学生身心潜能的全面和自由发展来选择、组织和构建"活"的学校教育内容与形式，切实让学生成为学习的主人，使其在"乐学""共学""用学"中不断认识和超越自我，成为具有终身学习自觉的生命主体，在学习和生活中有理有节、有义有情地去发挥自我的人性能力而为新时代增添文明和温情。

一、学校"五育"融合实践之师生关系的"先在性"

新时代，社会的文明发展离不开具有创新能力和丰富人性的生命主体的推动。学校"五育"融合的实质在于所培养的学生的身心能得到全面而个性化的发展。其中，"全面"总是基于现实的社会关系而非抽象的知识结构。作为过往人类自我意识表征的知识理论，不应只发挥"解释世界"的功能，还应朝着具有"改变世界"的作用转化。"个性"总是基于具体的主体性个体而非单个人所固有的抽象物，作为个体的人不仅具有类本质，还可依着自我个性的彰显而拥有丰富和拓展人类潜能的向度。那么，促进学生全面而个性化发展之所以可能的教育力量何在？其优先性是不是在于人类引以为傲的"知识""理性"或"技术"？或者说以"知识""理性""技术"为内容和方法的教育能不能直接带来学生全面而个性化的发展？

（一）师生现实交往：学校"五育"融合实践的主体间关系

要让学校"五育"融合不被抽象的"意识"或"知识"所遮蔽，一个直接和现实的选择就是回到教育的原初关系领域，也即教育者和学习者之间人与人的现实交往关系。这种关系没有完全被富有逻辑的理性或知识所全部覆盖，而是有着"前逻辑、前概念"的感性生活。"意识在任何时候都只能是被意识到了存在，而人们的存在就是他们的实际生活过程……思辨终止的地方，即在现实生活面前，正是描述人们的实践活动和实际发展过程的真正实证的科学开始的地方……这种活动、这种连续不断的感性劳动和创造、这种生产，是整个现存感性世界的非常深刻的基础。"[1]当人们言说着"教书育人""师者，所以传道授业解惑也""经师易得，人师难求"这些话语时，其实就透显出师生之间具有感性意识的生命交往，它是教育意义生发的先在性力量。摆在师生面前的教育世界不单是逻辑的、理性的知识世界，更是活生生的作为"人"的教师和作为"人"的学生之间现实的生命世界。

只要思及教育的本质，师生关系当是不可还原的"先在性"的教育力量，它融于教育实践的全体系之中。教育的本质是培养人的实践活动，教育者和学习者之间"人与人"的关系是基础，且这种"人与人"的关系需要在实践中走向具有教育性的"师生"关系。可以说，无"师生"（缺其一不可）、无"师生"的相互促进的主体"关系"（缺其生命交往不可），则教育不复存在，因为"无人"（无论形式还是目的）的教育是不能称之为教育的。由是，紧接着的问题在于，具有教育性的"师生关系"的前提又是什么？是否有名之为"教师"和"学生"的存在就意味着"师生关系"的自动存在或在场？答案

---

[1]　马克思恩格斯选集（第一卷）[M].中共中央马克思恩格斯列宁斯大林著作编译局，译.北京：人民出版社，1972：30-31.

并不肯定，否则现实中也就不会把"师生关系"作为一个理论和实践问题而加以探讨。实践中，"教师"和"学生"之间常常因为缺乏教育性的"师生关系"而被指摘或批评，因为二者建立起的"师生关系"往往以"知识为中心"而被抽象化、客观化和形式化，被所谓纯粹的思辨理性所取代。师生之间结成的主要是逻辑主导的认知关系。现实中，他们都将之视为教育的生命线和自我的教育核心，从而遮蔽了各自作为人的生命的丰富性，仅围绕对于知识与分数的理性认知而展开彼此间的要求和回应。而这也是学校教育中，师生关系为什么总是"缺点什么"的重要原因。实践中，"教育者"和"学习者"之间没有将自我感性意识完整地加以对象化，没有相互视对方为自我生命绽放的推动力；相反，都只是完成知识学习和教学任务的环节要素而已。显然，仅仅围绕知识的学习和教学而结成的师生关系是难以完成好育人根本使命的，因为这样的师生关系仅作为手段服务于抽象的知识、理论和技术，教师和学生作为人的感性意识生命并未得以出场或被虚无化，同时也意味着师生之间没有立足于生命的丰富性而展开交往，教育单纯变成了用"知识"来武装人的活动，是"知识"把师生联系在一起，而非师生利用"知识"来实现生命能力的增进。虽然这一过程都与"知识"有关，但前者中"知识"成为"主体"，后者才是师生感性意识得以呈现的路向。所以，作为以人的全面而个性化发展为目的的"五育"融合实践，理当重视师生关系在育人中的基础性作用，转变过往只是从抽象的"知识原理"来认识师生关系重要性的思路，从动态的实践交往来发挥师生关系的积极影响，使双方立足于现实的社会发展来开启追逐真善美的教育人生。

（二）实在整体的人：学校"五育"融合实践的目的性导向

学校"五育"融合实践最坚实、最丰富的现实基础在于师生之间始终以"人与人"的方式展开教育交往，他们各自都有着自我真切的社会历史生命，虽然其主观的经验内容会存有差异，但这种差异又是建立在时代社会的土壤之上的。故而作为教育者的教师，应始终将自我作为社会的主体，按照时代精神和民族精神来育人。从真切和现实的意义上来看，这种育人只能以实践的方式，通过与同样作为社会主体的受教育者——学生，展开整个身心的交往对话、榜样引领、共同体验过程，才能使认知、情感、意志在师生间达成共通，并将之导向诸如知识、道德、技术等的学习和运用之中。换言之，学校"五育"融合实践的最终目的是要培养"德、智、体、美、劳"全面而个性化发展的人，这种全面发展的人不是"德、智、体、美、劳"任何一方面或所有方面的"知识"发展，而是实在的整体的"人"的发展，其最终离不开师生之间建立的敞亮的人性交往关系。

在学校教育场域，教育性始终是弥散的，不能固定地、静止地、实体性地存在于某处，需要师生对其所遭遇的各种知识、问题、事件以一个对话者的身份来向对方进行"展露"。其中融合了师生过往生命经验的全部，虽然他们尤其是学生对其的认识、理解是"不成熟"的，然而它们却是十分真实的。师生之间的交往，需要彼此把对知识、问题、事件的切身体验和体悟"感性"地表达出来，如此，作为教育者的教师才能把握学生身心发展的现状，继而也才能有针对性地予以回应。同时，作为学习者的学生在教师的坦诚、真切关心下，从教师对知识、问题、实践与自我不一样的分析、对比和解读中感受到教师的与众不同，逐渐获得对于教师在自我心中的认同感。因而，建立在"人与人"交往基础上的师生关系是"感性"的，双方在学校教育教学中是"对象性"的存在。教师以学生的身心发展为其教育教学建构的中心，学生身心的积极变化是教师所期待的结果，并为达成这一结果而会让自我走进学生的学习生活，从而在同学生持续的交往实践中不断促进学生的发展；学生因教师是一个对话者、榜样伙伴而主动与之交流学习生活，把教师的思维、方法、价值理念及建议等融入自我的学习过程。总之，学校"五育"融合实践得以有效实施，良好的师生关系是其先在性的教育力量。良好的师生关系并非建立在抽象的"知识为王"之上，而是回归到双方情感的信赖、知识的对话、价值理想的确立之积极交往的关系中。在此，师生主体之间以"人与人"的感性意识关系来面对知识、技术或种种抽象理论的学习，经由对历史传统、现实和未来社会发展的文化经验、时代精神、价值诉求的关注，一道基于各自生命成长的现实处境和背景来展开教育教学实践交往，不断把知识和价值、技术和道德、现实和理想、理论与实践等种种矛盾关系统一于双方的学习、探讨和实践中。

二、学校"五育"融合实践之课程内容的"综合性"

新时代，社会的创新进步离不开历史积淀的文化经验作为基础。马克思有这样一个著名观点："人的存在是有机生命所经历的前一个过程的结果。只是在这个过程的一定阶段上，人才成为人。但是一旦人已经存在，人，作为人类历史的经常前提，也是人类历史的经常的产物和结果，而人只有作为自己本身的产物和结果才成为前提。"[1]据此，学校"五育"融合实践是现实的，其现实性在于它是人类过往历史经验发展走向未来在教育中的反映。这种反映体现为社会对人才身心素质能力的时代性要求，其中很重要的一点即是社会建设进程中，如何保持传统与现代之间适度的张力。

（一）历史传统为动力：学校"五育"融合实践的现实性

对于作为自身的产物和结果的人类来说，历史不是既往，而是既往在现实中的延续，并经由当前人类面临的矛盾问题而走向永恒未来。这是一条充满着人类"感性意识"的道路。过往的历史经验是人类创造历史的前提，前提中既包括已有的一切生产力的总和，也包括已有的生产方式、生产关系、价值观念、社会制度等，置身于现实中的人类切实地经历着历史给予他们生命的"希望和忧愁"。所谓"希望"，是指人类已经从自身与周遭世界的对象性关系中，证明和拥有了对世界的规定性和支配力量；"忧愁"是指人类在自身所创造的历史世界里又遭遇着种种的困境，诸如自然生态环境危机、资本和技术的异化等。"希望"与"忧愁"如影随形地伴随着人类的现实生活世界。那么，如何确保"希望"与"忧愁"间的适度张力，不让"希望"变成单极上的"绝对"，如在物质追求上变为"拜物教"、理性上变为"唯科学主义"、

---

[1] 马克思恩格斯全集（第26卷）[M].中共中央马克思恩格斯列宁斯大林著作编译局，译.北京：人民出版社，1973：545.

价值上变为"霸权主义"等，也不让"忧愁"陷入理性主宰下"资本"横行、强者通吃的境地，使民主、正义变成理性下的"公平"而给普通民众带来"无声的叹息"？对此，马克思的实践辩证法能给予我们重要启示。在《资本论》中，马克思指出："辩证法在对现存事物的肯定的理解中同时包含对现存事物的否定的理解，即对现存事物的必然灭亡的理解；辩证法对每一种既成的形式都是从不断的运动中，因而也是从它的暂时性方面去理解；辩证法不崇拜任何东西，按其本质来说，它是批判的和革命的。"[1] 就历史发展而言，它是人们在实践中不断通过自我肯定和自我否定的矛盾运动来推进的。新时代中国特色社会主义现代化建设理应遵循实践的辩证法，在面对人民日益增长的美好生活需要和不平衡不充分的发展之间的矛盾关系处理上，既要以科学和技术为"第一生产力"，大力推动物质文明建设的同时，也要激活和发挥中华民族"天下一家""天人合一"的德性精神，让"资本""技术"为人的生存发展服务。换言之，面向未来的历史需要人们立足历史的现实来进行创造，创造历史的人类要积极融入和参与世界文明的构建，而不能唯所谓的"绝对性""唯一性"的抽象或实体化的真理和价值是从。避免此陷阱的重要路径在于弘扬优秀传统文化，将"仁义""诚信""民胞物与"等人文德性加以激活和创新，实现其与现代文明的内嵌共生，走出新时代有特色和个性的现代化发展道路。这无疑是摆在我们面前最重要的现实。

在这现实面前，作为培养人的学校，"五育"融合实践正是对时代发展的一种"回应"和"预示"。作为回应，学校要以全面发展教育为导向，将现代化科学知识、技术和价值观念作为重要内容，让学生身心获得与时俱进的发展；作为预示，学校育人实践要对一味追求现代化发展而滑向片面和单极性、在唯分数应试道路上沉重前行的现实保持清醒，对与创新和以人为目的的价值理念相悖的教育思维、观念和行动加以反思和改革。因此，学校"五育"融合实践是面向现实的，所要培养的全面发展的人是融身于社会历史之

[1] 马克思.资本论：第一卷[M].中共中央马克思恩格斯列宁斯大林著作编译局，译.北京：人民出版社，2004：22.

中的，其身心成长具有"自然"的社会历史属性。社会历史历来就是重要的现实教育力量，这种教育力量"化身"为学校教育之后，不是要削弱其力量的现实性，而是要在"理论知识"的武装下发挥出更强大的推动社会前进的力量。而这之所以可能，在于学校教育能将作为社会历史"剧中人""剧作者"的"本质力量"或"自我意识"转化为系统化的理论知识，并通过实践或"感性意识"的方式来促使理论知识不断与现实发生辩证统一关系，从而让教育主体在自我肯定中完成自我否定，在自我否定中实现自我肯定，进而认识自我、解放自我、定位自我。

（二）行动参与为方法：学校"五育"融合实践的社会性

学校"五育"融合实践在形式构建上的路径在当下主要有三个方向：其一，对既有分科课程的"综合"，即以一种多元跨学科知识的融合形成新的"综合"课程。从理论上讲，此综合课程虽然在知识上实现了一定程度的交融，有益于学生思维的发展，对学习任务和问题的分析有着系统性而不局限于单一的学科视角，能够比较全面地反映所探究对象的实际，但从现实上来看，综合课程并未与分科课程有着实质性的区别，其终究还是以"综合"了不同学科知识的"分科"课程形式存在。其二，在充分尊重课程知识自身的系统性、逻辑性的基础上，积极拓展课程资源，将人类多元文化经验融入教学，使分科课程知识得以在一定程度上面向更为广阔的社会现实领域。但是，由于不同教师或同一教师对分科课程知识之外的其他人类文化知识的储备存在差异，难以在教学实践中遵循统一的标准和达到相应的层次要求，从而使分科课程教学面临着相对主义的困境。并且，既然是分科课程，其最终的教学导向还得落脚于学科知识体系，因而也难免一定程度上的抽象化倾向。其三，为了突破这一藩篱，活动课程似乎是不错的选择。的确，从表象上来看，活动课程围绕问题的解决而注重学习者"做"或"行动"的一面，强调其在参与中的经验获得，更加突出实用性。这似乎是有益无弊的，但问题在于，不论活动课程实施的现实可能性有多大（比如教育对象规模较大、活动材料和时间有限等，这些都会造成活动课程的普及和实施受到限制），基于活动本身来解决问题和获得经验，也往往会因为缺乏历史纵深的维度而使活动陷入事实和表象层面，容易滑向"有用即真理"的功利泥淖中。总体上而言，以上三大路径存在的问题主要在于抽象的理论知识如何"具体化"，也即"抽象知识"与"现实世界"的关系统一问题，包括"理论知识"如何转化为现实的行动实践能力，而不仅仅停留于"抽象"的层面。无论这种抽象是停留于"名词或概念化"，还是仅仅起着"解释世界"的说明功能。此外，也包括学生所获得的"理论知识"如何具有来自历史的纵深向度，而不悬浮于"就是"的事实表面。

对于与此类似的抽象思维，马克思曾进行过有力批判："我们就不是以空论家的姿态，手中拿了一套现成的新原理向世界喝道：真理在这里，向它跪拜吧！我们是从世界本身的原理中为世界阐发新原理。"[1] 在这里，作为真理或原理的知识不是来自"真理或原理"自身，而是来自"世界本身"。作为"世界本身"的真理只能是历史，而历史是由具有感性的人所展开的有意识的感性活动所创造的。那种把"真理"绝对化的"主观"和"教条"，在马克思看来恰恰是远离了真理。马克思在《哲学的贫困》中写道："用这种方法抽去每一个主题的一切有生命的或无生命的所谓偶性，人或物，我们就有理由说，在最后的抽象中，作为实体的将是一些逻辑范畴。所以形而上学者也就有理由说，世界上的事物是逻辑范畴这块底布上绣成的花卉：他们在进行这些抽象时，自以为在进行分析，他们越来越远离物体，而自以为越来越接近，以至于深入物体。"[2] 这些论述对于当前学校"五育"融合实践避免形式化，无疑是一剂"清醒针"。学校"五育"融合问题的实质不在于课程内容或体系的丰富与否或分合，而在于培养学生的实践，或者说，如何在教育教学中以"感性意识"的方式来促进学生身心的全面发展。因此，学校"五育"融合实践要以学生为本，以学生的身心素质能力发展为中心，使其知行得以统一，避

---

[1] 马克思恩格斯选集：第三卷[M].中共中央马克思恩格斯列宁斯大林著作编译局，译.北京：人民出版社，1956：661.

[2] 马克思恩格斯全集：第1卷[M].中共中央马克思恩格斯列宁斯大林著作编译局，译.北京：人民出版社，1995：139.

免"知而不做""会而不行""不愿则非"的抽象境况，要让学生直面现实的人类社会生存处境。学校所提供的各类课程要以"感性意识"作为一个重要的"试金石"或"实验室"，让学生的知识、观念、价值和思想不与人类生存的现实绝缘，而是在理论知识的"武装"下思考、探索和解决真实的人类发展问题。

三、学校"五育"融合实践之教学过程的"全场性"

新时代社会的发展是场域化的，会受到由多元因素构成的活的时空环境的影响。学校"五育"融合实践也是一个系统和动态的结构性存在，除了师生主体、课程内容等基本要素外，还有使它们得以运转的"教学"过程，它是具体的现实的育人活动的主要构成。之所以是具体的，是因为教学中师生作为教育主体总是置身于由一定时空构成的真实情境之中。从事实表象来看，教学总会有教师和学生的共同出场或存在，他们在课程计划的规范下，展开课程内容的"教"与"学"。之所以是现实的，是因为教学中师生会围绕相应的目标来展开交往互动，教师的"教"要转化成学生的"学"，教学过程完成之后经由评价考核来确认目标的达成情况。这一切看起来都顺畅自然，教学就是以课程内容为中介，使学生掌握一定的知识、技能，并促使其各方面获得良好发展而进行的师生双方教与学的共同活动。这是人们非常熟悉的"教学"概念。

（一）知识的历史运动：学校"五育"融合实践的教学对象性

哲学家黑格尔有言：熟知并非真知。因为在熟悉的对象面前，主体会不假思索地把对象当成事实接受下来，从而造成了"反客为主"的现象——本来是作为对象的客体反倒成了主体，而主体却成了客体，主体往往根据客体的对象事实来行动。现在需要追问的是，经常出现在师生言语中的"教学"到底是一种熟知还是真知。假使我们仅仅将教学当成一套固定的程式和任务来完成，那么顶多只能是一种"熟知"而非"真知"。要达到"真知"，则师生势必在思想和认识上历经跋涉。面对课程内容或知识这一对象客体，要从散碎的名词概念中摆脱出来，不断在自否定的概念逻辑具体化中，让思想沉入内容或对象体系，如此才能真正把握对象"全体"的本质。说简略一些，教学的本质不在于知识从"教师"流向"学生"这样一个"运输"过程，也无关"运输"的"效率"或"技巧"，真正的教学要达成的是作为主体的教师和学生在面向知识时，其思想要深入到知识发展的历史运动中，要经历从"具体到抽象"再到从"抽象到具体"的认识过程，从而实现知识"环节的必然性"和"全体的自由性"的统一，形成以众多"具体的概念"为纽带编织起来的"知识体系"。不过，这里需要进一步反思的是，教学不能落入抽象的辩证法当中，因为它不能被"知识"的教学所取代。教学之为教学，是因为它是感性意识的活动，或者说是实践的活动，而实践或感性意识恰恰是马克思对近代以来形而上学尤其是黑格尔的"客观唯心主义"发起革命的"基本原理"。它是对黑格尔理性辩证法的批判性超越，将辩证法植根于现实的人类生产生活实践。这种辩证法是实践的辩证法，把过去"头脚倒立"的理念和"无人身"的理性来源建立在人类现实历史的土壤之上，不再让认识论、逻辑学、本体论幽闭在"思想的自由王国里"，而是坚实地立足于人类的实践活动。马克思在《德意志意识形态》里有这样一个阐述："思辨终止的地方，即在现实生活面前，正是描述人们的实践活动和实际的发展过程的真正实证的科学开始的地方。……对现实的描述会使得独立的哲学失去生存环境。"[1] 所谓"独立的哲学"，显然是指纯粹的意识自身以及以之为基础的思辨的知识。这样的知识是"神秘"的，因为它把一切知识或科学知识都视为由其源出，其自身是前提、基础和实质，或者说"它就是一切""一切就是它"。

所以，对于作为学校"五育"融合实践基本途径的"教学"，不是"就知识而知识"地进行"思辨"教学，而是师生之间围绕知识展开感性意识的教学交往。这种交往是对象性的人与人之间展开的对象性关系。在以理论知识

---

[1] 马克思恩格斯选集：第一卷[M].中共中央马克思恩格斯列宁斯大林著作编译局，译.北京：人民出版社，1975：3.

或课程内容为中介的基础上，教师的"教"和学生的"学"均有着双重双向的"对象性关系"。这双重对象，一曰知识，一曰主体。学习者要在教师的引导下，也即在教师对知识的社会生活化诠释引导下，完成知识的自我内化，其中包含了教师的认知、情感、价值等，它们在教师和学生感性的活动交往中综合地影响着学生的身心发展。作为教师，也在与学生的感性意识互动中，为回应学生对知识理解的渴望而激发出更新和拓展自我知识结构体系的需求，并不断根据时代发展对人才培养提出的新要求展开学习和提升自我素养。总之，师生通过持续的建立在感性意识基础上的教学活动，以课程内容为中介纽带和窗口平台，将整个人类世界经由各自生命实践经验带入教学情境，相互间经过"双重双向"的交流、探讨而将教学过程和意义的"全场性"或无限可能性焕发出来。

（二）生活世界为本：学校"五育"融合实践的教学生命潜能

教学是师生之间围绕课程内容展开的"教"与"学"的交往互动。教学的价值和意义"向内"或"聚集"于教育主体的生命中，而不是"向外"或"停留"于抽象的知识内容上。因此，教学作为培养人的主要教育实践方式和活动，其育人意义的实现或使得"五育"融合其中，需在过程上从过往的"在场性"向"全场性"转变。所谓"在场性"，指教学从形式上、事实上具备教学的基本结构要素，比如教师、学生、课程内容以及教学得以展开的其他时空环境，它们往往以实体的形式存在于"眼前"或"当下"，而与师生各自身心发展的文化背景、课程内容相关的贯穿历史、现实和未来的"不在场"的内容则常常被忽略或放逐，以致整个教学过程的"生命性""现实性""实践性"被抽空，教学只剩下了无生气的"知识"存在。

为改变这种现状，学校"五育"融合实践要从课程知识内容的"教学"转向以"教学"开启师生主体生命绽放的道途，突出"教学"过程的"全场性"。何谓教学过程的"全场性"？这里的"全场性"并不仅仅意味着教学结构实体化要素在"数量"上的"全面性"要求，只追求或停留于教育者、学习者和教育资料构成的直观存在中，而是强调教学过程中与"教师"和"学生"生命发展相关的"在场"与"不在场"的要素共在和"集聚"。这种"集聚"是建立在教师和学生一同"道问学"的感性意识活动之上的。"出场的、显现的东西以未出场的、隐蔽的东西为其根源或根底……事物所植根于其中的未出场的东西，不是有穷尽的，而是无穷无尽的。具体地说，任何一事物都与宇宙间万事万物处于或远或近、或直接或间接、或有形或无形、或重要或不重要的相互联系、相互影响、相互作用之中。"[1] 因此，教师的"教"不是面向"知识"本身，而是面向"学生"。教师要向学生进行"提问"。这里的"提问"既是形式和环节上的要求，更是经由向学生"提问"而使他们得以敞开其全部生活世界，并站在自我生命经验基础上来面对知识，同时回应来自教师（其知识经过了生活世界的"熏陶"）的"问题"。教学之初，师生的"提问""回答"可能会显得"生硬"和"肤浅"，且相较于课程内容自身的逻辑性，学生的回答会感觉"支离破碎"或很不完善，课程内容原有的逻辑性、体系性甚至会被学生"肢解"，也正因为如此，不少教师干脆直接将这些环节或过程略去。然而，教学如果没有来自学生对理论知识"不完善"的真切理解或对教师"提问"的"回答"，终究难以逃脱被"抽象"的命运，只能回到由师生"直面"理论知识的"运输"及提高"运输"效率的技术、手段追求上。要走出这种"抽象"，且使得学生的知识学习从"不完善"走向"完善"，教学过程必须积极引导学生生活世界的"出场"，并在教师的"提问"启发下，促使学生将理论知识与自己的生命发生"切己"性关联。在这种关联作用中，学生会不断向教师追问具体现实的问题，并逐渐在理论知识学习、反思和实践的过程中，成为探究世界、追求真理的学习和教育主体，如此，教学才能不被抽象的"课程知识"所主宰。

四、学校"五育"融合实践之管理评价的"时间性"

新时代社会的发展是现实的，其动力来自人们在实践中对生活世界的参

---

[1] 张世英.张世英讲演录[M].长春：长春出版社，2001：80-81.

与、感悟、追问和超越。学校"五育"融合实践最终指向学习者全面而个性化地发展，但何谓"全面而个性化"？"全面"是不是一个量的总和？"个性"是不是与世无涉的"个体化"存在？答案是否定的。全面而个性化发展绝不是一个抽象空洞或静止僵化的概念，而是由具有现实指向性的内容构成的师生持续面向感性意识生活的时间性生命绽放过程。可以说，时间性是教育主体全面而个性化发展的历史的社会意识的沉淀和积聚。它既不是超脱于世界的自在自为自足的"实体对象"，也不是一劳永逸地靠理性认识所构想的"绝对理念"，而是立足人类现实的政治、经济、科学、文化生活，通过人与人感性意识的交往，使自我意识的目的性与现实对象的客观性，通过实践活动不断实现相互之间在历史或时间中的转化和统一。

（一）自由创新：学校"五育"融合实践的个性化

理性是人之为人的重要特征，但它不是人之为人的全部。那种将人视同为纯粹的理性或精神存在的观点，被马克思视为一种"无人身的理性"并对之做出了批判。"假定被当作不变规律、永恒原理、理想范畴的经济关系先于人们生机活跃的生活而存在；再假定这些规律、这些原理、这些范畴自古以来就睡在'人类的无人身的理性'怀抱里。我们已经看到，在这一切一成不变的、停滞不动的永恒下面没有历史可言，即使有，至多也只是观念中的历史，即反映在纯理性的辩证运动中的历史。"[1] 在马克思看来，"意识"乃感性的意识，是人们感性活动中的意识，"意识在任何时候都只能是被意识到了的存在，而人们的存在就是他们的实际生活的过程。"[2] 也就是说，意识存在于人们实际的生活过程中，而绝非脱离人的感性之单独存在，意识之为意识是感性活动中的意识。在感性的意识活动中，人们生产他们的生活资料，也"生产"感性的人与人之间的生活。"可以根据意识、宗教或别的什么来区别人和

[1]　马克思恩格斯选集：第一卷[M].中共中央马克思恩格斯列宁斯大林著作编译局，译.北京：
　　　人民出版社，1972：49.

[2]　马克思恩格斯选集：第一卷[M].中共中央马克思恩格斯列宁斯大林著作编译局，译.北京：
　　　人民出版社，1972：114.

动物。一旦人们自己开始生产他们所必需的生活资料的时候（这一步是由他们的肉体组织所决定的），他们就开始把自己和动物区别开。人们生产他们所必需的生活资料，同时也就间接地生产着他们的物质生活本身。"[1] 也就是说，人在自己的劳动活动中创造了自己，经由感性的意识对象性活动把自然、社会都变成了属于人的历史。在时间中，人不断地创造着新的历史。在马克思看来，未来共产主义社会中的人是自由自觉的，自由的人是全面而个性化发展的存在，时间对他而言不再是公共的可转化为商品价值的"一般劳动时间"，而是一种自由闲暇的时间，社会的不同个体可以自由自觉地进行劳动创造。无疑，这样的社会是值得人类去追求的，但它并不是一种抽象的静止的教条的"理想社会"，而是在人类自由边界不断拓展的前提下，人与世界在对象性的关系中通过否定之否定的实践活动来不断创造的。

因此，学校"五育"融合实践要切实有效，必须注重管理评价的"时间性"。一是要注重学生身心发展的现实历史性，也即其成长不应被"时间"之外的某种"理论知识"主宰。虽然学校教育教学以间接性知识为主要内容，但不能不顾或漠视生活世界的重要性，而是需要在教育教学中将师生现实的感性意识作为间接性知识理解和运用的源头活水，通过交流对话、案例展示、角色扮演、现场作业等方式，让间接性知识与现实的历史建立联系，或者说使其具有"时间性"。无论是"解释世界"还是"改变世界"，都要体现这个世界的人文性或历史性，要让知识奏响社会和时代的乐音。二是要注重学生身心发展的自由和个性化。学校"五育"融合应促进学生的自由和个性化发展，但这一目的的实现是离不开"时间性"的。这里的"时间"不是可以计量或自然的时间，而是学生在教育教学中的"自由"创造时间，也即其在学习成长中充分释放和发挥自我潜能的各种个性表现。作为学校和教师，需要积极为学生的不同个性"展演"提供机会和平台，让他们在学校基础教育的滋养下走向"百花齐放"。

---

[1] 马克思恩格斯选集：第一卷[M].中共中央马克思恩格斯列宁斯大林著作编译局，译.北京：人民出版社，1972：24-25.

（二）"显隐"依存：学校"五育"融合实践的超越性

人的全面发展和个性化发展不是一个"预定"和停留于教育教学过程之外的"实体"存在，而是其身心素质能力在教育教学中的日益生成与提升。因此，"五育"融合实践应贯通和渗透于教育的全体系之中。学校和教师除了重视诸如显性的课程活动之外，还要积极开发和构建有益于学生身心自由与和谐发展的隐性的教育资源和环境。这里所说的"隐性"的教育资源和环境，是指除课堂教学和学科课程之外的其他教育形式和渠道，如校园文化活动、社团活动、劳动技术活动、兴趣小组活动、读书沙龙活动等。其实，很多学校对这些活动并不陌生，但可能仅是从认知上理解和认同这些活动的重要性，并没有将其作为推行"五育"融合实践的有力抓手，并使之成为学校教育教学组织设计和管理评价的基本构成，而只是以"理论知识"课程和作为教学的"点缀"或"附属之物"存在，因此难免流于抽象。其实，对于这种"抽象"，人们也是有着切己的"感受"的。一则在这种"附属"或"点缀"性的活动中，教育主体与之的交往关系是"片段"式的，只是偶尔的一次"体验"，时常被学生视为"玩乐或放松"的过程。不过即便如此，这样的活动也往往会受到学生的欢迎，因为他们能在其中获得实实在在的"自由感"。与此同时，在抽象的教育中成长起来的学习者，在学习和工作中常常会由于自我生活实践能力的不足和个性特长的缺乏而有所反思：要么为自己缺少学习机会而感叹，要么为自己没有珍惜学习机会而后悔。也即在抽象教育中成长的学习者群体，总体上有着自我综合素质能力薄弱或有所欠缺的切身感受。二则由于这种"附属"或"点缀"性的活动缺乏系统性和连续性，没有成为学校主要的教育和管理评价内容，故而部分学生或家长会在学校之外"购买"相应的教育服务。校外培训的意义、成效虽不能简单地予以肯定或否定，但对于学习者而言，参与校外培训后，其学习必须辗转于校内校外两地之间。更有甚者，之所以选择校外的教育服务，主要缘于家长的功利导向，不少孩子被迫接受着非己所愿的各种培训，学习过程难称"自由"。

不从学生自身的生活世界出发而实施的学校教育，要达成学生全面而个性化发展的目标，无疑是不现实的。非现实也就意味着不在"时间"之内，而是以一种"超时间"或"不在时间中"的"绝对""美好"来支配"活生生"的学生的生命世界。所以，学校"五育"融合实践的立足点或着眼点应是学生的现实的学习生活，而不能将教育教学与学生生活"分离"，形成两个不同的"世界"。其中，一个"世界"是既定的"事实世界"，它以固定统一的标准、规范或尺度来衡量学生的发展有无达到既定目标或是否背离经由人们理性认定的"真理"。教育教学就是要敦促学生围绕这个世界里的目标或路径去努力，并以此来展开对学生身心发展质量水平的评价。其实，如此"世界"的存在是经不起推敲的，因为既定的"事实世界"无论怎么"完善"，毕竟只是"暂时"或"相对"的，从前"是"和当下"是"并不意味着未来"是"。而且，既定的"事实世界"是确定的，学生的身心发展只是趋向于或符合它的要求，并不意味着学生的身心发展是有限的、固定的和必然的。假如不同学生之间的发展差异只是"量"上的不同，无疑是把学生的发展视为一种客观的自然变化或物理变化。显然，既定的"事实世界"是形式化和机械化的。然而，作为具有类特征同时又充满个性的不同学生生命主体，其生命发展是"敞开"的，不同于既定的"事实世界"，他们以实践的形式不断创造出一个丰富的"现实世界"。在这"现实世界"中，学校教育意义的生发要以社会生活为背景，师生共同围绕间接性知识或理论，通过对象性的交往实践，不断在面向未来的道途中实现自我生命的全面和个性化发展。

第四章　学校"五育"融合的存在论境域及实践进度

学校"五育"融合的出发点和归宿在于人和人的全面发展。人的存在和人的全面发展是现实的、具体的和感性的，不纯粹是意识的、抽象的和理论的。学校"五育"融合最终培养的是能够参与人类社会和世界交往的充满活力和创新能力的生命主体。这样的生命主体的学习和成长是置身于或扎根于现实的生活世界里，学校"五育"融合不能仅仅从学科或知识论立场出发，只在数量、类型、形式的变化组合上来思考和探索，还应将视野投向人的对象性交往或实践活动的存在论境域来加以考量和落实，注重从教育教学的真实情景关系中来促发学生身心潜能的转化，从师生关系基础的情感心理醇厚、内容过程选择的社会现实通达、形式方法运用的情理共谐超越来激发和培养学生的身心潜能、人格品质和人性境界，让学生在认知、解放、提升和超越自我的学习实践中汲取一切人类优秀的文化知识和精神养料，真正成为身心全面发展且具有自由个性的生命主体，以充满激情、自律、奋发、审美之姿为他人、社会和世界增添色彩。

一、情感心理醇厚：学校"五育"融合实践的师生关系基础

从具体的现实来看，情感要先于理性而成为人的本源性存在，在日常生活中，很多时候人们是用情感来和他人或世界打交道的，而非时时事事都用逻辑的、概念的、计算的理性来面对。当然，这并不意味着理性不重要，只不过强调情感在人生存生活中的先在性这一存在实情。而且，情感虽非理性，却是具有社会性的人的精神的基本构成。马克思曾言，"人的感觉、感觉的人性，都是由于它的对象的存在，由于人化的自然，才产生出来的。五官感觉

的形成是以往全部世界历史的产物。"[1] 换言之，包含了人的情感在内的"五官感觉"都是历史的产物，都已经被人化了，人的情感不再同于动物的情绪，因其具有社会性而能够按照美的规律去与世界打交道，在人与人之间形成情感和心灵的共鸣。所以，人在与世界的交往过程中，情感比起理性更具有直接性、基础性和先入性的影响力量，人的情感往往对活动或事件的有效开展和推进起着重要的助力作用，它始终以弥漫的形式或积极或消极地影响着人的整个行动实践过程。就学校教育而言，它要为社会所培养的是身心健全和谐的生命主体，这样的生命主体无疑是一个终身的学习者，他持有的积极进取、奋发向上的情感态度较之具体的知识和技能，更能体现出其生命的能动性和坚韧性，是其不断学习和超越自我的内在力量。为此，学校"五育"融合很重要的前提和基础在于以师生为本，重视师生作为情感的生命主体的存在现实，激发其乐学爱教的情感心理，相互间形成积极的教育教学交往关系，在"真诚互见""忠信同进"中去探求自然宇宙和社会人生的真理。

（一）"真诚看见"：开启学生乐学之心向品质

学校并非静态、抽象的实体存在，其作为育人的场域是活态的、实践的，它是师生学习和生活于其中的时空环境。学校"五育"融合实践很重要的方面在于陶冶和培育良好的校风和学风，让学生形成好学乐学的品性，有此品性则学生即使遇到各种生活困难也不会失去对学习的兴趣，反而会在学习中生发出知难而上的意志行为，做到学不止息而向前不已。《论语》有言："贤哉回也，一箪食，一瓢饮，在陋巷，人不堪其忧，回也不改其乐""知之者不如好之者，好之者不如乐之者。"[2] "十邑之室，必有忠信如丘者焉，不如丘之好学也。"[3] "学而不厌，诲人不倦""饭疏食而饮水，曲肱而枕之，乐亦在其中

---

[1] 马克思恩格斯全集：第三卷[M].中共中央马克思恩格斯列宁斯大林著作编译局，译.北京：人民出版社，2002：305.

[2] 论语·雍也.

[3] 论语·公冶长.

矣""其为人也，发愤忘食，乐以忘忧，不知老之将至云尔。"[1]从这些论述中，孔子和颜回师徒之乐学形象跃然纸上，其所体现出的"孔颜乐处"无疑是一种好学且乐的心境，这种心境是不为外在环境条件所限隔和阻滞的。也就是说，好学乐学不是说没有"苦"和"难"，其真正的精神在于即使有"苦"亦能"乐"，虽"难"也"乐"进，在不断的学习中获得启发而内心喜悦。那么，学生"乐学"的来源在哪里？学校"五育"融合要如何陶冶学生的"乐学"精神？

学校乃是有"情"的文化存在。此"情"既是"情境"，也是"情感"，且二者统一于培养人的实践活动中。更具体来说，"情境"指学校教育是由"教"和"学"构成的交往互动，"教"和"学"的内容、方法、形式、过程、主体及环境资源是"情境"的基本要素，这些要素的不同组织结构往往形成和呈现出"情境"的别样生机状态。而"教"和"学"构成的情景要能生发出丰富的教育意义，则离不开醇厚的情感流淌其间，教师的"爱"和学生的"乐"是"教学"取得成效的重要基础和催化剂。"教育学就是迷恋他人成长的学问""任何教育学意向都应尊重儿童本人的实际情况和发展。……尽最大可能地加强儿童的任何积极意向和品质。"[2]所以，为了激发学生乐学之情感，学校"五育"融合要将学生身心健全和谐发展作为教育教学的根本导向和要求，让学生深切感受到老师对其用情之真和关心之切，学生才能把来自教师的"感情"转化为对学校教育教学喜爱的"情感"，快乐主动地投入学习中。学习虽不乏会有挫折或错误存在，但因其对学校、教师、教学怀有着美好积极的心理归属感，他能够在聆听、反思中改进和超越自我，此过程虽然缓慢或有波折，可学生能在老师的尊重、理解、宽容和激励中充满深情而有希望地走在发展的路上。著名文化学者梁漱溟先生曾言："人在情感中，恒只见对方而忘了自己；反之，人在欲望中，却只知为我而顾不到对方。"[3]作为学

---

[1]　论语·述而.

[2]　马克斯·范梅南.教学机智：教育智慧的意蕴[M].李树英，译.北京：教育科学出版社，2014：13—19.

[3]　梁漱溟.中国文化要义[M].上海人民出版社，2018：105.

校和老师，其眼中要有学生，需切实把学生当作类己的生命主体来对待，从转化和促进其身心发展来实施教育教学过程，不宜将之简化为获取"考试分数"的认知机器。唯有出于学生身心健康的关心而眼中有学生，那才是真正的情感，它饱含教师对学生成长和发展的一种责任、喜悦和欣赏，绝非仅为了分数和功利而把情感异化为一种实体对象，比如逼迫着自己和学生在应试的道路上获取高分，如此与敬畏、关心、呵护、责任交融的"眼中恒见学生"的深情是不同和相悖的。另则，"为满足人的发展需求，'五育融合'实践育人活动也应调整为有序性与无序性的交混。这要求在具体的'五育融合'实践活动中，教育者既要注重全体学生的共同的身心发展规律、共同的身心发展需求，也要分清每个学生的各自发展的适切性、优越性、唯一性，才能真正做到全面发展与因材施教的统一"[1]。因而，学校和老师"眼中恒见学生"，其所指向和关心的是所有学生的成长，在让不同学生获得和具备特定时代社会所要求的基本知识、基本能力之余，也要使得他们各自有着不同于其他同学的发展个性，这需要学校为学生提供一个公平自由的学习环境，促使他们能够在其中获得自尊感、成就感和幸福感，自我身上的优点和潜能得到老师、同学的欣赏、激励、引导而充满自信和自豪，自我身上的缺点或错误得到老师、同学的宽容、理解、鼓励而学会自省和自励。

（二）"忠信同进"：确立双向共促之教学关系

学校教育实践活动所培养的乃是人也而非其他，非仅为人的一方面、一部分，无论此方面或该部分如何重要，它或它们都不能代替一个完整的人。王国维先生在《论教育的宗旨》一文中所言及的，教育要培养的是知情意身心无不发达调和是也的完人[2]，这样的人是立体的、整全的、健康的，也即一完人也。且如此的人不是自足、现成的、给予的，而是自立自为的。所以，学校"五育"融合要让学生能够认识自我而自强不息，使之为学立志，所立

---

[1] 张中原."五育融合"的人性化审视：基于复杂性理论视角[J].教育研究与实验,2022（3）:7.
[2] 王国维.论教育之宗旨[J].基础教育,2008（9）:64.

之志乃符合和体现了人类真善美的精神价值，其有了此高远心志和自觉意识，则能乐学向上且学而不已。孔子曰："古之学者为己，今之学者人"[1]，"为己之学"也即"学"是为了更好地成为一个人、成为更好的自己而不累于外在的"名利""私欲"，为学终始纵贯乎"志道、据德、依仁"的精神，学而为仁且为仁由己。荀子曰："君子之学也，入乎耳，着乎心，布乎四体，形乎动静"[2]，为学出乎身心之修善正己也。朱熹曰："盖学莫先于立志，志道，则心存于正而不他；据德，则道得于心而不失；依仁，则德性常用而物欲不行；游艺，则小物不遗而动息有养。"[3] 凡此诸论，都表明学习或教育要立志有道，尤其学生心中要有志向，明了自我的基础、兴趣和追求，确立起能彰显自我个性的特立独行的发展目标和定位，并以此为绳墨而心意笃定，在师生一同问学求道的悦乐中追逐、体验、探寻、把握真理和智慧。

为此，学校"五育"融合要积极培育师生间及教学上的"忠""信"相长关系。所谓"忠"，从教师及教的方面来看，教师需得热爱教育事业和敬畏学生生命，为了促进学生的身心发展而乐学钻研，不断提升自身的专业综合素养，以学生发展为中心来组织和设计教育教学；从学生及学的方面来看，学生好学吃苦，以学业和能力发展为己任，学习中严于律己、持之以恒，学而时习之，在温故知新中提升自我。所谓"信"，从教师及教的方面而言，教师尊重和信赖学生，给予学生成就自我的激励、宽容和机会等，相信他们能够逐渐转变和进步，激励学生在反思中认识自我；从学生及学的方面而言，学生亲爱师道，躬行习思老师的教诲，使之成为自我理想中的激励榜样而尊师向学。中共中央、国务院《关于全面深化新时代教师队伍建设改革的意见》指出："坚持教书与育人相统一、言传与身教相统一、潜心问道与关注社会相统一、学术自由与学术规范相统一，争做'四有'好教师，全心全意做学生

---

[1] 论语·宪问.

[2] 荀子·劝学.

[3] 钱穆.学龠[M].北京：九州出版社，2010：4.

锤炼品格、学习知识、创新思维、奉献祖国的引路人。"[1] "'五育融合'是一种教育理念，它是关于融合行动与实践的观念，是新时代师生在教育教学思维和实践活动中形成的对教育应然状态的理性认识，对学校、教师和学生的教育教学实践具有引导和定向的作用。'五育融合'也是一种教学策略……是为了有效达成德智体美劳全面发展这一特定目标而制定的教学活动开展的计策和谋略，是师生双方进行教学活动的总体思路。'五育融合'更是一种育人能力，是师生在现实的融合实践活动中，实现德智体美劳全面发展这一目标所体现出来的综合素质，也就是师生在现实的教育教学活动中表现出来的正确驾驭融合实践活动的实际本领和能量。"[2] 所以，学校"五育"融合实践要切实发挥教书与育人的统一，师生及教学上构建"忠""信"相长关系就显得尤为重要，因为这种关系是在一种积极情境和情感中展开的，师生双方在互信诚意的交往中对教学有着良好的"情感"体验，相互在乐学乐教中确立起深厚的情谊，它们一同围绕着人类历史实践中积淀的知识和现实社会发展矛盾问题而展开交往，以乐观向上和积极奋进的心态去学习、分享和探究，从而自觉主动地提升自我综合素质能力。总之，学校"五育"融合实践要以师生醇正情感为内里和底蕴，教师和学生在教育教学中有"忠"有"信"，他们能够"学以为乐""乐以为教"而进取有道，在饱满和实诚的情感充盈下"学而不厌，诲人不倦"地去求索宇宙和人生真谛。

二、社会现实通达：学校"五育"融合实践的内容过程选择

人类的存在与发展具有历史现实性，其在时间行程中进行着社会性的实践活动，不断通过与自然、他人之间的劳动交往来创造、积淀、拓展和更新文化发展，并形成具有相对客观性的科学和人文传统。作为人类个体，其身

---

[1] 中共中央国务院关于全面深化新时代教师队伍建设改革的意见[EB/OL].中华人民共和国中央人民政府.（2018-01-20）[2024-05-23]. https://www.gov.cn/gongbao/content/2018/content_5266234.htm

[2] 李森，郑岚."五育融合"的时代价值及其教学实现[J].课程·教材·教法，2022（3）: 5.

心发展不是自然的和虚幻的，而是社会的和现实的，也即他（她）的生命是在具体的时空环境中展开的，需要来自一定时代和社会所提供的物质和精神营养的供给。从生理而言，个体生命从孕育起始直至死亡终结的过程，其活着就得汲取和使用特定社会生产力背景下所提供的各种生产和生活资料；从精神而言，个体生命总是要与现实的自然、社会、他人打交道，需习得、掌握和遵守特定社会生产关系中的各种规范要求。马克思有个著名的论点："意识在任何时候都只能是被意识到了的存在，而人们的存在就是他们的现实生活过程。"[1] 据此论断，它能给我们一个清醒的提示：人不是活在"意识内部"，而是活在人与人有意识的实践活动构成的生活世界或社会里。也就是说，人之为人不是孤立的个体，其生命是历史的、现实的，他要在时空环境中一同与他人面向未来去实践行动，如此，由个体构成的人类社会才能实现代际的绵延不绝。因此，学校"五育"融合要将学生视为社会性的生命存在，不宜将学生的身心成长与现实的社会隔离绝缘和对立起来，在注重向学生传授系统的间接性知识系统同时，也应当让其走进生活世界，了解和通达社会现实，通过面对具体矛盾问题的思考和行动来锤炼其意志人格品质，使之树立崇高的理想信念，积极主动地学习内化和践行人类优秀文化传统，在社会生活交往中自觉自律地遵守和倡行法治道德，将科学人文精神和时代精神融化在自我生命实践中。

（一）互学成事：实现课程内容的"分合"统一关系

学校教育是培养人的实践活动，其实践性不仅来自对单纯的课程文本、理论学科知识、预先活动设计的讲授、应用和实施等，虽然它们是教育教学重要的和必要的构成要素和环节，但不能取代教育教学的实践活动本身。"'五育融合'的价值秩序是倡导'五育'的无等级性，不以功利目的区分'五育'主次，既关注学生学业成就，又兼顾学生成长的人文素养。同时，'五育融合'

---

[1]　马克思恩格斯选集：第一卷[M].中共中央马克思恩格斯列宁斯大林著作编译局，译.北京：人民出版社，2002：72.

聚焦人生命成长的完整,追求和谐互惠的人际关系,通过'善''真''健''美'和'实'的融通式思维,实现了从'分数'到'成人'的利益转变。"[1]可以说,学校"五育"融合离不开教师与学生之间的主体性交往,当中流动着或充盈着的师生双方现实的感性世界经验是重要教育基础,是使得理论知识转化出生命意义的"沃土"。相反,如果教育教学只是理论知识授受或规划程序的被动实施而缺乏师生的生动的感受、体验、理解等生命色彩的浸润,则它们只不过是抽象的外在化存在罢了。然而,现实中"五育"融合的确在一定程度上陷入了实体化或技术化形式中,学生更偏重于多元的理论和技术知识的学习而忽略了生命生活的完整性及其与周遭世界环境的现实性关系,往往导致理论与实践、知与行的脱节。比如,"五育"在学校中主要以五种不同的课程门类来呈现,也即人们熟知的德育、智育、体育、美育、劳动教育课程,每一门类又可分配以不同的课程科目和知识来让师生围绕其组织和展开教学。这样的"五育"所呈现出的是一种"分"的思维,它对学生身心发展在内容向度上有着比较清晰的认识和把握,有利于学校教育的针对性、方向性和操作性。不过,"五育"的"分"虽然在追求着"分"的"多类多样",可毕竟是以"数量"的"累加"为主,并没有切实指向于人自身的整全发展,它与学校教育的宗旨目的在于培养"完人"之"合"的思维和价值终究还是有所偏离,也即追求"德、智、体、美、劳"的素质能力内聚于学生的身心性命中,并使其外化为对各种现实社会矛盾问题的有效解决。因此,学校"五育"融合需要处理好课程内容及实施的"分与合"统一关系。"分"是为了走向"合",且"分"中就有着"合",二者之间并非单纯的否定和排斥关系,其在实践中是"分""合"共存共融的,也即学校为了培养全面而自由的生命主体需得借助或依托于不同具体学科知识内容为基础,并结合现实中社会矛盾问题的分析和解决而将不同学科知识综合贯通和内化为主体的能力素质。

学校是一个共同体,教育教学是师生之间、学生之间的互学交流过程,但这一过程又具有现实的社会性。何以见得?从外在来看,师生围绕着知识

---

[1] 杨柳,宁本涛.以"五育融合"重塑教育的完整性[J].教育发展研究,2022(15):91.

内容而展开教育教学交往，他们之间是教和学的授受关系；从内在来看，师生教学授受关系最终要内化为学生的身心品质，使其成为自主的学习主体。而无论是外在的知识内容、教学授受还是内在的学生身心品质转化与形成，它们都要立足和面向于现实的社会，经对人类历史实践中积淀的优秀传统文化和新时代背景下自然、社会和人文科学知识的学习，不断在交流、探讨和实践中传习和更新，并将其内化为师生的生命能力和品质，让他们成为通达于社会现实的具有参与和改变世界的实践能力的主体，而不仅仅是学会和拥有抽象的理论知识来解释世界。因此，学校"五育"融合要注重师生"互学成事"能力的培养，让其积极地向他人学习，在为学中做人，做一个求通成事的人。何以要这样说呢？人是个体的，又是社会的，个体的人之间有差异，但做人需得在社会中也即在人群中做人。是故，一个社会要形成凝聚力和传统，则离不开人与人之间往"通处合处"做人，而不是往"分别处"做人。一方面，"他人"是自我学习的资源，学校教育教学师生围绕着来自历史和现实中的知识内容展开交往，但因各自文化、生活和成长经历的不同，他们往往对相同的或客观的内容有着自我主观的理解，从不同角度、层次或水平上展现出学习内容或对象具有的多面性或系统性特征，师生之间的真诚交流会促成对知识内容学习的深入和全面。另一方面，他人是自我反思的镜子，学校教育教学中由于不同主体生命和生活实践背景差异而引发学习者之间价值、观念存有分歧甚或冲突，相互通过交流、沟通、宽容、尊重而能引发共鸣和达成共识，学习中取人之长补己之短，在见贤思齐和内省改过中不断增进各自的生命能力和人性境界水平。总之，学校"五育"融合要让师生能够"为学"丰富，也要实现"做人"通达，教育教学中他们一同围绕着人类在历史中创造的丰富多彩的文化和知识展开交流互学，他们在协商、合作中获得超越于一己之囿见的理解和认识，在直接与间接地与历史和现实中的"他者"进行交往中而受到多元和跨文化知识、价值的滋养，使其能够具备适应现时代社会生产和生活实践的能力，又能将人类积累的文化精神加以传承内化和创新发展，从而能够实现课程内容"分合"统一关系。

（二）实证参与：发挥课程教学的科学人文精神

人生在世，很重要的一点在于其要能够积极融入现实当中，而积极也就意味着不是被动、同化，需要理性自觉地参与社会的生产生活交往，将历史实践中积淀形成的人性能力水平充分发挥出来，包括人的理性认识能力和理性实践能力。前者主要解决人与自然的关系，后者主要解决人与人之间的关系。当下，人与自然关系的处理离不开科学和科学技术的运用和创新，人与人之间关系的处理离不开道德和法治的遵循和完善。而这两个方面要能与时俱进地得以前行发展，核心在于要使社会主体具有科学和人文精神，不断在务实求真中推动人类社会的文明进步。所以，学校"五育"融合在注重课程内容的"分合"统一关系同时，也要在教学过程中积极培养学生的科学和人文精神，使其自由意志和理性能力得到有效和规范的引导和运用，促使人类社会朝着真善美的方向不断迈进。国务院关于《全民科学素质行动规划纲要（2021—2035年）》指出："激发青少年好奇心和想象力，增强科学兴趣、创新意识和创新能力，培育一大批具备科学家潜质的青少年群体，为加快建设科技强国夯实人才基础""坚持立德树人，实施科学家精神进校园行动，将科学精神融入课堂教学和课外实践活动，激励青少年树立投身建设世界科技强国的远大志向，培养学生爱国情怀、社会责任感、创新精神和实践能力。"[1] 人类绵延发展至今，以自然科学及技术为代表的理性认识能力是人能力的重要表征。人类物质生活的丰富和便利、人类寿命的延长和健康疾病的防治以及人类与自然环境生态的和谐都离不开科技发展来加以推动、实现和解决，无视此则是逆历史潮流和反理性的。不过，学校除了关注学生对科学知识和技术的认识理解和掌握应用之外，也要注重学生科学和理性精神的孕育，既包括批判、质疑、否定和坚持、自律等科学态度情感和意志品质，也包括观察、假设、调查、验证等科学研究方法。故而，学校"五育"融合要采取探究式科学教学模式，以学科知识为基础，以科学问题为导向，让学生在理论知识学习的基础上，使其积极参与到实验行动中，经过矛盾问题的讨论辨析、确

---

[1] 国务院.全民科学素质行动规划纲要（2021—2035年）[M].北京：人民出版社，2021.

立假设、收集梳理文献理论和田野材料数据、验证假设、撰写报告、应用转化等，逐渐培养起其系统严谨的思维方法和情感态度品质，在大胆的"想象"和科学的求证之下使得自我综合行动能力得以有效提升，面对新的学习和发展问题而能够运用科学的知识、方法、技术进行创造性的解析与应对。

当然，除了理性认识能力之外，人还有着理性实践能力。人是"类"的存在，离开人类共同体的交往互动，单个的个体是成为不了人的，人在利用、认识和控制外在自然环境的过程中是结伴而行的。这当中既有分工、合作及其相应的规范要求，也有着相互间权益分配的秩序划定，以及为了共同体的延续而形成个体与群体间的相应关系规范要求等，它们以制度、伦理、风俗等各种形式呈现出来，成为人们社会交往实践所共同遵守的价值共识。人类代际更迭交替传习和个体经由学习教育而将之化为了文化心理或人性能力，其中至为重要的是道德能力，它表现为人能够运用自由意志克制自我的感性欲望而认同和践行彰显了时代精神的社会主义核心价值观，他不以自我的利益的满足而违背社会的公共道德规范，这种道德能力恰恰是人的理性能力的突出表现。作为主体的人能认清和明辨是非善恶观念，对"是"和"善"抱有积极的情感，且在意志的努力下将之付诸实践。正因为有着道德理性能力，人类社会发展虽在的历史长河中并非一帆风顺或直线上升，但正义、自由、平等、公正、法治的文明价值终究成为一种趋向，不断被今天的人们所选择和践行。中共中央、国务院关于《新时代公民道德建设实施纲要》指出："中国特色社会主义进入新时代，加强公民道德建设、提高全社会道德水平，是全面建成小康社会、全面建设社会主义现代化强国的战略任务，是适应社会主要矛盾变化、满足人民对美好生活向往的迫切需要，是促进社会全面进步、人的全面发展的必然要求。"[1]所以，当下学校"五育"融合实践要积极关注学生道德品质的培养，有必要采取情景式道德教学模式，选择来自历史和现实生活中存在的道德案例，通过了解、讨论、辨析、释疑、判断等环节来引导

[1]　中共中央国务院.新时代公民道德建设实施纲要[EB/OL]（2019-10-27）[2024-05-23]. https://www.gov.cn/gongbao/content/2019/content_5449646.htm.

学生形成正确的道德观念，结合学校开展的社会生活实践体验，创设学校班级道德主题活动，充分发挥学生的自主性，借助影视、故事、音乐、游戏等手段和形式来孕育学生对诸如社会主义核心价值观的积极情感，让学生在沟通交流、商讨辨析、角色扮演中来感知、体验和培育良好道德品质，逐渐促使其在日常学习和生活实践中树立理想信念，并在自律的行动坚持中去加以实现。

三、情理共谐超越：学校"五育"融合实践的形式方法运用

人生天地间，生活要过日子，心灵要逐自由。日子要脚踏实地过，人在与他人携手同行中构建社会，并不断在实践中推动社会的改革和文明发展，以便能够过上物质丰裕和安定和谐的好日子。同时，每个人还在追逐和表达着与众不同的个性，去过和他人"不一样的日子"，以一种美的方式在学习和生活中自由挥发自我的身心能力。虽特立独行却能通达于人，能坚持自我却又温暖人心，即使平凡普通也可充实自足，为人处事坚韧且洒脱、执着又随性，用孔子的话来说那就是"从心所欲而不逾矩"。为此，学校"五育"融合除了注重师生关系基础的情感心理共通、内容过程选择的社会现实通达，也要突出形式方法运用的情理共谐超越，积极促进学生身心的全面和个性化发展，使其基于不同的情景和问题而能够通情达理地应对，在自由愉悦中表现出生命的独特创新个性，能够使得世界在由认知、情感、意志、想象等构成的人心的领悟和实践行动中彰显出丰富的意义。

（一）学科整合：凸显综合劳动实践的创新个性

人类社会的发展需要"自然的人化"和"人的自然化"在实践中双向推进。一则人的主观能动性或目的在学习实践中不断得以实现，即人们常说的人化自然，自然（包括人自身的生理）被打上人的烙印而人化了；一则自然的规律和本然不断呈现出来，让人意识到人的自然属性，使得人们越来越重视人与自然的和谐共生关系，促使人类社会发展的自然化。人是通过有意识

的感性活动而存在的，正是劳动实践使得自然向人生成，以合目的性和合规律性统一之美的方式进行生产。"全部所谓世界史不外是人通过人的劳动的诞生，是自然界对人说来的生成，所以，在他那里有着关于自己依靠自己本身的诞生，关于自己的产生过程的显而易见的、无可辩驳的证明。既然人和自然界的实在性，亦即人对人来说作为自然界的存在和自然界对人来说作为人的存在，已经具有实践的、感性的、直观的性质。"[1] "动物只是按照它所属的那个物种的尺度和需要来进行塑造，而人则懂得按照任务物种的尺度来进行生产，并且随时随地都能用内在固有的尺度来衡量对象；所以，人也按照美的规律来塑造物体。"[2] 人的生命是感性和理性的融合，人类在漫长的历史行程中通过实践而使得自然的感性生命"人化"，人的自然生理感官反应逐渐有着不同于动物本能的"社会属性"，也即人是"感性的活动"存在，在社会交往实践中而使得"感性"呈现出"理性"的渗透交融，在道德上"理性"主宰着"感性"，在审美上则是"理性"融化在"感性"之中，以个性化、独特化的形式影响和促进人的理性认识和行动实践能力发展。

学校"五育"融合如何让学生的潜能个性和创新能力得以自由发挥？一个很重要的形式和方法在于注重、凸显和发挥综合劳动实践的价值功能，让学生在参与劳动实践中既合规律又合目的地解决学习和生活中矛盾问题。"马克思把人规定为实践的人，把人的发展问题归结为人的实践的发展问题，并以此来阐释人的全面发展问题，而且把'教育与生产劳动相结合'视为人实现全面发展的唯一方法。在此意义上讲，实践参与乃是德智体美劳'五育'的天然融合器。"[3] 教育部《关于大中小学劳动教育指导纲要（试行）》指出："围绕劳动能力的培养，让学生完成真实、综合任务，经历完整劳动过程。注重劳动价值体认，引导学生从现实生活中发现需求，选择和确定劳动项目。强化规划设计意识，充分发挥学生的主动性、积极性、创造性，引导学生对

---

[1]　马克思：1844年经济学哲学手稿[M].刘丕坤，译.北京：人民出版社，1979：84.

[2]　马克思：1844年经济学哲学手稿[M].刘丕坤，译.北京：人民出版社，1979：50-51.

[3]　李松林.以整体的教育培养整体的人：五育融合教学的框架与方法[J].课程·教材·教法，2021（11）：66.

项目实践进行整体构思，综合运用所学知识、技术，不断优化行动方案。强化身体力行，锤炼意志品质，敢于在困难与挑战中完成行动任务""围绕劳动价值意义的建构，引导学生总结、交流，促进学生形成反思交流习惯。指导学生思考劳动过程和结果与社会进步、个体成长的关联，避免停留在简单的苦乐体验上。组织学生交流分享劳动的体验和收获，肯定具有积极意义的认识，纠正观念上的偏差。将反思交流与改进结合起来，使学生在劳动中获得成长。"[1] 为此，当前学校"五育"融合应把不同的学科知识（文化）融合在具有情景性的综合劳动活动中，让学生亲身参与学习问题的设定、学习材料的准备、问题解决的步骤等各环节中，教育教学过程可以采取知识原理的讲解、实验操作的动作示范、社会生活调查、分组合作交流等综合形式，让教育教学变成知行合一的实践活动。通过师生之间、同学之间的交往互动而引发学生身心在"情理"上的整全变化，以多角度或跨学科的视野来认识和激活知识原理，在质疑、推测、猜想和研讨、合力、共情中创造性地解决问题，从而推动知识和文化的更新发展。

（二）体验领悟：彰显自然社会谐美的自由境界

学校教育以促进学生的身心和谐发展为目的。这似乎是自明而无须疑问的，但"熟知的未必是真知"[2]。当身心和谐这一个名词或概念常常与学校教育相关联使用的时候，未必见得在实践中真正促进了学生身心的和谐发展。学生的身心和谐发展是"累加"的吗？无论这种"累加"的内容、类型在数量的多少、形式的具体上有何变化，其所折射出的是一种双重的建立在抽象形而上学和机械唯物主义基础上的思维结构。具体而言，人们在日常生活中往往将身心发展视为物质生命和精神生命的和谐统一，这其实已经陷入了将身心一分为二的思维之中，认为人是由物质加精神两部分或两种成分组合而成的生命存在，虽然其在言说上可以补充这样的生命存在是二者构成的整体，

---

[1] 中华人民共和国教育部.大中小学劳动教育指导纲要[EB/OL]（2020-07-07）[2024-05-23]. https://www.gov.cn/gongbao/content/2020/content_5535329.htm

[2] 黑格尔.精神现象学：上卷[M].贺麟，王玖兴，译.北京：商务印书馆，1981：2.

并没有将人分离成两个部分来认识或对待。可试问，物质生命和精神生命是不是两个抽象的概念？得出物质生命这个抽象概念是不是建立在将人视为物质机体对象而作的分析或归纳？同理，得出精神生命这个抽象概念是不是建立在将人视为精神实体对象而做出的判断？与之相似地将人视为或将人的发展理解为理性与非理性、身体与心灵、理性与情感等的组合也同样具有主客二分的思维特征，也就是将人视为一个客观的实体对象来把握，对其做出概念的把握，这就如同科学通过物理对象无关特征、变量或条件的排除之后，所得出一般的普遍的规律相似。然而，对人的认识或理解能不能这样？当我们说注重学生的身体健康，通过学校教育对学生体质及运动能力的增进时，能不能将学生仅仅视为物质生命的存在，或者说学生的体质及运动能力的促进或提升能不能在学生无认知、无情感、无意识、无精神状态下完成？答案显然是不能的，无论把人视为物质生命还是精神生命，或者这两方面的相加及统一都难免陷入主客二分的抽象思维之中，或者走向一种现成的直观的机械唯物主义理解之中，似乎人生来或理当就是这样的客观实体存在。

事实上，人是历史的存在，其通过实践与周遭世界发生关系来确证和发展自己，包括了身体五官、意识精神在内的人自身的存在。"就'五育'内部而言，所谓'整体'就是要打破传统的'加法思维'，避免将各育进行简单叠加，转而在整体的框架内，在'五育'相互关联的层面上，全面思考并整体设计各育的具体实施""这里的融合，不是'五育融合'之'融合'，而是为了推动基于'五育融合'的全面培养体系之构建所需要的'融合'。"[1] 因此，学校"五育"融合要培养的人的全面发展和个性发展，此全面发展和个性发展不等同于知识数量、类型的累加，也不只是各种形式的教育活动并举，其实质在于培养人的实践活动中需把"五育"精神融入其中。换言之，"五育"融合不是独立于学校教育实践活动之外的"专门"的教育类型、形式和活动，任何学校开展的育人实践活动都应当追求、贯穿、落实"五育"所内含的以学生的全面而个性发展的精神。除此之外，当下尤要关注的一个社会现实问

---

[1]　李政涛."五育融合"推动基础教育高质量发展[J].人民教育，2020（20）：14.

题是人与自然的关系。人类从自然中走来，人自身就是自然的组成部分，离开自然环境人类将无处安身。既然如此，人类社会面向未来发展的进程中，其主体能动性的发挥不能以破坏生态为代价，否则是在扼杀或毁灭人自身的自然性。倘若自然和人类社会不能和谐共生，也将不复有人类社会的明天，"社会是人同自然界的完成了的、本质的统一，是自然界的真正复活，是人的实现了的自然主义和自然界的实现了的人本主义"[1]，也即人类社会的文明发展是天人合一或与自然共生共谐中来完成的。故而，学校"五育"融合实践在对学生进行学科知识教学之外，有必要把与自然社会有关的民生主题引入进学校和课堂，让学生了解和体验人类生存发展面临的危机问题，通过影视展播、图片示览、宣讲宣传、田野考察，结合学校组织的科学实验、劳动实践、作文演讲、音乐绘画等活动，使其在学习和思考中培育起人类命运共同体意识，把自然、他者自觉纳入自我生命发展中来思考。同时，也要让学生认识、感受、领悟世界和社会发展的偶然、多变和复杂性，使其更加珍惜经由一代又一代的人们奋斗、拼搏所创造而成的美好和谐的此际生活，在厚重历史、先辈足迹、创业历程的温习中，在科学技术、物质生产、精神文明的培育中，在师生情谊、同窗友爱、父母恩情的眷恋中展开各种学习活动，在行健有为、自省自律和创造领悟中立命安身。

---

[1] 马克思.1844年经济学哲学手稿[M].刘丕坤，译.北京：人民出版社，1979：75.

第五章 实践中"显像"的教育存在

　　教育是培养人的活动，它以实践的方式将社会和历史经验内化为主体的生命能力和个性，使之在现实中辩证地将诸如抽象或先验的"理性知识"、各种文化形式与具体实在的自然以及人类的感性生活进行有机协调，促成自然、社会在历史发展中的"普遍性"与不同个体立命的"偶然性"之间的磨合统一。马克思有言："人，作为人类历史的经常前提，也是人类历史的经常的产物和结果，而人只有作为自己本身的产物和结果才成为前提。"[1]可以说，作为有目的和自觉培养人的教育活动要充满生机，其实践需规范、引导和调节"人类（人性）、社会（文化）、历史"与"个体（个性）、自然、现实"之间的矛盾张力关系，让主体在时代背景下构建人与自然、人与社会、人与自我休戚相关的命运发展共同体，从而将教育所具有的各种积极的可能意义不断"显像"出来，引发和促进人们更加全面系统、深入地理解、领会、反思和践行人的培养活动。

一、超越自我：教育实践主体的双向成己

　　构成教育的主体是教育者和学习者，二者缺一不可。既没有只有教育者的教育，也没有只有学习者的教育。在有目的的自觉的教育实践中，主体应当且必须是双向的存在，一曰教育者，一曰学习者，二者缺一不可，共同构成教育"共同体"。如果把此"共同体"比喻为植物，"树叶"就是教育者，

---

[1] 马克思恩格斯全集：第26卷[M].中共中央马克思恩格斯列宁斯大林著作编译局，译.北京：人民出版社，1972：545.

"花朵"则是学习者。学习者在教育中要绽放为"花朵"，教师在教育中要成为输送养料的"树叶"，双方共为一体、相得益彰，一同生长成为有机的教育生命之"树"。显然，教育者和学习者是教育实践共同的"主体"在当下已成为常识，只不过这种常识仍然停留在"显"的层面。诸如教育者和学习者是"双主体"，或曰教育者是"主导"而学习者是"主体"的观点，二者的表述体现的是实存与现象的思维，是对教育者的"教"和学习者的"学"的直观的形式化理解，至于"教"与"学"一体融合的教育意义或规律所内涵的主体间的关系却被遮蔽了。在具体实践中，教育者和学习者是事实的客观存在，具有各自的角色，即教育者在"教"，学习者在"学"。然而，教育者的"教"往往使其"隐身"不出，代之以对"教"的内容的主体性的"有效发挥"，教育者围绕知识而动，是为了让自己的"教"更加利于学生对"知识"的掌握，这不可谓有错，但如果仅止于此，则教育者"教"的主体性是残缺的。诸如教育者的人格、人生体验时常被过滤掉，在知识的客观性中失去了主体生命的情感经验。同时，学习者的"学"往往令其"缀身"，使其主体性沉陷于对"学"的内容的"卓越表现"，追求成绩或分数的计量化提升，虽以考级考证"验明正身"，却失去了对自我身心的内向反思，学习的兴趣、动力、意义变得不再纯粹，甚至丢弃了接受教育是为了让自己变得更加完美的初心、诚心，快乐、崇高、想象、自由的学习色彩变得暗淡不明。20 世纪初，现象学大师胡塞尔提出"回到事情本身"[1]，即"对事情做出合理的或科学的判断，意即指向事情本身，更确切地说，即从谈论和意见回到事情本身，依照自身被给予状态查阅它，而去除一切不相干的成见。"[2]。从实践中的教育主体看，教育者和学习者的"本真"是怎样的存在？二者之间是一种怎样的关系？是什么将二者统一起来？对此，有必要将教育者和学习者在现实中的实存"悬置"起来，将他们从教育教学追求的"表象"中脱离出来，对身处以促进人自身发展为目的的教育活动中的主体能是什么进行科学的认识，在追问和想象中让

[1]　胡塞尔.哲学作为严格的科学[M].倪梁康，译.北京：商务印书馆，1999：23.
[2]　胡塞尔.哲学作为严格的科学[M].倪梁康，译.北京：商务印书馆，1999：69.

完整的教育主体的"形象"或"本质"显现出来。

在教育实践中，教育者和学习者更多的是以"身份"或"名称"的方式存在于教育活动中，"培养人"或"促进人的发展"的意义并未在作为教育主体的教育者和学习者的人性中引发共鸣和回响。人们对教育主体的认识、理解和行动仅停留于表象层面，"主体不是一个孤绝独立、自主无依的静态客观存在，他以他人为中介完成自身转化，在与他人互动的每一次关联中都会获得主体意识和主体地位，主体就是自我和他人之间不断相互确认、相互转化而形成的无数主体意识和主体地位的总和，主体的建构是一个不间断的动态连续过程……两者互相以对方为前提和条件。"[1]教育实践包含教育者和学习者构成的"共同主体"，涉及"教育对象"的存在，人们在日常理解中往往将"促进人的发展"单方面地指向学习者一方，教育的目的、价值、意义等都是通过学习者显现出来，而且以学习者外在的知识成绩为依据，其身心健康发展却得不到切实的关注和保障。之所以如此，与长期以来人们将教育主体一分为二割裂开来的认识和理解不无关系，人们的这一理解和认识未能将教育者和学习者纳入"唯一"的教育实践活动并将其统一起来，以共同的"主体"对待教育实践活动，即教育实践中的教育者和学习者是"同一主体"。只有将教育实践中的教育者和学习者统一起来，方能避免教育者为学习者发展而"牺牲自我"或学习者因服从教育者而"不见自我"的局面出现。"当人们同时整合了人的所有的部分自我显现和人对世界的所有的部分显现，自我意识才实际上与意识一致，知识因而才是完全的和绝对的。"[2]也就是说，人对自我的认识是通过对异己的他者的认识才返回到自我认识的。因此，教育实践促进教育对象的身心发展不是单向的或一头的，也并不意味着教育者在教育中"不发展""不提高""不进步""不愉快"，如若其然，则教育者培养下的学习者身心也很难得到促进，因为双方的身心在教育实践中并没有"合一"，无"合一"的教育实践使二者因分彼此而无"同心"，最终无法形成"统一主

[1] 高燕.《精神现象学》中"主体"思想及其当代意义[J].复旦学报（社会科学版），2018，60（4）：63-75.

[2] 亚历山大·科耶夫.黑格尔导读[M].姜志辉，译.南京：译林出版社，2005：368.

体"基础上的自我意识，即教育者和学习者分别将对方当成另一个"我"的意识，学生为了完善自我而把教育者视作榜样，并向其敞开心扉，与其共同探讨遭遇到的各种学习问题，因为教育者本身及其授予学生的知识很可能就是未来学生自我发展的可能。对于教育者而言，虽然学习者在身心发展和人生经历等方面尚未成熟，但面对不成熟的学习者，教育者的成熟则是返璞归真，更能看清或发现正在发展和成长中的学习者是自我生命历史的映像，让学习者的生命更加绚烂地绽放也是教育者自我生命的延展。教育者因学习者在自我意识冀望下的身心所发生的和可能发生的变化而不断要求自己、提升自己。

"当一个好的教育家在面对一个儿童、一个少年或一个青年时，他会从自己的层次丰富的人性中去体会一个儿童、少年或青年的自由冲动，再一次地使之得到完美的实现，或发明一种更加完美的表现形式。他在引导儿童、少年或青年与自己一道游戏、一同激动的同时，也使自己的灵魂得到进一步的充实。一个好的教育家当然应该关爱和理解儿童、少年或青年，懂得他们内心的秘密；但这种理解同时也应该是对自己的理解，是对自己内心潜藏着的人性的可能性的理解，因而是对自身隐秘的灵魂之谜的一种探索和'发现'。"[1]所以说，教育主体在教育实践中的关系是"双向成己"的，教育者和学习者在交往中有着对人性的共同认同，将对方当作自我发展的另一面镜子，透过这面镜子不断反思自我，并通过双方的相互尊重、相互赞赏、相互激励和共同努力不断超越自我，使教育者和学习者在同一教育实践中共同创生出影响自我生命的教育意义。

二、共谐情理：教育实践结构的中和有度

教育既是科学也是艺术，这是人们对教育的普遍看法。然而，到底该如何理解这个为人们所熟知的命题才能达至"真知"，是必须探讨的问题。对

---

[1] 邓晓芒.教育的艺术原理[J].湖北大学学报（哲学社会科学版），2003（2）：101-106.

此，德国古典哲学的集大成者黑格尔指出，"一般说来，熟知的东西所以不是真正知道了的东西，正因为它是熟知的。有一种最习以为常和自欺其人的事情，就是在认识的时候先假定某种东西是已经熟知了的，因而就这样地不去管它了。这样的知识，既不知道它是怎么来的，因而无论怎样说来说去，都不能离开原地而前进一步。"[1] 对于教育是科学也是艺术这一命题的认识，我们必须结合教育实践加以反思。这里的科学和艺术是基于什么内容和对象而言的，它们是分立的还是统一的？教育的科学和教育的艺术的各自特征是什么，以及教育是科学也是艺术中的"也是"何谓？它们是同一过程还是不同的过程？只有我们虚心叩问，才会发现原来熟知的并非真知，因为教育是"科学"意味着其构成中的很多部分是非"艺术"的，教育是"艺术"则意味着其构成中的很多部分并非"科学"。那么，反过来也可说教育不是科学也不是艺术，这不等于说"教育是科学又不是科学，是艺术又不是艺术"吗？当然，对事物或问题包括对教育的认识理解不能停留于名词的抽象思辨，而应该回到具体的实践中把握其内涵。"人的思维是否具有客观的真理性，这并不是一个理论的问题，而是一个实践的问题。人应该在实践中证明自己的真理性，即自己思维的现实性和力量，自己思维的此岸性。"[2]

首先，实践中教育对象的成长有着身心、年龄等特征，教育的内容有一部分是探究自然规律的科学知识，教育活动要遵循学生身心和认知发展的规律，并按照人类已获得的自然科学的知识、方法和技术等展开教授和学习研究。从此角度而言，教育当属于"科学"，但这一"科学"又是非纯粹的，因为整个教育活动是以教育者和学习者通过来回往复的讲解、疑惑、示范、要求、鼓励等交流方式为基础的，而非单一的理性认知过程，所以，不能完全将教育视作"科学"。其次，实践中教育主体在教育教学交往中的相互欣赏与比较自然顺畅地达成或超乎寻常地完成教育教学目标而产生的愉悦感，或在整个教育教学过程中处于轻松自由的状态，使教育主体无目的地参与和体

[1] 黑格尔.精神现象学：上卷[M].贺麟，王玖兴，译.北京：商务印书馆，1981：2.

[2] 马克思恩格斯选集：第一卷[M].中共中央马克思恩格斯列宁斯大林著作编译局，译.北京：人民出版社，1975：45.

验着来自教育教学的快乐和意义。而这一自由的"艺术"既不会也不可能是教育的常态，虽然它可以作为教育的追求，但教育不可能时时是"艺术"的，教育教学中少不了责任、目的、奋斗、自律等要求，必须有教育主体的意志调节方可完成。教育是什么？科学乎，艺术乎？其实，教育就是培养人的社会实践活动，它直接以人为对象和目的，又以人为主体，而且主体和对象之间并非主客体关系，而是主体与主体之间的关系，他们选择、利用人类创造的各种知识和文化来组织教育活动，使之对人的身心产生影响。为了促进教育主体身心的健康发展，在教育的内容、方法以及过程等方面必须兼顾科学、人文、艺术等各类知识与技术的综合，使人的发展不断趋近全面自由之境。这恰恰是教育的重要性所在，并以人的内在能力的提升作为对人类历史发展的最大贡献，而非一时一地之外在事功。

那么，作为培养人的实践活动，教育于人性能力的陶冶和塑造如何体现又如何可能？一方面，这种体现不以独立于人之外的功业为凭据，物质经济、科学技术、制度规范等都不是目的，虽然它们在人类社会生活中发挥着基础作用，但教育却不直接以此为鹄的，而是始终以人的发展为宗旨；另一方面，教育所要实现的人的发展离不开社会文化的滋养，教育主体必须对其进行筛选、梳理、厘清和认定，将其设计成合宜的教育内容，结合具体的教育资源条件和一定形式方法的运用作用于教育对象的身心发展。以上两个方面一"内"一"外"，看似两分，实则不分，"由内而外""由外而内"统一于培养人的教育实践活动之中，使其活动呈现出"有情有理"的结构状态，即教育是在特定情景中培养人的实践活动，其实践性恰恰体现在情景之中，此情景既是一种结构组合，也是动态的教育主体之间的交往，虽然交往离不开教育内容、教育方法和技术媒介的纽带作用，但其中最为关键的是教育主体在"情理"共谐中获得的身心激荡。这种激荡既表现在"外"的结构形式中，也表现在"内"的人性能力中。从"外"的结构形式而言，教育实践处在某一情景中，是由教育者、学习者、教育内容、教育时间、教育环境等要素构成的动态组合，且教育者和学习者对其充满了"情意"，饱含着教育者对教育活动的神圣感、敬畏感、责任感，对学习者给予尊重、关怀和激励，也会忧心和关注其成长中出现的问题。作为学习者则可以亲师信道，乐学好进，在教育者的引导下充满激情地投入学习中，与教育者一同探讨自然宇宙和社会人生的真谛。从"内"的人性能力看，教育于人的培养的完整性体现在"情理"共谐上，即人性能力是交融一体的，情理共融在人性能力之中实则为一。"情"是有理的"情"，否则，无异于动物的情绪而非情感；"理"是有情的"理"，否则，无异于机器的程式而非理智。故，人性能力是情理的融合为一，但其又因不同的情景而有着不同的表现，即情理在不同情景中的比例关系（实质上难以用比例来划分）是不同的，它不是铁板一块的固定不变，而是"发乎情，止乎礼"或"发而中节之和"。

因此，教育实践在培养人的过程中要注重学生德智体美劳（简称"五育"）的全面发展，注重"情理"在人的全面发展和个性发展中的基础作用，即"五育"的全面整体发展乃是人的身心能力或人性能力和谐的表现，"五育"融合或每一"育"的和谐发展都要体现出情理共谐。比如，"德育"包括"道德观念、道德情感和意志"，"道德观念"属于"理"，"情感和意志"可归为"情"，只有"道德观念、道德情感和意志"三者统一在行动中才称得上是完整的道德品质。"智育"虽侧重"理"，但同样离不开"求真"途中质疑、兴趣、坚韧的态度以及所谓科学的价值、伦理等，也不止于单一的"理"，依然是"情理"交融的，只不过"理"的成分更为凸显罢了。"体美劳"亦是如此，"情理"交融其内，使教育实践培养的是有血有肉、有情有义、知书达理的生命主体。这些生命主体勇于攀登科学高峰，以学习、掌握、研究和推进科学及其技术来造福人类，并且对家庭、社会、国家乃至自然宇宙满怀深情，在与亲人、朋友、师长、同事和他人的携手同行中珍惜人世的美好，在创业、奋斗、合作中安身立命，齐心协力共建和谐的人类社会。

三、联融内外：教育实践形式的聚通互补

作为社会关系的存在，人与人类社会的发展无不是在共同的联合中完成的，而人类共同的联合又以实践的方式展开，工具的使用与制造、物质资料

和财富的生产、社会生活关系的规范无不建立在人与人"分合"对立统一的矛盾基础上。马克思指出："人的本质不是单个人所固有的抽象物，在其现实性上，它是一切社会关系的总和。"[1] 人的本质是一切社会关系的总和，其内涵在于"每一个人是人类""人类就是每一个人"，"人与人之间"不一定是个人与个人之间，还可以是"一个人和他自己、一个人和全社会甚至一个人和他的拟人化了的对象物之间。因而这种社会交往关系就不是自然主义所理解的外在联系（这种外在联系是在动物群体那里也有的），而是内在的、具有普遍意义的人性本质结构、主体间结构。"[2] 也就是说，人是类的存在，一个人身上的人性是历史的、社会的、文化的积淀凝缩，人与人的相通是历史性的，相互之间是主体间性的存在。同时也要看到，人性相通的个体又是不同于他人的存在，是个性化的存在，而这种个性化之所以可能，其前提依然在于共通的人性基础，因为人性不是一成不变或铁板一块的实存，它是一种内在的心理"潜能"形式，在不同个体身上有着差异性，这种差异性又一起丰富着共通的人性，使其充满活力与弹性。从现实来看，人类社会要变得更加文明和谐，作为个体的人在人类社会发展中的地位和作用就会越来越凸显，每一个人都是目的已经成为现代社会的价值共识，在制度和法律也给予其一定保障的时代背景下，人的个性和创新性越来越成为推动生产力和社会文化发展的重要力量。"人是从'个体为整体而存在'发展而成为'整体为个体而存在'的。强调后者而否定前者是非历史的，强调前者而否定后者，是反历史的。"[3] 虽然"个体为整体而存在"在历史进程中占据了较长时间，在此情况下，个体往往融入"历史理性"之中，服从于不同时代的社会伦理道德或文化规范，个体更多地成为社会文化的承担者和传承者，但是在"整体为个体而存在"的现代社会发展中，由于生产力、科学技术、法治等物质文明和精神文明的

[1] 马克思恩格斯选集：第一卷[M].中共中央马克思恩格斯列宁斯大林著作编译局，译.北京：人民出版社，1975：60.

[2] 邓晓芒.实践唯物论新解：开出现象学之维[M].北京：文津出版社，2019：128.

[3] 李泽厚.批判哲学的批判：康德述评[M].北京：生活·读书·新知三联书店，2007：456.

进步，"每个人的自由发展是一切人的自由发展的条件。[1] 在价值观和现实层面有了更为坚实的基础，随着富强、民主、文明、平等、公正的社会政治、经济、法治等的日益健全，在未来社会发展中，人的个性与创新能力越来越受到重视、鼓励和提倡。"人类自我发展的过程，既是个体的独立化过程，又是个体的社会化过程，既是社会规范个人的过程，又是社会解放个人的过程。这就是人类的个体与社会的矛盾。"[2]

在社会与个体、人性与个性的关系上，社会和人性是人类历史实践的积淀，相较于个体和个性而言是"先在"的。作为具有个性的个体，既离不开社会和人性的发展基础，又要承担起和协调好自我发展统一的历史命运与现实命运的"立命"关系。前一个"命运"是过往的人类积淀，个体生下来就要融入其中，而且常常将人类历史淘洗过的为世人所认同的普遍现实地存在于生产生活中"对的、善的、美的"规律、知识和价值作为个体学习和内化的对象。后一个"命运"是个体在对前一个"命运"的认识和遵循的基础上，结合个人的机遇和条件去努力奋斗，以便开创出一片自我的新天地而不被历史"命运"所吞没，此乃是自己去"立命"的实践行动过程。可以说，离开了人类则无社会文化，无社会文化则个体难以发展成人。相反，离开了个体的"立命"，"创新"的社会文化是没有活力的，没有活力的社会文化不是解放而是束缚人的自由发展的广度和深度的。由此看来，教育作为培养人的实践活动，向来与人类（个体）的生存实践相伴随，当然，它也经历了从非自觉、非形式化到自觉形式化的历程，而自觉形式化的教育在教育对象上又有着从少数与精英到多数与普及的转变。直至今天，学习社会、终身教育等理念和取向不断成为现实，成为人们构建教育体系的基本导向。

随着社会生产力、科学技术、社会法治和经济文化的全球化发展，形式化、制度化的教育体系不断完善。越来越多的人能够接受更长时间和更高阶段的教育，而且满足不同需求的个性化、多元化的社会教育在类型和形式上

[1]　马克思，恩格斯.共产党宣言[M].北京：人民出版社，2017.

[2]　孙正聿.哲学通论[M].北京：北京师范大学出版社，2020：220.

日渐丰富，家庭、村落、社区、学校、企业以及各行各业通过图书和电子阅览室、文化活动广场、宣传讲座、培训进修、参观学习、远程互联网等资源和途径展开学习教育，让幼儿、青少年、妇女、老年人及其他社会成员都能获得丰富的教育资源和便利的教育条件，从而使得人人可学习、人人能学习、人人会学习成为现实。"以能促进人的多方面终身发展和人格完善，使其有志于并有能力为创造一个更美好的世界作贡献为价值取向；以贯穿人一生、渗透于个体生命实践各种空间的生命和活动全时空为原则；通过将各种教育力量连通、整合、汇聚，形成整全性的教育系统，使全社会各项活动都自觉内含并在实践中体现终身教育的原则为实现路径。这是人类自身和社会发展到一个新阶段，以人自身的自由全面发展作为社会发展的终极目标，以个人与社会的发展价值统一为特征的阶段，所必须具备的教育形态。"[1] 在当今和未来的社会发展中，科学化、系统化、多元化的校外教育和不断完善的高质量学校教育内外联合、聚通融合，使教育切实变成人类生存和发展的方式，活到老、学到老、创新到老将成为社会中人的实践常态。

此外，教育作为培养人的实践活动，其终究以立德树人为根本任务，让每个人都成为明是非、辨善恶、行己有耻的主体。故而，每一种外在的教育形式都要有一种共同的"教育精神或灵魂"，是它将不同的外在教育形式凝聚起来，益于培养具有良性品德的生命主体。历史学家钱穆先生在论及中国历史上的传统教育精神和理想时说，"中国传统教育之主要精神，尤重在人与人之间传道。"[2] 好的教育实践应当是在对象上面向全体，因为每个人都有着追求发展的倾向和天赋，即使每个人的个性不同，但追求"超越"的人性潜能是相通的；在目的上指向人的全面自由发展，促进其个性的生成，而这样的教育在形式上无不是"人与人之间的传道"，各行各业、不同层级（家庭、学校、社会）在多元化的教育实践中必须以"成人成己"为导向，将文化传统和时代精神融贯于立德树人之中，切实形成教育形式内外相联、表里相宜的聚通

[1] 叶澜.终身教育视界：当代中国社会教育力的聚通与提升[J].中国教育科学，2016（3）：41–67+40+199.

[2] 钱穆.国史新论[M].北京：生活·读书·新知三联书店，2018：225.

融合。

四、身心自然：教育实践动力的天人合一

人类起源于自然，又生活在自然之中，而且其本身就是自然（生理）的存在。不过，在本源上作为自然组成部分的人却具有精神性，他能够将自然包括自身作为对象加以认识和反思，从而进行有目的的对象化实践活动，使自在的自然成为属人的世界。"人不是简单的自然存在物，而是具有理智的人的自然存在物。人不像动物那样无意识地适应自然界，而是在适应自然界的同时使自然界适应自己，满足自己的需要……正是这种双重的适应性，即环境对人和人对环境的不断作用与反作用，决定了人的活动的本质。"[1] 人的活动的本质在于实践，是一个不断展开的人与自然之间的辩证发展过程。从历史的视角看，自然与人的关系也因有了人才变得有意义，自然在人的历史中成为属人的自然，"凡是某种关系存在的地方，这种关系都是为我而存在的；动物不对什么东西发生'关系'，而且根本没有'关系'；对于动物说来，它对他物的关系不是作为关系存在的。"[2] 但是，在人类成为历史舞台的主角后，自在的自然成为自为自觉主体认识和改造的对象，主体不断实现自己的历史目的，以至二者的关系在主体的思维中成为无意识和不自觉的统一，"我们的主观的思维和客观的世界服从于同样的规律，因而两者在自己的结果中不能互相矛盾，而必须彼此一致，这个事实绝对地统治着我们的整个理论思维。它是我们的理论思维的不自觉的和无条件的前提。"[3] 正因如此，在"思维和存在"必须一致的不自觉和无条件的主体理论思维前提下，主体在实践中也会过度或主观地偏离客体（自然、社会），形成主体与客体间现实存在着的"二

---

[1]　科纽尔.马克思的思想起源[M].王谨，译.北京：中国人民大学出版社，1987：75.

[2]　马克思恩格斯选集：第一卷[M].中共中央马克思恩格斯列宁斯大林著作编译局，译.北京：人民出版社，1995：60.

[3]　马克思恩格斯全集：第20卷[M].中共中央马克思恩格斯列宁斯大林著作编译局，译.北京：人民出版社，1971：610.

律背反""关系"和"矛盾"，例如，在人类成为历史舞台的主角后，就开启了开发、征服自然的征程，随着生产力和科学技术的不断发展，人类对自然的认识以及对规律的广度、深度与边界的把握便得到了极大拓展，创造出丰富的物质财富和多元便利的生活条件。人们的衣、食、住、行、娱乐、寿命等的水平都有了大幅度的提升，自然界"成为"一个宝藏和温顺可亲的对象为人类所利用。然而，自然界为人类所"享用"的同时，绝非一只温顺的绵羊，或呈现为一幅静谧美好的画卷，也并非一味扮演服从和顺从的沉默者的角色，在人类贪婪、无度的"征伐"中，自然界的"抗争"也在无声地进行着，以自然界的方式"惩戒"或"危害"着主体的存在，空气、土壤、水源、植被、海洋等被污染和过度破坏引致的各种疾病以及地质灾害已然让人类领受到了自然的"威力"。

人与自然的关系是重要的发展问题。自然是人类的一面镜子：一方面，人的本质力量对象化离不开对自然的认识、利用和改造，通过自然的人化使其成为适宜人生存的属人的自然；另一方面，自然也时常让人为难，"阻碍""抵制"人类目的的完全实现，以一种出乎意料或与事先目的相左相悖的结果呈现出来，让人类的"主体性"或"理性"不再是"绝对"或"主宰"，而是以反思的形式认识人类自身。因此，作为主体的人类如何在"人化自然"的同时也能促进"人的自然化"，实现人与自然的和谐共生，乃是一个重要的教育学命题。马克思有言："作为完成了的自然主义，等于人本主义，而作为完成了的人本主义，等于自然主义；它是人和自然之间、人和人之间的矛盾的真正解决，是存在和本质、对象化和自我确立、自由和必然、个体和类之间的抗争的真正解决。"[1]教育作为培养人的实践活动，最为重要的是让人认识自己，认识到自己不仅是一个"我"，还是"我们"，是自然的一部分，真正成为立足和行走于大地而诗意地栖居的存在，形成自然自在、自为自觉、自由自足的审美境地，摆脱长久以来人与自然之间"主客"二分的思维，回归并超越原始或纯朴的天人合一关系，走向"忘我"的审美境。哲学家张世

---

[1]　马克思.1844年经济学哲学手稿[M].刘丕坤，译.北京：人民出版社，1979：49.

英先生曾提出万有相通的观点，他把"人生之初原始的天人合一境界叫作无我之境，主客二分的自我意识叫作有我之境，超越主客二分的天人合一叫作忘我之境"，认为"按自由的观点来看，无我之境既无自觉，也就无自由的意识可言；有无之境则不是自由；忘我之境则是审美意识。"[1] 人在本源上是自然的存在，其本能中有着"食色"的生存欲望，在生活中追逐着功利目的，为了让自己过上幸福的生活而努力奋斗，此乃人之本能与人之常情。在追逐和实现自我的功利目的过程中，人们看到或意识到别人也和自己一样在争取着幸福，如果一味地以自我为中心则会两败俱伤，无人得利。为了避免无利可图、相互损伤和自生自灭情况的发生，人类创建了包括伦理道德在内的各种交往文化，通过一定的规则、制度来规范人们的分工、合作与分配，从而使得人类在历史长河中绵延不绝。不过，在漫长的历史进程中，主客二分是人类构建自然与社会关系的主导思维，实践中的人类（主体）往往将自然和他人作为客观的对象加以认识和利用，二者之间是主客或"我他"的关系。这虽然在一定程度上体现出人的"主体性"，将人与自然界和他人区分开来，并通过科学技术、社会制度等文化创造构建"属人的世界"。然而，人在创造了属人的文化世界的同时，也将自然和他人"遮蔽"起来，自我意识被禁锢在客观对象意识的层面，人类的生活为现实的功利、标准所束缚，在物质名利的攀比、竞争中迷失、沉醉、虚无、焦虑，与之相对应的理想、信念、道德、法治等普遍性的规范要求在提倡个性自由、文化多元的当下显得有些"吃紧"和"不讨好"。为此，在人类科学技术和物质财富日益向好的当下，人类如何追寻和把握生命的价值与意义，既不像历史过往那样将人的存在交付给不可感知的"神圣世界"，也不像近代以来将人的存在交付给物质功利的"世俗世界"，而是超越这两种状态，以天人合一的"审美境界"立足于世，身处在天地自然之中。这里的"天人合一"不是原始的纯朴的人与自然的合一，而是积极入世，立德、立功、立言，以科学为手段，在道德的自律下学习、修身、实践，又不为外物所役，将自然和他人视为己出，与天地参、与他人谋，对

---

[1] 张世英讲演录[M].长春：长春出版社，2011：142.

自然和他人充满敬畏，在民胞物与、万物相通中实现人的自然化，进而将"自然人化""人自然化"统一起来。

教育作为培养人的实践活动，人的自由的全面发展是其价值和理想，也是其发展的动力所在，它要从以往培养知识、技术的人和道德的人向自由全面发展的审美的人转变，将"自然的人化"和"人的自然化"统一起来，此乃教育的实践动力和愿景。

第六章　培养学生个性：教育要走向生活

教育实践要凸显学生个性发展，构建以社会生活矛盾问题的认知、探思为基础的师生交往互动教学过程，将知识、技术学习作为提升生命能力的手段，充分地将学生个性潜力发挥出来，让其成为综合素质全面与身心和谐的个性主体，能够在未来参与社会生产过程中最大程度地发挥自我的聪明才智，形成万众创业、万民创新的社会风气，推动社会主义现代化建设的繁荣兴旺。

一、学生个性的本质在于认识自己

社会的文明进步离不开具有创新品质的高素质劳动者，为了向社会输送具有创新意识和能力的劳动者，学校教育理应将培养学生个性作为自己的价值导向，并在实践中注重学生学习主动性的激发和内省慎独心理的孕育，让其成为一个好学者和反思者，能够在学习积累、批判继承的基础上形成创新品质，把不断超越自我作为一种学习和生活的常态，积极地推动行动实践的求变求新。

可以说，创新是社会主体实践的个性化表现，缺乏个性也即无所谓创新，只有社会主体将自我意志自觉自律地贯彻在生产生活中，才能够在不同主体的多元个性参与下形成整个社会的创新风气。个性的形成是动态的过程，是在逐渐认识自我、认同自我之后，能够在自我价值观、思维认知、情感意志的参与下去行动，对外在的矛盾问题和活动任务有着自我的见解和主张，而不是人云亦云。同时，在处理各种周遭关系时会以他者来审视自我，以互利共赢或遵循真善美的原则来与其他社会成员交往，会对自我欲望进行节制裁剪，以做到自知者明、自胜者强的状态，不断战胜和超越自己，不与他者做攀比性竞争，不将别人视为敌对者，遵从于自我内心和认定的目标而勤奋努力，把事情做到最好。

为此，学校教育发展要立足于学生个性培养，需从当前功利性、单一化的应试升学泥淖中走出来，为学生身心素质潜力、个性能力品质提供多元丰富和自由灵活的教育内容、资源、平台、文化环境，让学生在可选择、可试误中找到自我的兴趣，并在与师生互动交往中陶冶自己，以他者为镜子来反省自我和认识自我，知道、明了自己需要什么、能做什么以及怎么做，在确立了自我认同之后，会积极地应对未来生产生活中的各种矛盾关系，以胸怀理想、充满自信、意志坚定之姿去创业奋斗，全身心地投入工作中，以具有独立个性和工匠精神的生命去推动社会的文明和谐发展。

二、学生个性的基础在于成全自己

人类社会的发展得益于经验智慧的保存与传递，教育即是在这样的需求之下发生的，其重要的功能在于在代际进行文化经验传承，但教育的价值并非仅止于此，其最大的意义是影响生命个体的身心变化，让其在习得文化经验的过程中形成自己的思维心理和价值意识，具备学习反思、判断分析和行动实践能力，能够在面对新的环境刺激时做出创造性的应对，并将之总结为一种经验汇聚到人类的文明经验体系中。

人们常说的意识性、能动性、目的性等类特性，使得每一个人都有着"不可预测"的发展潜力和空间，这种"不可预测"性会因环境刺激差异和教育引导不同而有着差异化发展，而且这种差异化发展会存在性质和程度的区别。比如，有的人因不良教育及环境的影响，其人性变得僵化而没有弹力，相反他们的私欲无限放大，把自我的聪明才智或能力素质任性地、自以为是地投向私利谋取，个性日益变得与人类文明相悖。

因此，当前学校教育培养学生个性要以遵循"成全自己"为基础和原则，注重学生个体发展的"通性"与"个性"调和。"通性"乃是自我作为人类主体成员，学校教育应该为学生提供丰富多元的刺激，为其人性潜力素质的全面发展打下良好的基础；"个性"则是在"通性"发展的基础上凸显"通性"中自我的兴趣、特长所在，将其发挥到极致。所以，学校教育要给予学生兴趣发挥的自由学习环境，让其能够专心、静心、安心于自我潜力的充分发挥。换言之，当前学校教育对于学生个性的培养就是要使得学生身心得以全面发展，其德、智、体或知、情、意全面协调统一，在这基础上尽可能挖掘其特长、兴趣所在，使其个性成为真善美人性的重要表征，通过自我个性的发挥而为人类文明进步做出贡献。

三、学生个性的展现在于理性行动

教育的本质是培养人的实践活动。首先，教育的过程、形式、方法是实践性的，它是以师生为交往主体，以知识为媒介，对人生社会、自然宇宙进行探知、思索的生命与生命之间的对话过程，而绝非进行的是一场所谓的"文字、数字、符号"游戏，仅借用"教育的名义"来束缚生命的绽放，使得实践中的教育活动远离了圆融生命和增进生活质量的品性。其次，教育的价值意义、功能作用是实践性的，也即教育是培养能够适应和推动社会发展的生命主体，而不仅仅是驮着知识的"容器"，只蜷缩于"知识"内部努力地完成"升学考试"，做到"两耳不闻窗外事，一心只读圣贤书"，使得"知识"的获得与生产生活"绝缘"，引致人们的行动能力"迟缓和迟钝"的局面。

因而，当前学校教育要凸显其与人类生命生活和社会发展之间的互动相依关系，把知识教学与生命生活经验、社会问题对接融合，积极促成学生学习的"活化"，形成知识与生命之间"亲缘融合"的互促统一性。一方面，"知识中的世界或道理"对于学习者而言是缺乏生命经验的，其智力即使对之可认知和理解，但无法引发情感共鸣，也会由于无生命经验支撑而难以转化为具体的行动；另一方面，由于成长的文化环境或时空环境存在差异，学习者在学习内容上会有不同的认识和理解，而如果对于知识学习持唯一的评判、分析标准，则势必使得个体生命经验中的多元思维、方法技术、价值情感等受到"挤压"而陷入学习困境中。所以，当前的学校教育在进行知识传授的过程中，要以生活问题为导向，把知识的选择、学习、运用与具体的生活问题结合起来，做到生活问题成为知识选择、学习、运用的实验室，而知识的学习、传承和发展则成为生活经验智慧的凝练；同时，从教师的一言堂讲授、评价的一个标准、管理的一个模式中摆脱出来，以沟通、对话、协商、合作、探究的生活化方式展开师生之间的交往，避免过往以"知识任务学习"来取代具有鲜活生命色彩的师生之间、同学之间个性的困厄状态，让教学成为以生命为底蕴的互动过程。

第七章　学习、创新、反思：教育改革的关键词

教育系国家社会发展的动力，也是个体安身立命的基础。树立以人为本的教育导向，实施遵循身心发展规律的教育活动，构建彰显时代精神的教育体系是未来教育改革发展所应走的道路，以积极推动国家社会生态文明建设和促成社会成员生命质量的提升。为此，面对当前教育实践现状，教育改革要围绕着学习、创新、反思为核心关键词展开，切实通过培养具有理性行动能力和丰富情感个性的生命主体，促使人类社会发展走文明和谐与绵延久远。

一、善于学习比知识分数更重要

长期以来，学校教育把重心放在知识的传授上，让学生通过学习而获得各种类型的知识内容，加之教育评价管理的分数计量化，学校、师生及家庭紧紧围绕着升学考试课程而进行着应试分数提升的各种努力，通过延长学习时间、题海战术、辅导班培训等渠道方式来让学生赢得考试高分。而基于追求分数成绩上的效率，教育主体往往将教与学的过程变得简化，他们把心思和精力投向于相对狭窄的课程知识的认知理解上，其主要目的是在考试中胜出，而不注重知识本身的系统性，及其与生命生活之间的对接融合关系，往往形成人们常说的理论与实践相脱节、知识碎片化的现象，反映在学生身上则是其社会适应能力的相对薄弱，具体包括知识的应用转化虚弱、人际交往的内卷封闭、社会责任意识行为的逃避等，虽然其中不少学生有着良好的天赋潜力，但往往朝着单一的认知智力方向发展，而忽略了身心综合素质发展的均衡性，没有很好地协调好其全面发展和个性发展的统一关系。

因此，为了更好地促进学生的健康发展，当前教育实践改革要充分利用

学校丰富的教育资源，还原学习的本质，让学生从单纯知识的应试学习中摆脱出来，以人生社会、自然宇宙中的现象、问题、矛盾为认知理解和行动实践的源头和归宿，经由理论课程知识的传授掌握为基础和手段，让学生与教师、同学进行生命经验的交往，并在学校有意识营造的各种积极向上的物质和人文环境影响下，使其形成良好的学习能力品质。从态度看，学生对学习充满喜爱，其天性中的探究好奇心在学校得到很好的激发和呵护，能够充满激情地、可持续性地发出对外在环境的各种追问；从内容看，学生对自然现象、生活故事充满兴趣，其学习关注点是活的真实性问题，为了弄清和明了问题的来龙去脉，需要了解学习多元的知识内容，并将之进行组织整理以更好地阐释和解决问题；从方法看，学生是在行动中展开学习过程的，以问题为纽带，通过课程知识认知、文献查阅、田野调查、方案制定等来对知识进行内化，其学习进程中不断有着追问质疑，在和教师、同学共同探讨交流中深化对问题的认知理解，并能在行动中加以活化，真正做到知行合一。

二、勇于创新比雷同单一更可贵

教育具有历史性，作为培养人的教育实践活动要承担起传承与创新文化的重任，这是常见的人们对教育价值意义的一种表达，其含义在于一方面教育要将已往和现实中存在的人类文明经验智慧加以传递，让社会成员习得各种更好地应对生产生活的知识技能、道德规范等；另一方面教育要对人类文化经验进行梳理、认定，并在新的环境、矛盾问题刺激下，须得对既有的文化经验结构内容进行改造改组，以便让社会成员更好地迎接和走向未来社会生产生活之中。这两个方面是融为一体的，传承是建立在文明经验智慧强大的生命力基础上，其往往要借助于新的文化载体来加以延续，而非是一种纯粹的历史故纸堆，它需要与现实社会生产生活发生对话，激活其对当下社会成员的积极影响作用；创新则是社会成员依托原有文化经验所积累的知识技术、思维心理去处理与周遭环境的关系，在相互作用中探寻到更有效的生存发展之道。然而，无论是文化传承还是创新，教育的价值意义最终还是要落实在培养高素质的社会主体之上，不同时代的社会主体都要面临着新的发展问题，而对于这些新发展问题的解决离不开社会主体采取不同于以往的思路、方法、技术等，此即是一个动态的创新过程。这一个过程中所涉及的是知识经验、价值取向、技术工具、伦理道德等方面的重组调适和运用，其目的是更好地引领人类发展的文明和可持续性。

但是，现实中的教育往往呈现出保守之态，不少学校依然将应试升学成绩放在教育工作的首位，把培养学生能够在考试中获取高分作为自己教育教学的目标，而学校的教育教学过程往往采取和运用对理论知识的重复训练和机械记忆的方式，让学生将大部分时间用于解题和考试测验上，而其学习生活空间则基本上被封闭于课堂和学校之中，他们完整的生命生活被肢解和遮蔽，其无心也无力承担起解决复杂系统的社会发展矛盾问题。与此相应的是，人们在单一应试化的升学教育中，其价值意识和思维心理变得僵化雷同，人生以名利资本为导向，生产尊崇技术至上，以致当下科学技术日新月异，人类生产生活交往趋于全球化的今天，文化总体上呈现出趋同的倾向，人们应对环境的生命能力变得单一而无弹性，不得不日益面临着现代化发展所引发的共同性发展难题，诸如资源短缺、环境恶化、疾病恶劣、社会暴戾等。因此，当前学校教育要及早做好应对未来各种矛盾问题的准备，要从应试标准化的教育教学模式中摆脱出来，将培养具有勇于创新品质的学生作为目的，让其具备应对和战胜各种矛盾困境的良好知识能力储备、思维意识、情感意志品质等，通过矛盾、问题来选择和组织学习的知识内容，师生结合具体的情景结构来设计行动方案，为矛盾问题的化解探寻到恰切而独特的方法，并在不断学习和运用知识来解决问题的基础上形成学习者的创新能力品质，使其真正成为引领社会健康和谐发展的生命主体，能够为人类文明经验智慧的增进提供多元丰富、个性独特的应对不同矛盾问题的新方法，从而有效地促进人类文化的传承与发展。

三、乐于反思比追逐超越更难得

人类社会要不断追求进步，社会成员生活质量要不断得以提升，这是人类历史发展的基本价值取向，可在"进步"和"质量"的追逐下，人们的生产生活却发生了异化，存在着诸多"进步"与"倒退"并存，"质量"与"瑕疵"共在的非和谐局面，之所以如此，与长期以来的教育实践偏误，及其所培养的教育对象或社会主体身心失衡不无关系。众所周知，教育是培养人的实践活动，其价值意义在于促进教育对象身心潜能的极大发挥和圆融统一，成为推动科学技术更新、生产力水平提升、社会建设文明昌盛的生命主体，为此包括学校教育在内的教育实践活动理应是周全细致的，充分发挥其自身在时间、空间、财力、师资、组织、制度等教育资源上的优势，切实让不同学生在学校里获得自我潜力最大限度的激发，无论是自由宽容的学习环境，还是艰巨困难的学习任务，抑或是多元宽厚的课程知识内容，以及知行合一的学习方法，都得着眼于人的全面和个性发展，让其生命因教育滋养而变得更能彰显人性的真善美。

不容否认的是，现实中的学校教育并未将其教育优势充分利用起来，甚至有意地将其优势片面地投向于非增进生命综合素质能力的成绩分数上，学校和师生会为分毫分数的提升或竞争而鞠躬尽瘁、奋力厮杀，大家都自觉地会因为学校、班级、学生成为成绩上的第一而引以为荣。以此为目标和动力，学校老师、家庭父母都积极鼓励学生和孩子不断超越自己，成为学校里最好的学生和父母最好的孩子。具体而言他们的不断超越是以他人为参照的，要在自己的学习成绩上、就读的学校上，甚至毕业所找的工作上都要比别人好，在这种超越的追逐下则是潜藏着残酷的竞争和比拼，学生用生命完整性的丧失和健康体质的透支来战胜他者，家庭及父母为孩子的学习、升学则呕心沥血，不惜花费重金购置学区房和牺牲时间进行陪读，就是要让自己的孩子在学习成绩上有所超越，于此产生的效果往往是学生赢得了分数却失去了学习兴趣，或是少部分人成了最优秀者获得名利上的成功，可大部分人成绩平平，无竞争力而成了失落者。无论是成功者还是失败者，在这种超越式的教育竞争之下，人们往往形成了偏狭而无理性、竞争而无宽容、自负而无反思的意识心理和行为习惯，会固执己见地进行着生产生活实践内容、方法的选择，以致在有失误的情况下也不愿迷途知返。这可从当下教育实践中人们对分数、名校的角逐，以及对科学技术的依赖和迷恋中有所显露，社会成员明知应试升学、科学技术有着局限性，但也依旧对其痴心不改，人们依然想尽办法进行择校，并尽情地享受着科学技术带来的便利而失去对其的反思。因此，当前教育实践要进行改革，需还原教育的本质，将人性的反思属性作为育人的重要基础来抓，积极培育学生乐于反思的学习和生活习惯，不囿于一己之思而作茧自缚，不断吸纳自身之外他者的优点，做到认识和定位自我，从而在自省自律中去追逐人类真善美的价值，也在平实坚定、勤劳自得中构建和谐幸福的人生。

第二编

立德树人：学校教育实践的根本任务

导　言

　　教育具有历史性和社会性，它在道德追求上不会是中立的，追求真善美是教育的价值所在。其中，"真"所体现的是人的认识能力，教育通过人类积淀的知识传承和创新来提升教育对象创造更加丰富、便捷物质生活的必要性；"善"所体现的是人的道德能力，教育通过对历史实践中生成的可贵人性和时代社会发展倡导的价值规范的熏陶培育使教育对象自律自由地处理人与社会、人与他人之交往关系；"美"所体现的是人的审美能力，教育通过人类时空境域中创造的引发情感共鸣的艺术作品的鉴赏使教育对象形成具有丰富想象力和领悟力的个性心灵。可以说，教育的本质就在于培养具有真善美能力的生命个体，使其人性潜能处于具有弹性活力的状态之中，能够创造性地进行生命实践。当然，人性能力所追求或体现的真善美并非三分的，而是统一共谐的，其在不同生命个体上有着不同比例的可能性，也正因为如此，现实中的不同个体才表现出差异性，这种差异性确保了人类实践发展的未来性。

　　那么，如何来看待人类实践发展的未来性？未来性意味着不确定性，而这种不确定性是与人性能力有着密切的关系，因为人性能力不可能对象化，即不是一种既成或现成的，而是未成而将成的，这恰恰就是时间所体现出的未来性。于是，一个更为基础性的问题在于人总活在当下，即使当下牵连着过去和未来两头，但活在当下的人们总有着寻求一种确定性的需要，否则生活和社会交往就会紊乱而无序。因此，人性能力当中的真善美或知情意三者中，从现实的人类生活来看，作为"善"或"意"的道德自律或实践显得尤为重要，它是人类社会发展的稳定器。无论人类社会发展如何充满了未确定性，只要人性中的良知良能尚存，人们在生产生活实践中实现道德自律，方能使得社会发展有着基本的价值方向而不迷失，这也正是教育要将道德作为树人之根本所在。唯有教育培养出具有道德自律的生命主体，才能够自由自主地去进行美好人类社会的构建。

第一章　情理共谐：学校教育实践的审美路向

　　学校教育的价值目的是促进学生独立人格的形成和素质能力的健全发展，其重点和难点不止于认知层面的知识授受，如何激发学习者动机、兴趣和个性生成显得更为根本，这就要求学校教育改变长期以来知识分数为尊的实践导向，应把"情理"共谐作为其发展路向选择，以美的形式来促发学生身心潜能的和谐发展，让其在学习、挫折、反思、奋进中认识和定位自我，将历史行程中人类积淀的知识经验、伦理规范、工具技术加以内化传承，并结合时代精神予以转化创造，在现实的生活世界中去把握人生的意义。

一、学校教育实践始于情：自我认同的树立

　　学校教育在目的意义上以学生的身心和谐发展为旨归，在形式上则主要表现为师生围绕着知识媒介而展开的交往实践活动。那么，学校教育实践如何才能形质兼备，不仅开展和完成好知识的授受任务，更重要在于让学习者能够自觉主动地投入学校生活之中，把学校当成自己的"第二个家"，对其充满喜好和依恋之情？从学生身心发展的现实来看，在成长的早期阶段，其生命活力更多以感性的方式来与外界发生关系，好奇、好问、好动明显地存在于他们的学习和生活中，快乐、哀伤、忧愁、牵挂、恐惧、孤独往往直观地显露于外。如果学校教育长时间无视和漠视学生的这些情感心理，久而久之他们会对学校教育缺失兴趣和激情，其学习更多只是被动地完成学校、老师和家长布置的知识任务，并随着应试成绩角逐而身心变得封闭、禁锢和沉重。因此，学校要发挥好育人的价值目的，教育教学活动要注重"情"的创设、生发和引导，使学生从心底喜欢学校的学习和生活，并在与老师和同学的交

往中逐渐确立起积极的自我认同。

（一）心灵沟通：确立积极型师生关系，在互信诚意中亲师信道

学校教育是有"情"的文化，此"情"既是"情景"，也是"情感"，且二者统一于培养人的实践活动中。"情景"指学校教育是由"教"和"学"构成的交往互动，其中"教"和"学"的内容、方法、形式、过程及主体关系是"情景"的基本构成要素。这些要素的不同组织结构往往呈现出"情景"的生机状态，这也是为什么实践中要讲究教育教学机智的原因所在，毕竟学校教育教学不是机械的知识灌输，它是教育者和学习主体之间的心灵沟通，即使目的任务是要让学生达成对知识的理解和掌握，但也必须建立在双方交流互动的基础上。在知识授受中他们的身心须是敞开的，教育者不会因学习主体对知识问题的一时不解而给予指责，而是耐心地鼓励，并在对学习主体的反馈中来调整教育教学方法；学习者则在教师的鼓励下，坦诚地把自我的所思所想向老师倾吐，在释疑明了中培育起好学之情。因此，"情感"是在教育教学情景中生发出来的，其中教师的"爱"和学生的"乐"是重要的催化剂。"教育学就是迷恋他人成长的学问""任何教育学意向都应尊重儿童本人的实际情况和发展。……尽最大可能地加强儿童的任何积极意向和品质。"[1]就"爱"来说，老师眼中要有学生，切实把学生当作类己的生命主体来对待，从转化和促进其身心发展来实施教育教学过程，不宜将之简化为获取"考试分数"的认知机器，如此"眼中有学生"只是"眼中有自己"的异化，其为了学生的考试成绩而费思量也仅仅是出于一种荣誉性的功利追求，而不是对学生生命身心的敬畏和关注，故当前学校教育实践中普遍存在着"重点班"与"普通班""模范生"与"后进生"之别的现实，划分标准所依据的主要还是在于学生的考试分数高低。这样的情况迫使老师为了自己班级和学生考个好分数而务必"眼中有学生"，实质却是"眼中有自己"，学校和老师不甘于

---

[1] 马克斯·范梅南.教学机智：教育智慧的意蕴[M].李树英，译.北京：教育科学出版社，2014：13，19.

在应试教育上落伍。所以，唯有出于对学生身心健康而"眼中有学生"，那才是真正的情感，是对学生成长和发展的一种责任、喜悦和欣赏，而绝非仅为了分数和功利而把情感异化为一种欲望，即"眼中只有自己"，此乃不同于敬畏、关心、呵护、责任交融的"眼中只有学生"的深情。正如我国著名文化学者梁漱溟先生所言，"人在情感中，恒只见对方而忘了自己；反之，人在欲望中，却只知为我而顾不到对方。"[1]可以说，学生唯有深切感受到教师的用情之真，方能把来自教师的"感情"转化为对学校教育教学喜爱的"情感"，快乐主动地投入学习中。这当中虽不乏会有挫折或错误存在，但因其对学校、教师、教学怀有着美好的心理归属感，他能够在聆听、反思中改进和超越自我，这一过程虽然缓慢或有波折，但在师生的相互尊重、理解、宽容和激励中却充是满深情和希望的。

概言之，学校教育最终是为了促使学生身心的和谐发展。要达成如此结果很重要的一点在于确立积极型的师生关系，双方在互信诚意的交往中促成教学相长关系，他们对教育教学有着良好的"情感"体验，在乐学乐教中建立起深厚的情谊，这种情谊是建立在教师对学生独特个性生命的敬畏和关爱的基础上，以及教师灵活运用教学机智所引发的学生对知识智慧、道德精神的尊崇，从而在亲师信道中树立起正确的人生价值观，以乐观向上和积极奋进的心态去面对学习和生活。

（二）动机效能：构建民主型校园生态，在平等关爱中勤奋进取

学校教育培养人的实践过程是系统化的，它不仅仅局限于课堂教学，毕竟课堂教学以理论知识的传授与学习为主，且由于课堂教学时空环境和形式方法的班级授课化，不同学生个体的学习进度和效果难以获得老师的有针对性指导。如果单纯以考试成绩分数作为统一标准来评价学生，难免有一部分同学会"掉队"，但是否意味着他们就成了"差生"？他们要怎样才能在学校教育中获得身心上应有的增益？显然，每一个学生的发展都应受到学校和老

---

[1]　梁漱溟.中国文化要义[M].上海人民出版社，2018：105.

师的关注，此在价值观念上已然被人们所认识和肯定，但学校教育毕竟具有客观社会属性，由于不同学生家庭文化成长背景、物质经济条件差异等，他们入学时的身心发展水平是有差异的，其在学校的学科知识学习及其应试成绩要取得同等的效果是不可能的，可这并不意味着学校教育对此就无所作为，否则它就失去了其公共性和公正性，也与学校教育的本质相违背。学校教育的对象是所有的学生个体，公共性和公正性指每一个学生生命都需要加以关注和值得敬畏，也即人们常说的人是目的。学生来到学校求学理当要受到"礼遇"，而不是被歧视，否则将从反面折射出学校教育的"无情"，它催迫着让学生变得一样，要求他们都心无旁骛地追求高分，却不希望学生变得不一样，成为与众不同的自己。"具体到每一个人，教育应该是有所不同的。譬如，有些人将更有机会充分发展他们身体上的技巧，掌握更多机械方面的技术。有些人则可能更好地集中于精神世界或者知识领域""应该允许学生们放弃某些东西，从而去学他们真正感兴趣又有热情学的东西。"[1] 其实，学校教育的优势和魅力就在于去发掘每一个学生的特点，促使其得以"成人成己"，毕竟学校教育属于社会事业，它承担着为国家社会培养合格公民和建设人才的重任，所有学生个体在学校中所获得的教育服务应是公平公正的，不会因其家庭、文化及社会资本的差异而有所不同，此乃是学校教育正义的重要体现。而这之所以可能，与学校教育是活的有机系统相关，它是由课堂教学、班级管理、校园活动等构成的师生、学生之间的交往情景，具有开放性、互动性、自由性的教育特征，学生可以基于自我的个性、兴趣和需求而能在系统的学校教育文化中，在教师的引导、鼓励下，在与同学的合作和友谊建立中让身心敞开，通过选择、沟通、辨析而能定位自我。因此，为了让不同的学生都获得良好的发展，学校要构建起民主型的校园文化生态，教师对每一个学生要怀有生命的敬畏，要与学生一道正视其学习成长中发生的问题，充分发挥师生群体的力量来促发个体的主体性。无论是知识学习还是心理情感问题，学校

[1] 内尔.诺丁斯.学会关心：教育的另一种模式[M].于天龙，译.北京：教育科学出版社，2014：55，38.

要积极为学生营造和提供自由公正、平等友爱和丰富多彩的环境和资源，以促成师生、学生之间心灵的自由翱翔，在认知、推理、想象、行动中展开教学，经相互砥砺而促发学生勤奋进取，从而日益培养其良好的学习动机效能。

总之，学校教育应关注每一个学生的成长，在让不同学生获得和具备特定时代社会所要求的基本知识、基本能力之余，也要使得他们各自有着不同于其他同学的发展个性。这需要学校为学生提供一个公平自由的学习环境，促使他们能够在其中获得自尊感、成就感和幸福感，自我身上的优点和潜能得到老师、同学的欣赏、激励、引导而充满自信和自豪，自我身上的缺点或错误得到老师、同学的宽容、理解、鼓励而学会自省和自励，从而满怀热情地、充满朝气地发挥和施展自我的兴趣特长，这可以说是每一个学生或家长寄予学校的最朴素和最原始的情感愿望，它也是"悬置"或"还原"了分数、名利之后所显露出来的学校教育本真。

二、学校教育实践入于理：生命能力的规范凝聚

学校教育实践"始于"情，这与学生的身心年龄特征密切相关，尤其是基础教育阶段的学生对学校学习和生活的喜爱是建立在游戏快乐的基础上。成人的价值逻辑并不是其学习动力的根源，他们与老师和同学交往所获得的愉悦感，老师的夸赞、同学的欣赏是他们学习的有效催化剂。当然，学校教育实践始于"情"，一方面突出了学习动机、兴趣、态度在学生学习中的重要性，一方面也要重视师生心灵沟通交流所孕育出的学生对"真""善"的积极认同，也即"情"并非空的，而是有内容和形式的。它不仅仅是让学生停留于感性的快乐层面，而是将之导向于对人类社会积淀的精神文明的追求上来，使之具有理性认知和实践行动能力，能够科学应对人与自然、人与社会发展中的矛盾问题，此之谓学校教育入于"理"也。

（一）好学求真：运行探究式科学教学，在反思追问中开启创新

学校教育是培养人的实践活动，其中"情"起着十分重要的助力作用，

但只有"情"是不够的，没有客观的规律性和目的性为内容载体，学校教育会流于虚无和空洞，"情"则徒为一种情绪而无所依凭，没有方向和意义。"教育的目的就是引导人发展其进化的能动性；经由此一过程，他将自身塑造成具有人性的人——以知识、判断和美德武装起来的人。同时，教育又将他生活在其中的民族和文化遗产传授给他，并以这种方式保存世世代代所创造的、历史悠久的成就。教育实用性的那一方面——使年轻人谋到一份职业并维持生计的那一方面——也断然不可漠视，因为人类的后代并不是天生要过贵族式的闲暇生活。"[1] 所以，学校教育要把人培养好，促使学生能够坚实地立足于社会生活之中，一个十分重要的内容在于注重学生科学知识的学习和科学方法的训练，能够把人类在漫长的历史进程中积淀的理性认识能力得以在教育教学中在学生身上激活，让其能够适应并有效地解决当下和人类社会发展面临的矛盾问题。这与人类的生存绵延发展密切相关，人类活着先要能够生存下来，并不断提高自我的生存质量，在此过程中，人类经过与自然环境漫长的交往实践，基于生存的需求而直接从自然界中获取食物，再到使用自然工具基础上的制造工具，不断拓展与自然环境对象交往的范围和认识深度，在日益积累丰富实践知识经验的基础上积淀为人性认识能力，它们以潜能的形式内聚在人类身上，人类个体经过教育和学习而能够把它们个性化地展现出来。所以，当下学校教育教学注重学生知识的学习无疑是重要和必要的，一方面经由学校对有逻辑地遵循了学生认知心理发展特点的学科知识的教学，学生能有效地习得人类在历史中积累的经验智慧，用以来适应和解决生活问题，尤其是今天的科学技术广泛地应用于人们的生活之中，现代科学知识的学习尤为重要；一方面学生的认知思维能力在对学科知识的学习中不断得以发展，从而能运用既有的知识及形成的思维能力去解决新异的问题。可以说，学校教育注重学生科学知识的教学是顺应历史时代潮流的，人类绵延发展至今，以自然科学及技术为代表理性认识能力是人性的重要表征，人类物质生活的丰富和便利、人类寿命的延长和健康疾病的防治以及人类与自然环境生

---

[1] 雅克·马里坦.教育在十字路口[M].高旭平，译.北京：首都师范大学出版社，2010：13.

态的和谐都离不开科技发展来加以推动、实现和解决，无视此则是逆历史潮流和反理性的。当然，学校教育教学注重学生科学理性能力的培养，除了关注对科学知识本身的认识理解和掌握应用之外，也要注重学生科学理性精神的孕育，既包括质疑、否定、坚持等科学态度情感和意志品质，也包括假设、调查、验证等科学研究方法，故而学校教育教学要采取探究式科学教学模式，以学科知识为基础，以科学问题为导向，在理论知识学习的基础上，让学生参与实验行动中。经过矛盾问题的讨论辨析、确立假设、收集梳理理论和田野材料数据、撰写报告和验证假设等，逐渐培养起其科学理性的思维方法和质疑、追问的品质，在大胆的"想象"和科学的求证之下使得自我思维能力得以有效提升，面对新的学习和发展问题能够运用既有的科学知识进行创造性的解析与应对。

（二）立意向善：实施情景式道德教学，在行动体验中夯实信念

学校教育教学要让学生获得有关自然科学方面的知识和技术，以便能够更好地适应社会生产生活的现代化发展要求，同时又将反思批判、自否定的科学精神自觉融贯在学生的学习中，让其不仅仅停留于具体理论知识的接受上，还得能够结合矛盾问题的研究而在认知理解上加以拓展、深化，进而产生实践应用上新突破的可能。那么，是不是学校教育注重了科学知识教学和学生科学认识能力的培养就可以呢？"知识是必须的，科学也有它的位置，然而如果头脑和心灵被知识所扼制，如果我们用一些解释把痛苦的原因给糊弄过去了，那么生活就会变得空虚且无意义。这难道不是发生在我们大多数人身上的事吗？我们的教育正把我们变得越来越肤浅，它并未有帮助我们揭示出我们存在中更深的层面，我们的生活正变得越来越空虚。"[1]之所以如此，与人们把生存的问题加以"知识化""技术化"处理和对待，却忽视了人生存的整体性有关。认识仅仅是人的理性能力的一部分，除了认知理性之外，人还有实践理性，包括科学及其技术在内的各种实践活动都具有社会属性，是

---

[1] 克里希那穆提.唤醒智慧的教育[M].周豪，译.重庆：重庆出版社，2016：89.

人类集体智慧的结晶。离开人类共同体的交往互动，单个的个体是成不了"人"的，也是不可能生存下来的，所以人是"类"的存在，其在利用、认识和控制外在自然环境的过程中是"结伴"而行的，这当中既有着分工、合作及其相应的规范要求，也有着相互间权益分配的秩序划定，以及为了共同体的延续而形成个体与群体间的相应关系等。它们以制度、伦理、风俗等各种形式呈现出来，成为人们社会交往实践所共同遵守的价值共识，身处其中的人类个体久而久之习得了人类共同体的文化心理，其中至为重要的是道德能力，表现为人能够运用自由意志克制自我的感性欲望而认同和践行彰显了时代精神的社会主义核心价值观。他不以自我的利益、兴趣的满足而违背社会的公共道德规范，这种道德能力恰恰是人的理性能力的突出表现。作为主体的人能认清和明辨是非善恶观念，对"是"和"善"抱有积极的情感，且在意志的努力下将之付诸实践。正因为有着这种道德理性能力，人类社会发展虽在的历史长河中并非一帆风顺或直线上升，但正义、自由、平等、公正、法治的文明价值终究成为一种趋向不断被今天的人们所选择和践行，这也是为何立德树人是学校教育根本任务的重要原因。所以，当下学校教育教学要积极关注学生道德品质的培养，让其能够在学习和行动中"成人成己"："成人"是认识和明了社会公共关系规范，对这些"应该"遵守和执行的制度、观念、规则在自我行动要落实、坚守；"成己"则是要发挥自我主体的能动性，不是被动地遵守和执行各种社会规范，而是自觉主动地去认同和践行它，不受外在环境或功利的影响而去违背它，且随着社会和时代的进步，能够与时俱进地转变观念，将优秀传统文化精神和时代精神作为行动的标尺来解放和发展自我。总之，学校教育要落实好立德树人的根本任务，促使学生在学习和生活中立意向善，在行动中自觉自律。有必要采取情景式道德教学模式，选择来自人们日常生活中存在的道德案例，通过讲解、提问、释疑等环节来引导学生形成正确的道德观念，借助于影视、故事、音乐、游戏等手段和形式来培养学生对诸如核心价值观的积极情感，并结合学校开展的社会生活实践体验，创设学校班级道德主题活动，充分发挥学生的自主性，让学生在沟通交流、商讨辨析、角色扮演来感知、体验和培育良好道德品质，逐渐促使其在日常学习和生活实践中树立理想信念，并在自律的行动坚持中去加以实现。

三、学校教育实践融于美：生命个性的圆融

学校教育对人的培养是综合的，兼顾身心的圆融统一。无论从事实还是从应然层面来看，学校教育教学兼有"情""理"两个方面的属性和特征，正如人们常说的教育既是科学，也是艺术。不过，教育最终是一种实践艺术，毕竟教育的本质和使命在于促进人的发展，而人的存在和发展是情理交融的，而不是情理分离的，故学校教育教学要讲究情理和谐。有人会问，学校教育教学中不一向有"情"有"理"吗？来自学校、教师、父母对学生学业成绩的用"情"之深不有着明显的体现吗？出于对升学、排名的关注而对"应试"的智育尤为重视吗？但试问这是学校教育教学的情理和谐吗？显然不是。这毋宁说是教育教学的"情""理"违和，"情"中缺"理"而变成了"欲"，"理"中缺"情"而变成了"器"，教育教学围绕着分数和名利打转而迷晕。因此，当前学校教育实践要改变过往"情""理"分离和异化状态，追求"情""理"的交融和谐，以一种美的方式、过程来培育学生的"求真""向善"。

（一）实践参与：发挥综合课程价值功能，在劳动交往中陶冶身心

教育的本质是培养人的实践活动，学校要如何才能更好地将这一本质实现出来？这当中"培养人"和"实践活动"是两个比较关键的要点："培养人"意味着教育宗旨目的在于塑造身心和谐的健全生命，而不是片面和单向度的人；"实践活动"意味着是教育的形式、过程和方法是主体身心参与的交往关系，而不是单纯的知识记忆和复述。首先，从"培养人"的角度而言，"人的本质在现实性上是一切社会关系的总和"，作为有自我意识的人类是在对象化的过程中确证自己，以对自然的人化为基础而创造了丰富多彩的文化系统，包括语言、科学、文学、艺术、宗教等人类生产生活的文明成果，它们作为

"一切社会关系总和"的构成体现着人性能力的丰富性。其次，从"实践活动"的角度而言，人的感性生命是在有意识的活动中展开的对象化存在，"全部所谓世界史不外是人通过人的劳动的诞生，是自然界对人说来的生成，所以，在他那里有着关于自己依靠自己本身的诞生，关于自己的产生过程的显而易见的、无可辩驳的证明。既然人和自然界的实在性，亦即人对人说来作为自然界的存在和自然界对人说来作为人的存在，已经具有实践的、感性的、直观的性质，所以，关于某种异己的存在物、关于凌驾于自然界和人之上的存在物的问题，实际上已经成为不可能的了。"[1] 这也就是说人是通过有意识的感性活动而存在的，正是劳动实践使得自然向人生成，从人不同于动物而以美的方式进行生产，"动物只是按照它所属的那个物种的尺度和需要来进行塑造，而人则懂得按照任务物种的尺度来进行生产，并且随时随地都能用内在固有的尺度来衡量对象。所以，人也按照美的规律来塑造物体。"[2] 因此，从"培养人""实践活动"这两个方面的本原追溯中，我们可以看到要能够把人培养好，学校教育在内容上要供给多元，在形式方法上要注重实践，这是因为人的生命是感性和理性的融合，人类在漫长的历史行程中通过实践而使得自然的感性生命"人化"，人的自然生理感官反应逐渐有着不同于动物本能的"社会属性"，也即人是"感性的活动"存在，在社会交往实践中而使得"感性"呈现出"理性"的渗透交融，在道德上"理性"主宰着"感性"，在审美上则是"理性"融化在"感性"之中，以个性化、独特化的形式影响和促进人的理性认识和行动实践能力发展。所以，当前学校教育在培养人的过程中，在注重学科课程知识教学的同时，也应凸显和发挥诸如综合劳动技术课程的价值功能，把不同的学科知识（文化）融合在具有情景性的任务活动中，让学生亲身参与到学习问题的设定、学习材料的准备、问题解决的步骤等各环节中，教学过程可以采取知识原理的讲解、实验操作的动作示范、社会生活调查、分组合作交流等综合形式，让教学变成知行合一的实践活动。通过师

[1] 马克思.1844年经济学哲学手稿[M].刘丕坤，译.人民出版社，1979：84.

[2] 马克思.1844年经济学哲学手稿[M].刘丕坤，译.人民出版社，1979：49.

生之间、同学之间的交往互动而引发学生身心在"情理"上的整全变化，以多角度或跨学科的视野来认识和激活知识原理，在质疑、推测、猜想和研讨、合力、共情中创造性地解决问题，从而推动知识和文化的创新，以美的方式来陶冶学生的身心和谐。

（二）归向自然：引入社会民生主题反思，在有为自省中立命安身

教育是社会的子系统，学校是专门培养人的社会机构，通过促进人的发展来引领社会的文明和谐是学校担负的重要使命。这当中有两个重要的主题和关系是值得关注的：一是人的发展问题。除了理论上关注人身心素质能力的全面和谐之外，人的发展还需将其置身于现实性中寻求意义来考量，因而如何让人生活得有韵味是一个重要的教育学命题。二是社会的发展问题，除了关注现实的社会政治、经济、文化的繁荣昌盛，对社会发展的理解还需将其置身于过往和未来的历史长河中，人类社会文明进步和可持续发展是一个日益凸显的事关人类命运前途的社会伦理命题。这两个问题密切相关，二者统一于人类如何立命安身的人生实践中。首先，从人生意义来看，人的生命发展是物质和精神的共融，缺一不可。只讲精神、灵魂、理性，那是把人等同于不食人间烟火的"神"，生命的意义只能在"天国"或"彼岸"；只讲物质、肉体、感性，那是把人等同于以本能反应的"动物"，生命的意义是"欲望"的满足。显然，这两种隔离了人的完整生命的理解是有偏误的，人活着既不是行尸走肉，亦非不染尘泥的"空无一物"或是"圣洁神灵"，而是身处世俗的文化世界里，在与他人共在的关系中去感悟悲欢离合、爱恨憎恶、建功立业，在欢娱中深感生命的短暂，在悲怆中彰显生命的顽强，在知其不可为而为之的奋斗拼搏中去立命，在从心所欲而不逾矩中去安身，使得自我的生命价值和意义体现在充满人际深情的眷恋中，去求索自然宇宙和社会人生的奥秘。其次，从社会文明伦理来看，人类是从自然中走来，人自身就是自然的组成部分，离开自然环境，人类将无处安身，"人（和动物一样）赖无机自然界来生活，而人较之动物越是万能，那么，人赖以生活的那个无机自然界的范围也就越广阔。……人在物质上只有依靠这些自然物——不管是表现

为食物、燃料、衣着还是居室等等——才能生活。实际上，人的万能正是表现在他把整个自然界——首先就它是人的直接的生活资料而言，其次就它是人的生命活动的材料、对象和工具而言——变成人的无机的身体。自然界就它本身不是人的身体而言，是人的无机的身体。……说人的物质生活和精神生活同自然界不可分离，这就等于说，自然界同它自己本身不可分离，因为人是自然界的一部分。"[1] 因此，社会面向未来不断发展的进程中，人类发挥让自然向人生成的主体能动性不能以破坏生态为代价，否则即是在扼杀或毁灭人自身的自然性。倘若自然和人类社会不能和谐共生，也将不复有人类社会的明天，"社会是人同自然界的完成了的、本质的统一，是自然界的真正复活，是人的实现了的自然主义和自然界的实现了的人本主义。"[2] 换言之，人类社会的文明发展是在与自然共生共谐中来完成的。以此为鉴，当下人类对自然生态的破坏，以及人与自然的不平衡关系理应引发人们的反思，自然环境的污染和资源的过度攫取等所引发的灾害、疾病是对人类理性的自大和盲目敲响的警钟。故而，当下学校教育在对学生进行学科教学之外，要把社会民生主题引入进学校和课堂，让学生了解人类生存发展面临的危机问题，通过图片展览、视频宣传、实地考察，结合学校组织的演讲、绘画、作文等活动，使其在学习和思考中培育起人类命运共同体意识，把自然、他者自觉纳入自我生命发展中来思考。同时，也让学生认识、感受、领悟人生的偶然、多变、复杂，在历史故事、名人事迹、师生情谊、同窗友爱、父母恩情的各种学习活动中来培育其真善美的人生价值目标，在行健有为和自省自律中立命安身。

综上所述，学校教育最终以"美"的形式来完成人的身心和谐的培养。"美是人性的真，情感的真，一旦情感不真即无美可言，一旦情感的传达失真也无美可言。"[3] 在人的身心发展中，理性的认知和实践虽然十分重要，缺了认知理性和实践理性都不足以使人成其为人，但理性不能融化于情感之中，让人在通情达理中舒展人性，则人的生命发展会失去温度、希望和灵性。为

[1] 马克思.1844年经济学哲学手稿[M].刘丕坤，译.人民出版社，1979：75.
[2] 马克思.1844年经济学哲学手稿[M].刘丕坤，译.人民出版社，1979：63.
[3] 邓晓芒.实践唯物论新解：开出现象学之维（增订本）[M].北京：文津出版社，2019：90.

此，当下及未来学校教育实践路向要有所转变，尊重每一个具有独特个性和创新潜能的学生主体，在敬畏、欣赏、关爱、激励中促使其身心发展的情理共谐，将其学习和生活导向"学而时习之，不亦说乎"的审美境地。

第二章　从悬置到生长：中小学生社会主义核心价值观教育透视

社会主义核心价值观凝聚了中华民族优秀传统文化和时代精神，中小学生要通过不断学习现代科学知识、继承民族传统文化、认同国家主流价值意识，积极地将社会主义核心价值观内化到自己的思维观念中，并在行动中加以践行，促成德才、身心等综合素质能力的完善统一，从而成为实现中华民族伟大复兴征程中的有生力量[1]。然而，当前中小学生社会主义核心价值观教育呈现被"悬置"的状态，其内容、过程、形式"忽隐忽显"地存在于学校教育实践中，并未使得社会主义核心价值观切实地在中小学生身上孕育生长。

一、中小学生社会主义核心价值观教育"悬置"的表现

社会主义核心价值观教育对于中小学生而言是十分重要的，为其全面发展提供了具体的方向，从个人、社会、国家层面看，要成为适应和引领时代发展的社会主义公民，就不能局限于传统的应试升学、以分数代表一切的偏狭取向上，而要真正地将中小学生培养成传承和创新民族传统文化并推动社会不断进步的时代公民[2]。可是，当前中小学生社会主义核心价值观教育却没有在所有的中小学校中得到有效的贯彻，呈现出一种被"悬置"的状态，即校园中社会主义核心价值观标语是醒目的，但却未能融入教育教学过程中，未能对中小学生的价值思维、身心体脑健全发展起到积极的作用。

[1] 张灯.现实的个人：行社会主义核心价值观的主体[J].道德与文明，2016（1）：112-118..

[2] 张正江.中学德育应注重道德智力教育[J].教育导刊，2016（8）：48-51.

（一）中小学生社会主义核心价值观教育的偏宣传化

中小学生社会主义核心价值观教育固然离不开宣传，尤其是在初期阶段更应通过文本、标语、讲座等多渠道将社会主义核心价值观向中小学生进行介绍讲解，让他们掌握、认同且在行动中加以践行，然而我们要辨析或澄清的是："宣传不是教育"。"宣传"在形式上可以通过视听媒介让受众对内容有深刻印象，在过程结果上可以提出任务让对象执行；而"教育"在形式上是教育者和学习者围绕着教育内容展开的一种主体间的交往，在过程和结果上是围绕着教育内容分析探究并内化为学习者认知结构的组成部分，在实践行动表现出知识获得的可持续性。显然，二者之间的区别是明显的，前者重形式、重执行，后者重互动、重内化。因此，培育中小学生的社会主义核心价值观除了一开始的宣传，更应注重教育内化，使社会主义核心价值观入脑入心，使学生以积极的情感态度来对自己的学习生活加以审视，从而对之形成自觉认同。可当前中小学生社会主义核心价值观教育往往偏于宣传化，出现起始"轰轰烈烈"、过程"断断续续"、结尾"默默无声"的局面，虽整个过程中不乏学校领导、教师、学生的一致专心，但毕竟因其作为一种临时性的"任务"来执行而没有贯穿于教育教学始终，很多时候不免沦为走过场的结局。

（二）中小学生社会主义核心价值观教育的应景化

毋庸置疑，中小学生对社会主义核心价值观内容是熟悉的，表现为他们都能对之进行或多或少的复述，但在进行意义阐述的时候，更多学生都以"不知所以"来反应，更遑论其能在学习生活中自觉践行。由此可以折射出当前中小学生社会主义核心价值观教育明显存在的碎片化问题。从内容来看，把社会主义核心价值观概括而成的词语作为人们学习的客观化、实体化对象，使学习脱离了鲜活的人物个体、生活场景，抽离了复杂的社会文化背景，导致宏观的非情景化的学习；而从过程来看往往是任务式的，也就是说当上级行政部门要求某一阶段进行社会主义核心价值观教育学习或检查，不少学校突击性地展开主题班会、黑板报、讲座等活动，形式丰富多彩，而一旦任务结束则重归于平静。社会主义核心价值观教育呈现出应景式的碎片化，中小学生对社会主义核心价值观既熟悉又陌生，熟悉的是文字表达中的内容，陌生的是不少学生没有建立起认同基础上的情感，因而难以在其学习生活行动中加以践行。

（三）中小学生社会主义核心价值观教育的抽象化

中小学生社会主义核心价值观教育是一个复杂的系统工程，无论内容、形式还是方法都应是多元结构化的，绝非一个本质化的实体，更不能等同于单纯的背诵。社会主义核心价值观要结合学生具体的社会文化背景和学习生活基础，一方面要让学生在积极主动获取、探究现代科学文化知识中形成对中华民族文化认同，不断关注和参与到社会主义现代化建设之中；另一方面要让学生认识自己民族文化个性，通过反省民族文化的优劣而从主流文化中汲取营养，以促进自我的发展提升。然而，当前中小学生社会主义核心价值观教育远离了学生和社会生活的实际问题，往往先入为主地让学习者了解文本所述观点，纯粹将社会主义核心价值观客观化、对象化地让学生记忆，而没有将其精神实质化为一种学生学习方法、态度、动机以及解决问题的一种思维和行动能力，只是用传统思想政治教育惯常采用的讲授或灌输的理论教学方式，造成学生对其接受时候的一种惯性的应付或凑热闹的心理。

二、中小学生社会主义核心价值观教育"悬置"的成因

中小学生社会主义核心价值观教育出现了"悬置"状态，它所反映的并非学校、师生对社会主义核心价值观的不重视，而是在教育教学实践中使之陷入了"宣传化、碎片化、抽象化"境地，学生不能自觉地将其融入生命之中。究其根源，这与中小学校长期以来的办学传统、价值思维等不无关系，教育实践的绩效追求、教育理论的封闭固守、教育管理的行政滞后等可能是更为根本的影响社会主义核心价值观教育低效的重要原因。

（一）中小学校教育实践中的绩效追求

社会主义核心价值观教育是一个长期性的系统工程[1]，需要将重心放在人的身心协调和综合素质全面发展基础上，只有教育对象德才兼备、人格健全，方能较好地应对周遭各种环境关系，使其成为引领社会和谐文明的主体力量。因此，中小学生社会主义核心价值观教育的最终目的是要把学生培养成热爱学习、勤于思考、乐于探究，并具有爱心、责任心的生命个体。这就必然要求中小学校在教育教学中贯彻落实素质教育，而不应一味追求学校的升学率或排名，不应该将学生学习生活变成追求分数的手段，可这的确又是当前不少中小学校办学实践的写照，学校、教师、学生、家长都习惯于以追求学业成绩（尤其是考试分数）更强、更高为傲，并试图通过各种途径来提升学校或自己的分数成绩，如末位淘汰制、重点班、培训班等，往往造成学生所有的时间和整个的生命都围绕着升学和提高分数而展开，使其身心俱疲地忙于应试。基于此，中小学社会主义核心价值观教育实践必然遭遇阻碍，即使在形式上搞得"热热闹闹"，也无法将其精神实质融化于教育教学内容、方法、评价各环节上。

（二）中小学校教育理论的封闭固守

中小学社会主义核心价值观教育是以人为中心的教育，是以培养具有时代精神的社会主义公民为导向的，也即中小学教育教学的起点和归宿都以学生为本的，而社会主义核心价值观则是为中小学生道德品质、素质能力提供了明确方向，需要中小学教育教学实践着眼于学生的全面发展，通过吸收和运用多学科的研究视野或方法来提高办学质量。然而，不可否认的是，当前中小学教育实践的理论指导是单一僵化的，基本上以知识教育为取向，主要围绕着学生智育开发而展开教育教学设计或管理，基本上还是停留于传统的"三中心"，借助于教学时间延长、加强解题训练等方式来提升学生智育成绩。

---

[1]　姜正林.对青少年培育与践行社会主义核心价值观的思考[J].黑龙江社会科学，2016（1）：95-97.

毋庸置疑，现代化、全球化和信息化发展的时代背景下，中小学校要培养适应和推动社会朝着文明方向发展的具有良好综合素质的时代公民，在积极将社会主义核心价值观融入教育教学过程中，必须突破传统应试教育的观念，不断吸收跨学科理论观点、视野、方法，真正形成以人为中心、以人的素质能力提升为目的的教育科学理论，从而为培养德智体美全面发展的学生奠定科学教育的理论基础，并在社会主义核心价值观引领下将其培养成为推动社会不断文明进步的有生力量。

（三）中小学校教育管理的行政滞后

中小学社会主义核心价值观教育离不开有效的组织管理，尤其是当社会主义核心价值观尚未深入人心和转化为人们的自觉行动时，更应该加强设计的管理，从内容、形式、方法等层面精心考虑，以便将其真正落到实处。换言之，社会主义核心价值观教育要提高行政管理的效力，把学校行政管理服务育人的属性充分释放出来，切实将社会主义核心价值观融入学校教育教学全过程，而不仅仅作为一项突击完成的专项任务。然而，不可否认的是当前中小学校教育管理的行政是滞后的，具体表现在两个层面：其一是管理的数量化，也即把培养人的教育活动定格在各种量化的指标上，尤其是将教师、学生的工作和学习成效化整为零，仅以具体的考试成绩来评价，即培养人的教育教学活动以"分数"为导向，而其他包括社会主义核心价值观在内的诸多活动经常变成"点缀"；其二是管理的实体化，即把除了学科课程教学之外的各种思想政治、道德品质、情感态度、价值思维等教育活动变为一项客观化、对象化、任务化的事情来处理，并尽其可能在速度、规模上实现政绩化，这种情况不断地在中小学校里上演，但都脱离或远离了育人所应具有的结合学生自身的学习、生活、生命的原则，没有真正实现行政管理的育人化或教育性。

三、中小学生社会主义核心价值观教育"悬置"现象的消解策略

中小学积极开展社会主义核心价值观教育是必要和迫切的，敬业、诚信、友善、自由、平等、法治等核心价值是学生接受学校教育后的一种集思维意识、情感态度和行动能力的综合素质体现，是较之静态的学科知识掌握而言更能反映教育教学质量的尺度。因此，当前中小学生社会主义核心价值观教育"悬置"现象是一个必须正视并加以消解的问题，通过有效的对策方法，实现从"悬置"向"生长"转变。

（一）转变教育教学应试观念，培育中小学生科学人文精神

当前中小学生社会主义核心价值观教育要得以落实并取得积极的成效，有必要转变教育教学的应试观念，一方面要重视考试具有的重要作用，通过考试了解学生发展所存在的不足，以提升学生的能力和素质水平；另一方面在发挥考试的积极作用之外，也要避免让考试成为评价学生的唯一形式或手段，而应注重人才分流和教育结构体系的改革，让不同的学生都能有"人尽其才"的个性化教育选择，使得考试回归到促进人的发展的教育宗旨上。所以，当前中小学生社会主义核心价值观教育要得以落实，真正培育学生的科学人文精神，让自由、民主价值观融入其学习生活，就必须在基础教育阶段获得开放多元的知识内容、培育反思批判的思维习惯以及养成慎独自律的生活方式等，方能将社会主义核心价值观内化于心和外化于行，使学生认识自己、具有反省和控制自我的能力，使其在不断超越自我的过程中提升能力和完善人格，从而实现自我的全面发展。

（二）凸显教育教学生活取向，强化中小学生社会实践能力

社会主义核心价值观教育的目的可分为内外两大层面，内者要培养的是身心和谐的学生，使其具有良好的知识能力基础和道德品质；外者要让学生能够积极面对生活，热心公共生活，在与他人进行交往过程中要心怀仁爱之心，以坦诚、责任、敬业的态度处理各种关系。唯其如此，中小学生才能在投入社会生产生活中理性地解决所遭遇的诸多矛盾问题，并以勤奋踏实、勇敢激情之姿不断去营造文明和谐的美好社会，而这也恰恰是社会主义核心价值观所要阐扬的精神。但是，当前中小学校教育中，学生学习内容更多的是

集中于有限课程科目的文本知识上，加之教学过程、形式、方法多局限于课堂讲授，缺乏理论知识的实践运用转化过程而使社会主义核心价值观精神无法内化为学生自身解决问题的能力，结果往往形成学生明白很多道理，却并未见得在实践中笃行，甚至背道而驰的现象。所以，中小学生社会主义核心价值观教育要有成效，教育教学必须凸显生活取向，让学生把所学知识运用于生活问题的阐释和生命本质的洞察，使社会主义核心价值观融入学生学习过程之中，只有这样才不会出现上述将之客观实体化且无连续性有效贯彻落实的困局。

（三）激活教育教学交往品性，形成中小学生文化认同自觉

社会主义核心价值观教育要培育的是能适应和引领社会发展的时代公民，其教育教学注重生活取向和学生实践能力培养，但这并不意味着中小学生要放弃自己的民族文化传统，而一味地以追求所谓的现代科学知识、技术及世俗主流价值等；应该将中华民族优秀传统文化加以传承继扬，并在积极吸收主流文化价值优点的基础上促进民族文化的发展[1]，从而形成良性的文化认同，在学习探究上保持着热情、恒心，在生活交往上遵循着合作、理性，在自我认识上坚守克己内省等，确保社会主义核心价值观成为自己的一种习惯。为此，在当前中小学生社会主义核心价值观教育过程中，其形式方法上要凸显交往品性，让教育教学在师生围绕着知识学习的基础上，以问题为导向，通过交流沟通、辩驳审析，激活并养成学生好思追问、析理缜密的思维习惯。在此基础上提供更多的社会实践机会，让学生将所获得的知识运用到社会问题的探思之中，促使他们把知识内化为智慧能力，成为参与社会主义现代化建设过程的、有着文化认同自觉的主体，能够既为融入现代化、全球化发展而学习积累知识，也能够具有历史与时代和民族与世界视野、情怀，投入并推动美好和谐社会的建设。

---

[1] 刘蕴莲.论新形势下加强大学生社会主义核心价值观教育[J].思想理论教育导刊，2014（5）：106-109.

第三章　社会主义核心价值观融入小学语文教学的路径探思

社会主义核心价值观积极融入小学课堂教学，其中很重要的形式是结合不同学科的知识内容和特点来进行，就小学语文而言，可利用教材中榜样人物事迹及其高尚人格品质，通过有效的教学实践来激发和培养学生良好的道德情操和理想信念。

一、社会主义核心价值观融入小学语文教学的内容选择

小学语文教材选取有榜样人物的事迹，不同人物身上展现出理性爱国、勤苦好学、诚信敬业、仁爱奉献等与社会主义核心价值观相通的精神品质。小学语文教学要充分利用这些鲜活的人物形象，有针对性地培养学生正确的价值观，促使其道德认知、情感和行为的统一。

（一）培育理性社会交往能力，形成爱国自觉认同

教育需要培养具有爱国自觉认同、能够理性地参与社会交往的公民。社会主义核心价值观倡导的理性爱国不是无惧牺牲的口号，不是一己情感的发泄，更不是面对矛盾时情感的冲动，而是在一定情境下表现出的爱国情怀、在理性认知的基础上做出的道德判断和选择。小学语文教学有必要将社会主义核心价值观倡导的理性爱国认同化育在学生的学习成长中。教材中的历史伟人周恩来是有着理性社会交往能力的爱国榜样人物之一。他在解决个人利益和民族利益的矛盾时没有通过不理智的冲动行为对抗侵略者的欺蛮，而是在思考权衡后毅然做出"为中华之崛起而读书"的道德选择并自觉践行。他

的行为背后蕴含了对国家命运的忧患认知，体现了理性的爱国自觉。因此，社会主义核心价值观教育要利好用教材中榜样人物身上的爱国精神，通过语文教学培育学生理性的社会交往能力，形成爱国自觉认同。

（二）孕育勤苦好学品行，促成人文科学精神的生长

教学不仅要传授科学文化知识，还有责任培养学生的学习兴趣，帮助其养成勤苦好学的态度品行。对比当下中小学教育，一味追求成绩的超越往往忽视了学生学习兴趣的培养，勤苦好学的精神传承受到了挑战。学生只有对学习充满兴趣才能养成勤苦好学的品行并促进人文科学精神的生成。小学语文教材选取有这样的榜样人物——不仅是具有高度责任感的时代楷模，他们身上更多的是爱岗敬业和勤苦好学的诚恳态度。这些正是社会主义核心价值观倡导的时代所需的人文科学精神品质。因此，小学语文教学应将这些榜样人物的精神品质渗透在教学活动中，给予学生认知上潜移默化的引导。例如《詹天佑》一文中的詹天佑为了保全民族尊严表现出的坚韧意志和艰苦好学的态度可通过寓教于文将其精神品质融入语文教学中，润物细无声地将社会主义核心价值观加以渗透，从而促进学生人文科学精神的生长。

（三）彰显和谐文明气质，化育仁爱平实心灵

化育学生仁爱平实的美好心灵、彰显团结无私的和谐气质既是社会所需的文明风尚，也是中小学道德教育的重要内容。中华民族无数经典神话都充满仁爱思想，重视伦理道德、强调个人的责任等。经过历史长河的积淀，寓言神话已成为一种具有丰富精神内涵的文化载体。小学语文教材中颂扬人类实践活动的神话故事里就有象征仁爱担当的榜样英雄人物，比如，《盘古开天地》中的盘古就有敢为天下先的社会责任感和仁爱担当的奉献精神。这些品质与社会主义核心价值观倡导的团结友爱、乐于奉献等有异曲同工之妙。当前有的小学生由于受到社会不文明行为等"负能量"的影响，存在着一系列不和谐行为：在处理与他人的关系时只顾及个人；在面对困难挫折时选择逃避；在参与社会活动时推卸责任等。因此，社会主义核心价值观渗透语文教

学要关注学生平实仁爱心灵的塑造，利用神话英雄人物的榜样作用来促进这些美好品质在学生身上的内化教育，彰显和谐社会所提倡的文明气质。

二、社会主义核心价值观融入小学语文教学的形式组织

（一）确立以问题为导向的互动型教学关系，培养学生认知的反思力

以问题为导向的互动式教学是教师"为了实现一定的教学任务，指导学生就教学中的某一问题相互启发、相互学习的教学方法"[1]。教师根据教学内容提出具体问题让学生思考讨论。这种问题导向的互动型教学关系，摒弃了传统教学中老师将文章蕴含的价值观念直接灌输给学生的弊端，而是抓住学生的兴趣点并引导他们积极思考、各抒己见，体会教材中榜样人物道德行为背后的认知过程，丰富了学生的情感体验。例如六年级下册《跨越百年的美丽》一课讲述的是科学家居里夫人的故事。教师可以在学生掌握篇章结构的基础上提出"居里夫人为什么要一生投入科学事业中？"等问题组织小组交流活动，帮助学生更好地理解主人公的品质特征。通过直观性的问题引导和互动型的交流方式，学生更易深刻体会居里夫人无私奉献、热爱科学事业的精神。因此，以问题为导向的互动型教学可以帮助学生提高问题反思能力，促进社会主义核心价值观内化于学生的认知发展过程中。

（二）确立以情境为纽带的主体性教学观念，提升学生寓思于做的行动力

社会主义核心价值观融入小学语文教学要求教师确立学生主体性的教学观念。通过创设情景实现学生的主动参与，从而有效提升其行动能力。当前中小学生的行动力是薄弱的，他们的思想和行动很多时候是脱节的，通常在实践中试图规避责任，缺乏积极性。因此，小学语文教学要加强情境为纽带的教学实践模式，将社会主义核心价值观的内涵渗透在学生的思与做中。例如《女娲补天》一课，学生仅凭诵读和老师的讲授很难切实体会女娲补天时

---

[1] 彭人哲.讨论式教学：价值、形式和前提[J].教育理论与实践，2011（24）：47-48.

的惊心动魄以及她所展现的坚强、无私、奉献等精神。此时，教师可通过播放有关女娲补天的影像资料或讲述相关故事来创设情境，并引导学生思考如果是自己会选择怎么做等问题，通过换位思考发挥学生的主体作用。此外，教师还可根据实际情况组织参观历史遗址或博物馆让学生身临其境地感受，从而有助于学生把思想意识化为现实中的行动力。

（三）确立以道德为原则的生活型教学过程，帮助学生树立良好的人生观

社会主义核心价值观教育与道德教育一脉相承，它并不是抽象的无法理解的，而是与实际生活不可分割，并且可以在日常生活中展现出来。传统的教学形式重在非生活化，理论知识的灌输使得学生无法理解高高在上的价值观念与日常实践活动有怎样的内在逻辑。生活型的道德教育"应符合儿童的实际生活需要和生活过程的秩序，让儿童在自身的生活过程中来获得道德体验、养成道德习惯，最终道德教育的目的应指向富有道德意义的生活"[1]。小学语文教学要在以道德为原则的基础上，围绕生活实际经验展开教学，通过接地气的道理帮助学生树立良好的人生观，所以社会主义核心价值观教育应将以道德为原则的生活型教学组织形式融入语文教学活动中，将体现社会主义核心价值观精神内涵的"小故事"和"平凡人物"进行活化，使课堂中的教学氛围更加接近生活中的问题解决。通过日常生活中爱岗敬业、诚实守信、尊老感恩等实例为学生的德行发展树立榜样，帮助其形成良好的人生观。

三、社会主义核心价值观融入小学语文教学的路径

社会主义核心价值观融入小学语文教学要能取得积极的成效，需要在教学内容的广度拓展、教学实践的内化以及教学结构的联动等方面来推进，通过校园文化活动、丰富学生生命体验、构建多元互补环境来确保学生身心的和谐发展。

---

[1] 让·雅克·卢梭.爱弥儿[M].檀传宝，等译.上海：上海人民出版社，2011：283.

（一）拓展教学内容广度，校园文化活动引领学生走向丰富的世界

校园文化建设作为学校教育工作的重要组成部分，对学生汲取精神食粮、接受道德熏陶和促进身心健康发展有着不可替代的作用。小学语文教材中榜样人物所具有的优秀品质要通过更加多元的校园文化活动渗透到学生的思维认知中。因此我们需要拓展教学内容的广度，以教材中榜样人物所处的社会历史背景为依据，并结合人物的生命生活历程创设多元的校园文化活动，促使学生将榜样人物的精神品质加以内化。例如开展读书交流活动，鼓励学生阅读与教材中榜样人物相关的图书资料并这对其行为选择进行正反方讨论交流，提高学生思维的辩证性；建设"橱窗文化"，充分利用榜样人物的积极素材装饰班级的墙壁、完善黑板报等对学生渗透社会主义核心价值观教育。加强校风班风建设、组织开展生动活泼的校园文化活动，为学生的道德教育营造体现社会主义核心价值观要求并独具特色的校园文化氛围，从而丰富学生的生命世界。

（二）加强教学实践内化，丰富学生生命生活体验

社会主义核心价值观融入小学语文教学不仅要晓之以理、动之以情，更要注重教学实践对学生的内化作用，以生活实践为载体，丰富学生的生命体验。小学语文教学不仅肩负学生知识习得、技能提升的任务，还应帮助学生将知识活学活用，加强教学实践内化。小学生参加勤工俭学是丰富其生命生活体验，培养自强自律、艰苦奋斗等优秀品德的良好途径。学校可根据实际需要为学生安排力所能及的岗位，比如学校的图书角管理员、体育设施维护员、校园小记者等。同时学校可以和社区协调合作，为学生提供假期参加社会实践的机会，帮助学生提高实践能力。形式多样、丰富有趣的勤工俭学实践，有利于培养学生热爱劳动、团结合作的优良品格，有利于为将来成为爱岗敬业、为人民服务的社会主义事业建设者和接班人奠定坚实的基础。

（三）注重教学结构联动，构建多元互补环境条件

当前区域局限下的课堂教学呈现出了知识机械化的传递与接收，学生难

以将所学化为贴近生活的情感体验。因此，小学语文教学要注意课堂内外、教师的教与学生的学等教学结构的优化，在生命教育理念的指导下整合教学资源、为学生创设多元互补的环境条件，增进学生生命生活体验的完整性。生命化教育意味着育化学生生命感悟、提升其道德品性。

课堂内与课堂外联动的教学结构探索是学生由学校道德认知建构向生活道德实践规范的延伸，教师应将学生生命个体的自我成长看作教育的基础。课堂内教师要采取多样的教学方法，运用辅助教学手段引导学生进行反思；课堂外鼓励学生参与社会实践，注重学生综合能力的均衡化培养，运用过程性评价方法给予学生激励性的反馈。

总之，价值观来源于实践，最终要在实践中加以强化，通过多元互补的环境熏陶，学生的道德境界会随之提高，社会主义核心价值观的内涵才能真正内化传承于学生的生命成长中。面对当前世界纷繁复杂的激烈竞争，"全球化背景下的文化竞争，将是以价值体系和价值观念为核心的思想和智慧之争"。将社会主义核心价值观融入小学语文教学工作中是必要的，它符合国家和个人发展的需要，有利于小学生培育理性的爱国自觉认同；有利于他们在社会实践交往中规范道德行为；有利于传承人文科学精神，帮助其树立正确的人生观、价值观。

第四章　中小学生道德教育"超越性"的成因及消解

中小学道德教育的主要目标是培育中小学生的道德自觉，使其将道德知识内化为意识心理，并外化在自我行动之中。然而，目前中小学生的道德教育以追求"超越"为主要特征，表现为中小学生在学习上要"第一"、生活上要"最好"、名利上要"最强"，结果往往造成学生人格心理分裂的危害。因此，在实践过程中有必要对中小学生道德教育"超越性"倾向的危害进行审视，让教育教学回归到学生健全人格的培养上，使其能积极传承中华民族优秀传统文化并汲取时代创新精神，从而为在新的历史时代进行社会主义现代化建设打下良好的素质能力基础。

一、中小学生道德教育"超越性"的危害

道德教育是使人成为人的教育，其实践应伴随人的出生和成长的始终，不能急于求成。可在实践中的中小学道德教育却违背了循序渐进的规律，走的是一条"超越性"的道路，往往在培养学生过程中让其追寻"最强""最优"的目标，忽视了学生道德意识内化的过程和情感体验，结果使学生在学习上一味追求成绩的优异，其行为和心理发展却陷入孤立无助的境地。

（一）学习上追求"绩效化"

不可否认，当下的教育多表现为一种投资，而不是培育人的活动。学生的学习成绩和各种奖项荣誉理所当然地被人们界定为"人才"的标准。学校为了培养出成绩好的学生，教学内容仅是纯粹的知识灌输，忽视学生学习经验和生活实践的积累。有学者指出："缺乏道德情感的知识就是一堆无用的教

条，不可能转化为道德认识、不能激发情感的道德行为不可能持久。"[1] 为了学生不输在起跑线上，为了学生适应人才间激烈的竞争、将来获取更多的社会资源，家长们乐此不疲地为学生规划着学习生涯。当前的中小学生除了每天要完成繁重的课业，周末还要匆匆忙忙地往返于各种兴趣辅导班、补习班。显然，在教育追求学生学习上的绩效化影响下，中小学道德教育没有真正地引导学生回归自我，反而使学生踏上了追逐学习绩效之路。学校、家长、学生共同为了好分数和通过好学校的升级考试而奋斗，却忽略了教育的本质在于学生人格心理的健全。

（二）行为上争取"积极化"

处理人际关系是人与社会关系中不可缺少的一环，人际交往是个性社会化中的一个重要方面。中小学生的人际交往也是其个性发展和社会化进程中不可或缺的，但是受到当前多重价值观和社会人际交往的影响，中小学生的行为呈现出"积极化"的趋势：在学校中，为了给老师留下好的印象，获得老师的认可和欣赏，学生通过各种形式进行恭维，甚至要求家长宴请老师或送礼；有些学生故意与学习成绩好或家境条件好的同学交往，以期从中获得好处；为了竞选班干部而宴请同学的行为则更甚。无疑，中小学道德教育的"超越性"与中小学生身心发展的阶段性规律背道而驰，导致中小学生的思维方式与做事方法趋于社会成人化，但往往违背他们自己内心的想法，不少中小学生正是在困惑中不得不使行为"积极化"，严重影响其身心的健康发展。

（三）意识上导向"功利化"

为了追求自身利益的最大化，人们变得急功近利，内心的复杂使得"熟悉的陌生人"或"完全的陌生人"成为现实生活中人与人之间真实的写照。在这种社会氛围下，即便是从小就开始接受道德教育的优秀学生也难以抵挡

---

[1] 毛乃佳.当前我国学校德育的困境与出路[J].西北师大学报（社会科学版），1997（2）：77-79.

金钱的诱惑，人际关系选择的倾斜和心理失衡导致的自私感膨胀。中小学生在学校接受团结友爱、乐于奉献的精神熏陶，现实中却屡见物质生活攀比、金钱的挥霍、拉帮结派等现象，甚至路人摔倒却视而不见。这与整个教育环境分不开：一者社会奉行"比较、竞争"的风气；二者家庭生活中，家长通过物质奖励来激励学生的进步，间接地使学生养成了心理"功利化"的依赖。不少学生从小就在家庭教育中被灌输接受教育是为了将来拥有优越的物质财富的价值观，这种道德教育的"超越化"脱离了道德教育使人成为人的目标。

二、中小学生道德教育"超越性"的成因

机械化地追求学习上的成绩好、生活上的质量优使得中小学生人格和心理方面出现了"超越化"倾向，造成这一现象的原因有：家庭生活中忽视中小学生人生价值观的引导而影响学生心理的健全发展，学校教育无法将知识与道德行为实践有效结合使得学生无法获得情感体验，社会不良风气的盛行致使道德教育缺少一定的环境支持等原因。

（一）家庭忽视对中小学生人生价值的引导

父母是孩子最好的老师，也是孩子的启蒙老师。父母的言行潜移默化地影响孩子的身心发展，原因在于"模仿是儿童的一般文化发展的基本途径之一。"[1]中小学生往往将父母的价值意识及要求"如实"地运用到自己的学习生活中，善于观察模仿他人的行为举止来处理自己与他人的关系，但是在家庭教育中，大多数父母往往忽视了对学生进行德育引导。一方面，迫于快节奏的生活压力，家长每天奔波于工作，很少有时间跟学生直接交流沟通；即使有时间，家长更多地重视学生的学习成绩。另一方面，本应是学生能够放松身心、更好地与亲人相处的节假日却被各种兴趣辅导班排满。不想让孩子输在起跑线上的家长为了学生的"全面发展"而劳神费力，并没有切实考虑这

---

[1]　维果茨基儿童心理与教育论著选[M].龚浩然，等译，杭州：杭州大学出版社，1999：166.

样做是否真正有利于学生身心的健康发展，忽视了家庭教育这一必不可少的"天然课堂"。学生从家庭获得的教育尤其是道德教育少之甚少，这在一定程度上影响了学生心理的健全与德行的完善。

（二）学校摒弃中小学生知识向行为转化的实践

人才的培养离不开学校教育。在当前应试教育体制的影响下，学校的升学率成了学校整体质量评估的标准。在学校和家长眼中，学生学习成绩优异、平时表现乖巧便是公认的"好学生、好孩子"，因此，不少学校把培养应试教育中榜上有名的"人才"作为最终目标。学校教育中，各学科知识叠加，教师采用灌输式的授课形式、繁重的课余作业等都指向了培养"好学生"的目标。我们提倡全面发展的素质教育逐渐演化成教育行业的竞技教育，在道德教育方面，学校教育将本应是社会实践与学习知识融为一体的过程变成传递与接收单一的知识习得过程。在实际情境中，这种缺少道德实践活动与知识相结合的教育，致使学生的情感体验遭到忽视，学生的道德意识无法在实践中得到强化，因此很难自觉地做出正确的道德选择并规范自身的道德行为。

（三）社会缺少道德文明风尚的环境支持

社会作为中小学生道德教育的"软环境"，对中小学生身心发展发挥着十分重要的影响作用。只有在文明和谐的社会环境中，学生才能将学校倡导培育的人生价值观在充满正能量社会中得以践行。然而，"处于文明转型时期的中国正在出现普遍的道德失范现象，处于传统和现代的夹缝之中的中国民众正在经历着文化价值观念的剧烈冲突：体主体意识与整体主义（集体主义），功利主义、拜金主义同传统'正谊明道'的超功利主义，享乐主义、消费主义与传统节俭美德，技术批判理性与启蒙理性，后现代文化与工业文明精神，等等。显而易见，世纪之交的中国社会不可避免地要经历一次深刻的价值重建和文化转型。"[1] 在中国传统价值观与西方价值观不断融合的时代背景下，多

---

[1]　衣俊卿.论社会转型时期的生存模式塑造[J].北方论丛，1995（4）：2.

元的价值观使人们失去了共同的道德价值标准，人们往往坚守自己的价值趋向，导致人与人之间的信任度普遍降低。社会中坑蒙拐骗的不道德行为时有耳闻，公共场合人们低头关注于手机等现代通信工具，陌生感萦绕每个人的心头，社会环境的冷漠导致中小学生成长的环境缺少信任之基。即便在学校接受了再好的道德教育，中小学生在进入社会后仍然无法坚持自我，道德教育仍然无法发挥应有的效应。

三、中小学生道德教育"超越性"的消除策略

造成中小学生道德教育在学习、行为和心理上出现"超越性"倾向的原因是多重方面的。就道德教育实施的空间范畴而言，来自家庭、学校、社会三方面的影响是最主要的。由于家庭教育忽视了对学生人生价值观的引导，中小学生在学习上受到父母高期望的影响过分追求成绩上的优越；学校教育中没有将知识的传授与道德实践相结合，学生面对道德选择很难真正规范自身的道德行为；社会上不良的道德风气致使教育中的德育也出现功利化趋势，这些因素最终容易造成中小学生心理发展的不健全和人格的缺失。

（一）家庭道德教育"融"日常生活之理

父母是孩子最好的老师。"家长教育是孩子成功的基础，影响孩子智力结构的因素，让孩子享用一生的好习惯，决定孩子成功的品质，教给孩子独立处事的钥匙，培养孩子健全的性格，爱和感恩帮助孩子成就一生。"[1]家长一方面关注学生的兴趣爱好，鼓励激发学生的潜能，完善学生的人格修养；另一方面，家长还要更多地关注学生的品德养成，将道德教育真正融入日常生活中，通过自身的榜样作用培养学生的道德意识和感恩精神，比如，不浪费粮食、善待小动物和花草、定期去看望爷爷奶奶等长辈、公交车上主动让座等。父母在家庭教育中应避免一味地说教，将道德教育与日常生活紧密联系的同

---

[1] 孙京媛.父母是孩子最好的老师[M].天津：天津科学技术出版社，2008：58.

时，学生会更容易产生规范道德行为的自豪感，从而培养其优秀的道德品质。

（二）学校道德教育"显"行动实践之力

思想决定行动，行动决定习惯，习惯决定性格，性格决定未来。学校教育是充实学生思想、锻炼学生行为、培养学生习惯、塑造学生性格的人生重要阶段。实践中的德育有助于学生将道德知识内化为道德意识，在道德意识的支配下规范道德行为，从而为将来步入社会成为合格的公民奠定良好基础。学校可以根据道德知识的主题设置相关的实践活动加强学生的道德意识，在实践活动中培养学生的道德责任感。只有通过实践活动的巩固，才能真正实现中小学生道德意识的内化，例如，在学习完"热爱祖国，热爱学习"课程后，学校可以组织学生到历史文化博物馆感受祖国成长经历的艰苦岁月，抑或组织学生到希望小学交换生活体验刻苦学习的氛围。

（三）社会道德教育"彰"时代文明之气

由于市场经济法制的不健全，导致市场经济与社会道德发展呈现不协调的现象。有的人在实现自身利益的同时不惜损害他人的合法权益，长此以往社会人际关系将陷入利欲熏心只顾逐利的恶性循环之中，可见社会道德的建构对社会文明的整合和促进作用不可小视。社会道德感的培育需要增强公民社会责任意识。正如马克思所说："道德的基础是人类精神的自律。"[1]一方面要进一步加大社会道德弘扬的力度，各领域各行业都应重视加强道德文化建设；另一方面在相关法律和制度的规范下，无论媒体还是民众都应自觉营造积极的社会舆论环境，为道德教育提供良好的社会道德氛围。只有将社会道德教育看成是每个公民的一种责任，才能形成崇尚和谐之风，才能彰显时代文明之气。

综上所述，中小学道德教育是一个系统工程。只有家庭、学校和社会共同致力于中小学生的道德教育，才能真正促进中小学生人格心理的健全发展。

---

[1] 马克思恩格斯全集：第1卷[M].北京：人民出版社，1956：119.

首先，家长在家庭教育中起着主导作用，家长以身作则，将道德教育融入日常生活中有利于学生良好品德的养成；其次，学校教育不仅要重视知识的传授，还要通过道德实践活动来强化学生的道德选择并规范学生的道德行为；最后，道德教育的实施需要在社会文明和谐的环境支持下构建"家""校""社区"共同作用的联结整体。

第五章　中小学审美教育质量的提升策略

审美教育具有促进学生个性发展、充盈学生内心审美情感、激发学生创造力、培养学生人格完善全面发展的作用，是当前素质教育不可缺少的重要部分。正如席勒所指出"要把感性的人上升到理性的人，唯一的途径是让他成为审美的人"[1]，而要让人成为审美之人则离不开审美教育。然而，当前中小学审美教育却是低效的，学生在学习成长过程中存在着诸多审美问题，以致其身心发展不和谐。

一、当前中小学审美教育质量低效的表现

中小学审美教育也即美育，要求中小学校通过美术、音乐等各类美育课程、美育活动将美的形式呈现给中小学生，以达到美化学生心灵、行为、语言、体态，提高中小学生的审美修养和审美创造力的目的。遗憾的是，当前中小学审美教育是低效的，具体表现在：有的学生审美认知偏误，审美标准局限于外在美；审美情感虚空，缺乏丰富的审美内心体验；审美行为失范，缺少人性关怀和环境的爱护意识等方面，不利于学生精神生命的健康发展。

（一）审美认知偏误

爱美之心人皆有之，但是个体的美不仅包括美丽的外貌和良好的体态，更包含得体的言行举止、饱读诗书的气质、真善美的内在心灵等方面，其审美认知应是全面而完善的，是由内而外的。可是，当前部分中小学生对美的

---

[1]　席勒.美育书简[M].徐恒醇，译.北京：中国文联出版公司，1984：21.

认知仅仅停留在表面，在日常生活学习中，片面追求外在打扮，将大量时间、金钱、精力浪费在追求外表打扮上，本末倒置地将青春大好的学习时光用来过度装扮自己。其实看重外在美本无可厚非，爱美之心人皆有之，但是追求美要有正确定位，学生处在青春大好年华，其装扮只有符合学生身份，树立正确审美观，将停留在外表的肤浅的美升华到心灵真善美才是其审美的核心价值。

（二）审美情感虚空

丰富的审美情感可以充盈学生的内心，启迪学生的智慧，推动学生不断开拓进取，实现人生理想。因此，在学校教育教学过程中，为了使学生拥有饱满的学习热情和端正的学习态度，激发学生的创造力，学校理应注重对学生审美情感的关注和培养。可是，当今学校唯智教育现象严重，学生背负着沉重的学习压力和升学压力，缺少内心审美情感体验，无法以审美态度去积极面对学习生活中各种压力，内心审美情感处于虚空状态，每天负重而行，最终引发厌学情绪，逃课旷课行为时常发生，甚至使有的学生辍学过早步入社会……审美情感对当今学生来说，是一种内心心灵的守护，体现学校对学生人性、生命的关怀。

（三）审美行为失范

我国教育方针明确提出要培养德智体美和谐发展的社会主义建设者和接班人，要求培育的学生具备良好的品德和审美的行为，其言行举止都应该散发着美的光辉。现实生活中，良好的审美行为不仅体现了高尚的个人素质，也促进了人与人之间良好的人际关系并加速和谐文明社会的建立。然而，当今部分学生在学习生活中却发生了不少丑陋的行为，做出了以丑为美的事情，其审美行为严重失范：不少学生在学习交往过程中，在与老师同学长辈相处时，时常因为一点矛盾动辄喜怒无常、恶语相向甚至出现打架斗殴事件，近年来，学校暴力事件时有发生，施暴年龄逐年降低就是一种佐证。在社会生活中，有的学生随意扔弃垃圾、公然破坏环境、损害社会公物；在公众场合，遇到老弱病残需要帮忙时，视而不见；生活中时有发生虐待、伤害小动物，欺负弱小等失范行为。这些失范行为，若得不到及时有效改正，将严重影响学生的未来生活和"三观"的正确树立，甚至可能激化学生与他人、社会相处的矛盾，引发社会安全隐患。

二、当前中小学审美教育低效的成因

当前中小学审美教育低效导致中小学生审美认知偏误、审美情感虚空、审美行为失范等问题，严重阻碍了学生身心全面发展和国家素质教育的实施。显然，学生学习成长生活的方方面面都可能造成中小学生审美教育的低效，但与其中较为重要的教师、学校和家庭这几大因素有密不可分的关系。

（一）中小学教师审美能力分裂片面

要培养全面发展、身心和谐、人格完善的学生，教师作为审美教育的主体，自身毫无疑问要具备全面而完善的审美教育能力。拥有专业审美知识和丰富审美教学经验的教师是提高中小学审美教育质量的保障。可是，当前中小学教师普遍存在审美教育能力不足的问题。首先，中小学教师存在审美认知片面问题。一方面，中小学教师在教育教学过程中，有的只关注学生的学习成绩排名情况，单纯以学生成绩评判"优秀学生"，为了追求学生成绩，教学过程偏重知识的死记硬背，教学方法死板，学生学习枯燥疲惫；另一方面，教师对美的认知局限在课程表上的音乐课程、美术课程，在进行美育课程教授时，只是审美知识的单向灌输，无法在美育过程中对学生进行审美能力和艺术鉴赏能力的塑造和培养，整个美育课堂没有呈现给学生美感，学生既没有学到系统的审美知识也没有体会到审美情感，更无法达到对学生审美创造力的培养。其次，教师审美教育存在断层。学校教学中每一门课无不渗透着审美教育，因此，在任何一门学科的教学过程中，教师都应该融会贯通审美教育，呈现给学生学科知识美感，切实将美育融入促进学生全面发展过程中，使美育与德育、智育、体育相辅而行，而不是人为割裂美育和其他学科内在联系或将美育课程逐渐智育化，将审美教育等同于知识的教学。

（二）中小学校审美教育实践存在应付了事现象

不可否认，长久以来中小学校教育一直以应试教育为主，分数、升学率事实上成为评判一个学校等级优劣的重要标准。在这种偏误的教育观念导向下，学校一味重视智育，对美育采取排斥和应付态度：一方面减少或限制美育课程的实施，对国家要求开设的美育课程一再缩减课时或应付了事，美育课程变成了课程表上的摆设或只是流于形式；另一方面减少对美育的投资，缩减美育教师培训费用，减少美育活动的举办，不带领学生参观美育专设机构等。学校教育的功利化，使教育走向错误发展方向，背离育人大目标，导致学生一方面无法掌握系统的审美知识，使得审美认知一直处于偏误状态；另一方面缺少丰富的情感体验，审美情感处于虚空状态，渐渐丧失了欣赏美、追求美、创造美的能力。"中小学生是祖国未来的建设者，他们的审美观念和文化修养素质如何，将直接关系到国民素质的提高和中华民族的未来。"[1]为此，学校理应及时扭转当下轻美育重智育的错误教育观念，贯彻落实国家规定的美育课程，积极开展各类美育活动，使学生在活动中潜移默化地陶冶审美情操，朝着身心统一、素质全面发展的正确道路前进。

（三）中小学生家庭审美教育薄弱无力

家庭是中小学生生活的主要场所，家庭环境以及父母的审美观对中小学生的影响尤为重要，因为中小学生无时无刻不接触家庭的风气和父母的审美行为，并通过观察这些行为来塑造自己的一言一行。因此，审美教育作为一个复杂的教育系统，不仅靠学校、教师的审美教育，更要家庭配合学校教师的审美教育，为中小学生创造一个和谐、美好、安定的家庭美育环境。只有在学校、家庭这种连贯合力互助的审美大环境下，才能树立学生正确审美认知，陶冶学生内心审美情感，端正学生外在审美行为。但是，在当今家庭审

---

[1]　刘义兵.当前中小学美育的思想[J].现代中小学教育，1991（3）：55.

美教育中，一方面存在审美环境问题，如忽视家庭审美环境，各类家具摆放杂乱无章，家庭环境不整洁，社区生活居住环境吵闹，邻里关系冷漠僵硬等问题，学生生活在其中，难免审美水平降低；另一方面还包括家庭成员审美取向的问题，如父母片面追求外在打扮忽视内在提升，平时不注重与他人交谈的言行举止等问题。中小学生审美观不成熟，如果家庭缺少对学生必要的正确审美教育引导，使其接触一些错误的价值导向，就很容易发生审美行为失范：在社会公共场合对需要帮助的老弱病残视而不见，同学日常相处时一言不合则打架斗殴，沉迷互联网上的色情暴力……教育主体的茫然和家庭审美教育的缺失使得审美教育环境越来越不理想，只有学校和家庭进一步提高审美教育认知，共同为学生营造良好的美育环境才能真正改变美育质量低效的问题。

三、当前中小学审美教育质量提升的策略

当前中小学审美教育质量低效是一个客观存在的问题，它使得中小学生接受到的教育是片面的，不利于学生身心健全发展。为此，教师、学校、家庭急需形成连贯互助的教育力量，只有三者通力合作才能从根本上提高中小学审美教育质量，培养出心灵优美、人格完善的学生。

（一）中小学校突显美育地位，加强美育师资素质培训

教育的目的是促进学生的全面发展，培养身心和谐的生命主体，这就需要中小学校突显美育地位，加强对美育教师的专业培训。首先，学校要明确美育对学生全面发展、促进学生人格完善的重要性，将教育从分数、名次，升学率等桎梏中解脱出来，完成素质教育育人大目标。其次，切实贯彻落实音乐，美术等美育课程：配备基本的审美教育设备，包括音乐室、美术室和美育用品材料，把美育放在与智育同等重要的位置上。在美育教学过程中，教授学生正确、系统的审美知识，帮助学生从小树立正确的审美认知，将学生片面偏误的审美观提升到全面完善的审美观。再者，学校定期组织形式和

内容丰富的美育活动，适时带领学生参观美术馆、博物馆、植物园、动物园等专设机关，鼓励学生和教师积极参与，在潜移默化中熏陶学生的心灵，丰富学生审美情感体验。同时，中小学校应积极申请与高校联合，尤其是实现与具有雄厚审美教育资源的院校的合作，实现资源互助共享，培育出一批高素质的审美教育专业人才，更新中小学教师审美理论知识并提升其审美教学能力，确保审美教育过程的连贯性和一体性。学校只有树立正确审美教育理念、注重学生审美感受、提升教师审美教育素养，将审美教育真正融入学校日常教育全过程，方能实现全面培养健全人才的育人目标。

（二）中小学教师转变教育观念，突出教育过程人本化

教师乃教育的主导力量，他们是提高中小学美育质量的重要因素，其自身审美素质高低会直接影响到美育成效的优劣。因此，为了更好地履行教书育人的使命，促进学生素质的全面发展，教师需不断在教育教学过程中转变美育观念，在教育过程中实现以人为本。首先，教师在教学过程中，彻底改变以往只注重知识灌输，过度重视学生分数的错误观念。片面知识技能灌输只是一种机械的、压抑学生个体生命活动的教学。教师要改变原先死记硬背、一味追求高分的错误教学方法，采取寓教于乐、灵活多样的美育教学方法并使之贯穿教学全过程，增加课堂教学美感，创造活泼的教学氛围，呈现给学生知识本来的规律美和深层次文化内涵底蕴。其次，教育过程要以人为本，尊重学生的主体地位，重视学生原有生命生活体验，激发学生的每个感官参与听说读写，为学生营造舒适而轻松的学习环境。再者，教师要发挥言传身教的榜样作用，在学习工作生活中率先垂范，将美的形象展现在学生面前，让学生在耳濡目染中汲取老师身上的真善美品质，共建师生平等友爱的关系。

（三）家庭社区利用美育资源，合力构建互助的美育机制

"于环境上常受音乐、美术的熏陶，不知不觉地渐集中心于美学方面。美育可联络感性和理性，贯通智慧和道德，协调个人和社会充满了热忱的期

望。"[1] 由此可见,审美教育质量的有效提升不仅仅靠学校的教育教学活动,更要靠家庭的积极配合,共同营造一致而连贯的美育良性环境,从而为中小学生身心和谐发展提供适宜的校内外环境。因此,家庭和社区要充分利用、开发美育资源,构建合力互助的美育机制。一方面,家庭要充分利用现有的美育资源。家长可经常带学生参观美术馆、博物馆、动物园等美育专设机关,给学生讲述中国传统美德故事,以此开阔中小学生审美视野,扩大审美教育知识,陶冶审美情感。另一方面,开发社区家庭审美资源,营造干净整洁、邻里友好互助的家庭社区环境。社区定期举行歌唱、朗诵、绘画等审美活动,将审美教育落实到生活的方方面面,只有这样才能为中小学校进行审美教育和中小学生主动投身社会生活提供充满正气的环境。总而言之,彻底消解中小学生不良行为问题,培养其内心真善美并形成完善的审美观,需学校、家庭等各方力量共同携手,营造有利于学生成长学习的育人环境。

---

[1] 马春影.蔡元培美育思想及其现实意义[D].合肥:安徽大学,2007.

第六章   小学班级文化建设需回归生命

班级文化作为一种隐性的教育资源，对学生的生命发展起到润物细无声的作用。班级文化建设要充分发挥好以文化促教育的作用，真正唤醒学生生命的能动意识，培育其对生命价值的反思，并在实践中强化学生生命的道德体验。然而，当下大部分学校的班级文化建设忽视了学生的生命意识教育，学生在被灌输各种文化知识的同时感受不到生命的价值所在，严重影响其人格的健全发展。因此，小学班级文化建设有必要使学生在生命成长历程中意识到生命的价值，真正为自己的生命负责。

一、小学班级文化建设回归生命的宗旨

班级文化作为隐性的教育力量，对学生的学习成长有着十分重要的作用。为了更好地发挥其促进学生身心发展的积极作用，班级文化建设要树立培育学生健全生命的价值取向，把孕育学生正确的人生观、价值观和综合素质养成作为其宗旨。

（一）唤醒生命自觉的能动意识

教育是指向鲜活生命个体的，其意义在于唤醒个体的生命自觉，使其能动地主导自身生命的成长和发展。"教育的根本旨趣在于启蒙人的自我觉醒，通过不断地启发受教育者的人生智慧，促使其努力去发展智慧的人生。"[1] 作为学校教育重要组成部分的班级文化建设对学生身心健全发展和正确价值观的

---

[1] 靖国平.教育学的智慧性格[M].武汉：湖北教育出版社，2004：58.

形成起到积极的促进作用，并且在教与学的交流对话中，教师应充分认识到学生认知状态和发展水平各不相同。学生内在能动意识只有被唤醒才能理解为何而学，感受到生命所承载的希望。因此，小学班级文化的创设要摒弃形式化和空洞化，真正回归到生命的自我觉醒。叶澜教授说过："一个具有生命自觉的人，无论在与外部世界的作用中还是自我发展的构建中，都是一个主动的人。"[1] 每个学生得到展示的机会并参与到班级文化的创建中，才能真切感受到生命的价值，有效激发其自觉能动性，从而更加积极地对待自身生命的成长历程。

（二）培育热爱生命的情感反思

教育要培养身心健全发展的生命，不仅强调肉体生命历程的完整性，同时注重学生精神境界的提升，实现自身生命价值最大化。在基础教育中，班级文化建设是影响小学生形成正确人生观、价值观的重要因素之一，可以作为增强学生生命意识的有效载体。因此，回归生命的班级文化建设应贯穿于学生学习的始终。通过班级文化建设，营造积极和谐的班级文化氛围，深化学生的情感体验，在耳濡目染中提升学生对生命责任的反思能力，从而增强对自身、对他人、对社会的责任意识。所以，班级文化建设要回归生命，培育学生热爱生命的情感，提高其自我反思能力。

（三）强化礼让交往的道德体验

教育的根本是使人成为"人"，使人的美好本性得以宣扬。班级文化建设作为学校教育中的重要一环，对学生的知情意行起到潜移默化的规范作用，尤其在与人交往中遵循文明礼让的道德风尚。只有在生命教育的引领下对学生渗透礼让交往的道德教育，才能够使学生的美好本性得以延续。"生命是道德赖以存在和发展的基础，道德是生命的精神向度，道德教育是培养生命意识的一种有效途径。"[2] 小学生只有懂得了礼让，在与人相处时才能意识到个

---

[1] 叶澜.教天地人事，育生命自觉[R].上海：华东师范大学，2006：96.

[2] 王芳.青少年道德教育中生命意识的培养[M].石家庄：河北师范大学出版社，2010：118.

体生命的珍贵；只有懂得了尊重他人、换位思考，才能拥有积极乐观的人生态度。

二、小学班级文化建设回归生命的内容结构

小学班级文化建设的宗旨在于启迪学生的生命自觉，这一宗旨目的的实现离不开具体班级文化活动内容的实施。

（一）发扬集体精神的班级日志制度文化

班级日志是在班主任的指导下，学生自主地对班级日常事务进行协调和记录的一种形式，对班级文化建设有重要作用。师生之间借助班级日志交流，共同解决面临的相关困难，同学们在班级日志上畅所欲言，共同分享和探讨班级的信息，可以增强彼此间的亲密度，从而形成良好的同学关系，促进班集体的和谐发展[1]。班级日志制度体现了学生在班级发展中的主体作用，是促进教师管理班级、师生与学生之间沟通交流的良好渠道，有利于引导学生自我教育并发扬班集体精神。班级日志制度不仅方便班主任老师对班级情况的掌握和管理，同时符合提高学生发现问题、思考问题、解决问题等综合能力的教育要求，从而为学生的生命成长注入新的活力。

（二）彰显生命韵味的橱窗环境文化

作为精神文化的载体，班级物质设施的布置和环境创设是一个班级区别于其他班级的明显特质。学生在蕴含生命韵味的环境中接受教育体现了回归生命的以人为本。由于当前小学教育"功利化"的影响，学校和班级管理者往往忽视班级环境建设。班级中常见的是几幅名人名言和写满字的黑板报，有的班级甚至只有在应付检查时才更改黑板报内容。而和谐生动的班级环境有利于学生身心的愉悦和人格的健全发展，班级文化建设便富有成效。班级

---

[1] 刘金明，张烨，玉莹，等.在高校学生思想政治工作中发挥班级日志作用[J].科教文汇，2007（07S）：111.

环境富有生命气息，能够使人身心愉悦。在班主任老师的指导下，鼓励学生创新墙壁、黑板报等文化载体，使班级文化生动起来；通过创设激发学生阅读兴趣的读书角、摆放自然植物的壁橱将自然生命融入班级环境中，让学生关注自然生命的生长，培养他们热爱自然、关怀生命的意识。

（三）激发"同理心"的班会活动文化

教育是一项培养个体生命成长和发展的实践活动。"凡是增进人们的知识和技能、影响人们的思想观念的活动，都具有教育作用。"[1] 班级文化建设作为教育实践的构成要素之一，对学生思想观念和行为习惯的养成起到潜移默化的作用。班级文化建设需要通过班级活动为载体来进行。主题班会活动是当前班级文化建设中不可或缺的重要一环。丰富的班会活动主题、灵活的活动形式使得学生在双向互动中拓展生活空间，促进其有条理地思考、反思社会现象，解决实际问题。为了让学生理性地思考、洞察现实生活，主题班会活动需具有教育意义，能够激发学生的"同理心"。"同理心"是个体在社会交往中能够站在对方的角度进行思想交流，学会与他人建立联系的关键纽带。"教育的基本任务就是让学生意识到自己是同一个生物圈的一部分，以此来进行思考并身体力行。"[2] 主题班会活动能激发学生的"同理心"，要使学生认识到自己是班级的一分子，团结友爱使班级向好发展；同时也认识到自己是社会的重要一员，善行会对社会进步起到促进作用，从而真正实现"晓之以理、动之以情"的教育效果。主题班会活动要贴近学生的成长经历，采用生活化、普适性的素材以激发学生"与我同在"的"同理心"，提高其理性地与他人交往、与社会建立亲密联系的能力。

---

[1] 袁振国.当代教育学[M].北京：教育科学出版社，2004：2.

[2] 杰里米·里夫金.第三次工业革命：新经济模式如何改变世界[M].张体伟，孙豫宁，译.北京：中信出版社，2012：248.

三、小学班级文化建设回归生命的路径选择

班级文化建设作为育人的有效途径，承载着帮助学生身心健全发展的使命。在关注生命自觉发展的基础上，班级文化建设需要选择制度保障、社会组织支持和校内外活动拓展等系统化的路径方法加以营造，从而实现促进个体生命完整、人格健全的目标。

（一）规范班级民主奖惩制度，形成班级精神文化合力

班级文化建设能够科学规范地不断进步和健康发展，需要具有普遍约束力的班级制度作为保障。班级制度不仅要服务于班级发展目标，更要展现班级精神文化合力和班级凝聚力。落实具有普遍约束力的班级制度的前提是规范民主化的奖惩制度。民主化需要师生和谐交流与相互促进，体现学生个性与能力的自由发展。每个学生都是班级发展的重要推动力量，都应在班级发展中各尽其能。通过民主化的表扬、批评等奖惩机制帮助学生主动认同班级的发展目标和价值标准。只有让学生感受到班级因为自己的贡献而不断进步，学生才能体会自身的价值，才能更加积极地融入班级文化创建中，从而促进构建班级精神文化合力和团结内驱力，提高班级凝聚力。

（二）构建多元社会组织支持环境，丰富学生生命的情感体验

由于学校教育特别重视学生知识的积累和成绩，加之学生是祖国的未来，其人身安全高于一切，以至于当前小学班级文化建设大多局限于班级内部，很少与其他社会组织等教育环境相联系。单向的学校教育环境很难实现教育指向生命发展的最终目标。小学生正处于对事物充满好奇的阶段，体验不同的环境有助于丰富其生命体验，促使其更深层次地对生命有所感悟并健全其人格。因此，班级文化建设需要将教育环境进行延伸，构建多元社会组织的支持环境以丰富学生生命的情感体验。相对于传统的说教，学生在多元环境中进行生命体验后更能增强生命意识，学会珍惜生命和懂得感恩。班级文化建设的内涵也在多元环境的情感体验中得到了升华。

（三）拓展班级校内外活动广度，提高学生和谐交往的实践能力

班级文化建设有责任在丰富学生知识的同时，对学生渗透积极团结的做事态度和规范有序的交往准则，帮助其提高和谐交往的实践能力。班级活动作为班级文化建设不可或缺的组成部分，是学生平等参与社会交往实践、提升交往能力的有效途径。因此，班级活动可拓展其校内外广度，充分利用校外资源丰富班级文化建设的内容和形式，确保每个学生都有机会参与其中并激发他们情感的互动与交流。"如果一个群体的成员之间的互动在外部系统中是频繁的，那么友好的情感将在他们之间滋长。"[1]无论是校内的班会活动、文艺汇演、知识竞赛等文体活动还是校外寒暑期夏令营、户外探险、社会公益活动等都有助于学生更好地体会与人和谐交往的乐趣、感受生命的美好。学生在形式多样的班级活动中学会彼此尊重，通过团结合作完成任务，在增进情感与友谊的同时更能体会到生命存在的价值与意义，从而有效提高社会交往的实践能力。总之，个体生命的价值可以说是在与他人、社会交往的关系中体现的。班级文化建设要注重个体交往实践能力的提升，将班级文化活动延伸到校外社会环境之中，而不仅仅局限于学校内的封闭系统，理应形成有利于学生交往实践能力发展的、与校外环境相联系的开放系统。

---

[1] 约翰逊.社会学理论[M].南开大学社会学系，译.北京：国际文化出版公司，1988：242.

第七章　中小学道德教育中"教"与"育"分离显像及审思

学校教育旨在培养"德、智、体、美、劳"全面发展的人，"德"居于教育的首位，"才德全尽谓之圣人，才德兼亡谓之愚人，德胜才谓之君子，才胜德谓之小人"，可见德行是做人的根本。然而当前中小学虽然一直强调道德教育的重要性，但是道德教育实效性低、学生知行脱节现象仍然存在，诸多原因导致中小学道德教育中"教"与"育"分离。只有"教"而缺少"育"，培养出来的人只不过是缺乏情感的知识机器；只有"育"而缺乏"教"，培养出来的人也只是社会的"残次品"。要使人真正为人，就要将"教"和"育"统一起来，培养有德行的社会人。

一、当前中小学道德教育中"教"与"育"分离的表现

有学者称现代道德教育像是"拄着拐杖前进"[1]，它之所以发展不平衡是因为其"教"与"育"分离，学生习得的道德知识与自身的道德素养失衡，知识化的道德教育内容仅仅通过课堂教学很难内化为学生的道德素养和道德行为，因此也就无法更好地促进学生德行的发展。

（一）道德教育内容偏于知识化

道德教育内容要贴近生活、贴近社会，与实践活动相融合，学生在实践生活中学习道德才能够更好地指导生活，真正地将知识学习与品德素养及行

---

[1]　高德胜.学校德育的范式转换[J].教育研究与实验，2004（2）：7-11.

为习惯统一起来，促进个体生命质量的提升。而当前中小学道德教育"务虚"不"务实"，形式主义较为严重。一方面，道德教育的内容偏重知识化、理论化，所教授的道德知识也太过抽象，脱离学生生活实际，制度化道德教育知识像冰冷的宣传标语、精神口号一样，很难内化为学生的道德素养，无法更好地解决学生所面临的现实困惑。另一方面，当前中小学校虽然大力倡导道德教育，但多数道德教育活动实际上流于形式，为了应付上级检查而开展各式各样的活动，检查结束活动也就终止，这种形式化的道德教育活动很难调动学生的学习兴趣，更谈不上对学生产生良好的道德影响。

（二）道德教育方法倾向于灌输式

道德教育旨在促进学生德行发展，进行道德知识学习是育德的手段，将知识内化为学生品德素养才是育德的目的。然而大多数中小学的道德教育课程都是在课堂中进行的，学科化、知识化的道德教育内容枯燥乏味，教师采取说教式教学将一些抽象化的道德规范灌输给学生，这一教学过程只是使学生明白"我们应该做什么"，并没有将它内化为学生的行为方式和道德品行。真正的道德教育是要让学生明白"我们应该怎么做"，使学生潜意识里用道德规范自觉地约束自己。"说教式和灌输式的德育课堂不尊重儿童，不重视儿童的生活经验与体验，必然导致德育效果低下。"[1] 说教式的道德教育没有从学生个体发展的角度出发反映学生的根本诉求，一味地灌输和严格管理犹如枷锁，禁锢了学生的品德发展。

（三）道德教育过程呈现间断性

个体品德的形成过程实质上是培养个体知、情、信、意、行统一的过程，学生德行的发展需要漫长的过程，简短的道德教育课程及间断性道德影响对学生德行发展很难达到立竿见影的效果。当前中小学通常按照课程标准开设专门的道德教育课程，将知识内容划分在特定的时间进行专门授受，使课程

---

[1] 鲁洁，余维武.儿童道德生活建构新突破[J].中国教育学刊，2015（10）：103.

存在间歇性，"这种间歇性的课程特点几乎不足以给儿童留下任何深刻或持久的印记，而没有这些印记，儿童就不能从道德文化中获得任何东西。"[1] 同时，受传统应试教育观念的影响，思想品德课在学校课程设置中处于从属地位，很难受到教师及其管理人员的重视，即使偶尔有走马观花式的道德教育活动，它也可能是学校教学计划安排和上级领导检查的结果，所以像这种不定时的、间断的道德教育活动很难对学生的身心健康发展产生深远的影响。

（四）道德教育评价倚重于量化管理

道德教育评价应是多方面、多角度的，要"量质"结合。评价一个学生是针对学生整体发展而言的，然而大多数教师评价学生优秀与否的标准主要是看学生综合成绩的高低，忽视学生德行的发展，所以使得教师注重语文、数学、英语课程的学习，而对道德教育课程重视程度不够，注重学生德育成绩的提升，而忽视学生综合素质的培养。同时受应试教育制度和考评制度弊端的影响，人们往往只注重分数高低，忽略人的全面、和谐发展，思想品德教师为了高分而教，学生为了高分而学，知识化、应试化的道德教育只注重向学生灌输道德知识，却漠视学生道德情感的培养。这样培育起来的学生很难得到全面健康的发展，他们很难将抽象的道德知识、道德规范内化为自己的道德行为，使得知、情、行脱节。

二、当前中小学道德教育中"教"与"育"分离的影响因素

当前的中小学道德教育未将"育德"的目标逐一落到实处，更多的是形式化的活动，"教"与"育"并没有更好地有机结合起来，就容易偏离道德教育的目标。

（一）德育课程"纯理化"，教学实践脱离生活

道德教育要从生活中出发，在生活中学习并回归到生活中去，正如高德

---

[1]　爱弥儿·涂尔干.道德教育[M].陈光金，等译.上海：上海人民出版社，2001：92.

胜教授所说："社会生活是其坚实有力的双腿，但现代德育却偏偏拄着知识、思维、管理这些并不称手的拐杖行走，难怪其步履蹒跚而又艰难。"[1] 首先，由于制度化的道德教育课程按一定学科逻辑体系组织，将原本存在于生活中的道德规范抽象化，使得德育课程内容知识化、纯理化，道德教育过程逐渐成为知识学习的过程，抽象化的道德知识不仅增大学生理解难度，而且很难调动学生学习道德的兴趣。其次，课程的"纯理化"也使得教师的教学实践偏重于形式化的实践过程，并未真正"以学生为本"去进行道德教育，教学实践与学生实际生活分离，从而导致育人的难度加大。"人的德行发展与智性发展有着本质的不同：人们可以与社会生活隔离开来集中学习知识经验，却不能与社会生活隔离去学习道德。"[2] 因此，道德教育课程在一定程度上脱离学生的日常生活，也容易造成"教"与"育"难以统一。

（二）德育管理"实效化"，教育实践滞于课堂

道德教育是一个漫长、持久和协同的教育活动，提升个体道德素养不是一朝一夕和某一学科就能完成的，这需要一个长期积累和协同教育的过程。一方面，由于对儿童进行道德培养在短期内是很难看到效果的，并且道德教育所想要产生的效果是难以量化的，所以教师在进行道德教育的过程中要想快速达到育德的效果，只能在"教"方面多下功夫，把道德知识以多样化的方式传授给学生，以期望学生将所掌握的道德文化内化为道德行为，提升学生的道德素养；同时多数教师为了能够更快地出成果，就会更偏向于思想品德课程内容的教授而不重视学生德行的生成，更注重学生德育成绩的提高而忽视德行的发展。另一方面，由于人们应试教育观念根深蒂固，喜欢以成绩论英雄，不光是学生的思想品德课程成绩，甚至是思想品德教师的年度考评也和学生考试成绩挂钩，这就导致教师为了提高学生学业成绩和班级排名，偏重道德理论知识的传授，忽视对学生的思想道德的正确引导和德育素养的

[1]　高德胜.学校德育的范式转换[J].教育研究与实验，2004（2）：7–11.

[2]　高德胜.论现代知性德育与生活的割裂[J].探索与争鸣，2003（4）：42–44.

提升，从而无法达到真正育人的目的。

（三）德育认知"狭窄化"，教学实践囿于文本

道德教育注重学生知、情、意、行的统一，学习道德知识最终要回归学生生活中指导学生实践，然而多数人容易将道德教育归类到学校开设的相关道德课程当中。虽然学校中的思想品德课程、道德活动等是进行道德教育、培养学生品德的主要途径，但不是唯一途径，单单靠道德教育课程来培养学生的品德素养是远远不够的。一方面，由于教师对道德教育认识不足，容易将其内容局限于课本，通过"教教材"来灌输道德知识，而并未深入理解教材，不能更好地"用教材教"，对课文内容扩充不足，这就容易忽视学生道德情感的发展。另一方面，学校出于对学生安全、班级管理省时省力等因素考虑，很少对道德教育内容扩展开来去安排学生进行校内外相结合的道德实践活动。学生基本是通过课堂教学、校园专题活动来习得道德知识，少实践多理论，未将教学与学生实践、学生生活相结合，就难以调动学生学习道德的兴趣，从而造成道德教育实效性低下。

三、当前中小学道德教育中"教"与"育"统一的应对策略

道德教育目的在于"育德"，道德教育中"教"与"育"关系分离，使得道德教育所要培养有德行的人的目标难以实现。如何使"教"与"育"关系走向统一，真正达到育人的效果？著者在此提出几点应对策略。

（一）倡导和践行回归生活化的道德教育理念

道德教育要贴近学生生活，在生活中学习道德，在道德中构建美好生活。首先，道德教育应该贯穿学生的整体生活中，学校在开设道德教育课程的同时，也要将它和其他学科课程关联起来，将道德知识渗透到各个学科中，通过对各科课程的学习潜移默化地将道德知识传授给学生。其次，教师应积极开发身边的教学资源，如通过网络搜集一些有关道德教育的影片或素材，来

充实和丰富课本内容，因为课程所传授的知识大多是加工的、抽象化的知识，教师若在教学过程中将道德知识一味灌输给学生，这只会让学生学到"与道德无关的、对行为没有影响的观念和片段知识"[1]，难以让学生生成道德观念。最后，学校应加强家校合作，重视家庭教育与学校德育相结合，因为"儿童品德的形成是在儿童整体生活中实现的，学校生活不能单独承担培养儿童品德的任务"[2]，所以家校之间应建立良好的合作关系，如定期召开家长会、开展家校互访活动或建立家校微信公众平台等，使家校形成教育合力，尽量使家校道德教育影响保持一致，这才有助于学生知、情、行统一。

（二）采取体验式和活动化的道德教育课堂

道德教育是发展学生道德认知、陶冶学生道德情感、培养学生道德行为于一体的教育活动，应该将其教学内容融入学生的活动中，让学生在亲身经历的过程中构建道德知识，正如鲁洁教授所认为的"道德教育的根本作为是引导生活的建构"[3]，若脱离社会、撇开生活去谈道德，则是无用的。首先，教师在教学过程中应重视学生道德情感体验，结合学生生活实际，使学生将学与用相融合。如进行感恩教育时，可以让家长参与进来，开展亲子活动，或是布置一些爱心家庭作业，进行"感恩"主题演讲等活动，将所学的道德内容运用到学生生活中，更好地指导生活实践。其次，教师应把道德教育从课堂的狭小时空中解放出来，走向活动，融入生活中去。如设立户外道德教育见习基地或开展校外道德教育活动，将学生置身于活动之中，让学生在日常实践中学习道德，注重学生的情感体验，这样才能够调动学生学习道德的积极性，在生活中学习道德行为，形成道德观念，在道德学习中对美好生活进行构建。将德育课堂丰富化、活跃化，才能使学生在活动中体验道德的真谛，寓教于育，真正达到"育德"的目的。

---

[1] 杜威.学校与社会·明日之学校[M].赵祥麟，等译.北京：人民教育出版社，1994：149.

[2] 高德胜.回归生活的德育课程[J].课程·教材·教法，2004（11）：39-42.

[3] 鲁洁.道德教育的根本作为：引导生活的建构[J].教育研究，2010（6）：3-8.

（三）构建以学生为本的中小学校园文化

建设良好的校园文化有助于促进学生全面发展。进行道德教育要借助于校园文化和班级文化，将道德知识通过隐性文化和显性文化相结合的方式潜移默化地传递给学生，这样才能对学生产生持久的道德影响。首先，教师要充分利用各种资源为学生开辟学习道德的路径。如师生应共同参与建设校园文化，通过改善班风、创建积极向上的班级文化、举行学生寝室文化节、评选道德标兵等，通过多样化的德育活动来促使学生道德观念的形成，进而提高学生的道德素养。其次，学校要努力为学生营造一个良好的学习生活环境，进行校园道德文明建设。如宣传道德文明标语及知识、树立道德榜样、定期观看爱国主义系列的影片、开展"学雷锋献爱心"和参观革命纪念馆等活动，同时要切合学校实际情况，鼓励师生共同构建具有学校特色的校园文化及班级文化，充分调动学生学习道德的积极性，使学生在道德氛围浓厚的校园里快乐成长，随时随地受到道德文化的熏陶，唤起学生学习道德的兴趣，从而使他们体会到其中丰富的道德底蕴。

（四）设立系统性的道德教育评价机制

道德教育评价是道德教育过程中的一个重要环节，设立系统性的道德教育评价机制有助于师生更好地发现问题并加以改进。首先，构建"量质"结合的评价内容体系。把学生日常行为表现纳入考评机制中，将学生学习成绩与日常言行表现出的道德素养共同作为评价的标准，同时在评价内容上应从过分注重学生考试成绩转变为重视学生综合素质，注重学生德行的发展。其次，采取多主体参与的评价过程体系。将教师评价、学生自我评价、相互评价结合起来，尤其注重引导学生进行自我评价。学生将自己作为评价主体，能够更好地认识自己从而不断完善自己，有助于学生进行自我教育。最后，实施发展性评价路径方法。德育评价应该注重德育过程中学生的现实表现，教师要善于发现学生道德教育过程中出现的问题，并加以正确引导，重在促使学生自身的"成长"。例如使用德育成长记录袋对学生进行德育过程性管理，教师在教授道德理论时与学生生活实际相结合，创设道德情境，对学生进行正确道德引导，同时对学生在德育过程中的行为进行观察分析或情境测试，并通过评价来促进学生个性化发展。

第三编

希望前行：农村学校教育实践的本体回归

导　言

　　农村教育是我国教育体系的重要组成部分。关于农村教育的性质、价值和功能作用几何？不同的学者有着不一样的看法，过往存在着"为农"与"离农"、"农村教育"与"城市教育"等对举对立的争论，为农村教育的现实发展及存在问题的解决提出了各种有价值的思考。然而，什么是农村教育？它是一种有别于其他类型的教育吗？是又不是。"是"是因为现实的教育有着理性的分科化倾向，包括教育在内的人类知识体系往往有着明确的学科分类，故而教育也被分为了各种类型，分别从不同的学科或视角来探讨存在于农村的不同教育问题；"不是"是因为教育从来就具有社会和文化性格，无论是城市与农村、历史与现实中的教育都以具体的人的发展为目的，这又具有相通性，不存在着教育上的分别。

　　基于此，农村教育尤其是农村学校教育当以促进学生的发展为本，这就要求着眼于具体的学生来进行教育活动，无论是教育内容、教育方法、教育资源都是服务于教育对象来进行选择和组织的。只有从这个意义上来看待农村教育，才不至于将农村教育视为一种单独的教育类型。在这基础上，现实中的农村教育要充分发挥农村时空环境中的各种资源和条件，尤其从诸如劳动教育、生活教育等层面来进行全面发展教育，积极促进农村学生的个性化发展。当然，农村教育也要与时俱进，无论在教育内容还是教育方法上都应体现出现代化发展的价值追求，把诸如社会主义核心价值观等融入农村学校教育的全过程和环节之中，切实让农村学生接受和获得有质量的教育服务。

除此之外，农村学校教育要积极打造自我的个性化校园文化，利用悠久丰富的农村传统资源特色，积极开发诸如校本文化课程，让学生在接触和亲近农村生产生活实践的基础上培养其热爱农村的深厚情感，并在学校教育中获得良好的综合素质能力，从而为农村社会主义现代化建设而奋斗前行。

第一章　农村教育与经济发展负效应的成因及消解策略

关于农村教育与经济关系的认识，人们更多时候以经济增长促进教育发展或教育发展促进经济增长关系给予解释，却较少关注农村教育与经济在发展过程中存在着负效应现象，及其背后原因的探寻，而对此进行研究无疑有利于更好地促进农村教育的改革与发展。

一、农村教育与经济发展负效应的表现

经过 40 多年改革开放，伴随着现代化、全球化进程的推进，我国农村经济社会发展水平较以往有了较大提升，但同时与城市之间的发展差距也日益扩大。农村教育总体上处于这样一个社会发展格局中：一方面人们对其提出缩小与城市教育在条件、质量方面差距的要求；另一方面寄望它承担起促进农村经济社会发展的功能。然而这种理想如同上述城乡社会经济二元结构一样，农村教育与经济发展存在着"进步与倒退、繁荣与颓废"并存交织的错位关系[1]。

（一）经济增长中的"教育颓废"

毋庸置疑，大部分农村或农村家庭，较之过去其经济收入有了较多增长，甚至不少农村借助于文化资本，通过旅游服务输出而成为小康村，人们有了将更多经济收入用于教育支出的可能性。的确，当下农村家长舍得花钱在孩

---

[1]　赵志勇.农民教育与农民弱势处境的改善[J].前沿，2007（2）：192-195.

子身上，为其良好发展提供有利的经济保障。然而，许多时候他们投到孩子身上的经济支出没有成为积极的教育资源，相反，过多花费在孩子漂亮着装、昂贵玩具以及各种游玩活动上，较少家长将经济支出用于学生的课外阅读、兴趣特长和个性培养上。显然，在这种思维之下，农村孩子在家庭经济改善的过程中得到了物质享受，却失去了智育、美育的乐趣[1]。如果将此现象中的众多家庭和孩子串联起来，并与学校教育发展过程中出现的困境进行对照，我们就很容易解释为什么现在农村学校教育中学生辍学和流失严重、师生关系不和谐、家校关系紧张，造成这些现象背后的一个思维逻辑是人们认为经济收入增加了，应该满足孩子过幸福生活的愿望，至于学习好坏、品德优劣、行为习惯不良与否并没有引起家长多少关心和重视，形成消费于孩子身上的经济开支负面地影响了他们健康成长的局面，不少农村孩子在学校里学习表现差强人意、违纪违规挑衅教师成为家常便饭。可想而知，如果整个农村社会、家庭及成员在经济增长、收入增加、物质生活水平改善的过程中，将孩子的教育视为一种消费而非投资、一种任务而非责任、一种被迫而非自觉，那么经济增长带给教育的绝非是一种希望，而是一种戕害。

（二）教育发展中的"经济危机"

20世纪90年代中后期以前，教育在农村社会成员和子弟眼中是神圣的，它是改变命运、振兴社会的重要力量，因而接受教育是一件令人向往和值得珍惜的事情。但随着义务教育普及化、高等教育大众化，教育不再是一种稀缺资源了，人们在教育的繁荣和发展中少了一份激情或幻想，多了一些理性[2]。这种理性反映为农村社会成员的教育权利意识觉醒，他们从教育公平、教育功效等方面对教育寄予了更多期待，而不再像过去将孩子交给学校、教师就一切了事，他们会思考子女接受教育值不值、好不好、对不对等问题，可以说，这也是一种社会教育进步在农村社会成员身上的体现。

[1] 邹小华.农民的教育需求与农村教育改革[J].江西科技师范学院学报，2006（1）：121-125.

[2] 陈举.农民的教育观念和农村教育选择[J].伊犁师范学院学报（社会科学版），2010（2）：109-111.

另外，近年来农村教育在经费投入、校舍建设、招生人数等方面都有了综合性长足发展，但与这种规模扩张相反的是农村社会成员对教育的热情或信心降低，对教育与就业的不对接往往抱以"白读了、白供了"的心态，漠视子女或学生的学习生活，进而助推了学生的辍学和流失动机，造成所谓"读书无用论"思想在农村社会的蔓延。换言之，在农村社会、家庭及成员眼中，农村教育对农村社会发展的价值或推动作用日益降低，重要的原因是农村教育没能带来直接经济回报，人们却在教育过程中承担了巨大负担，于是农村社会主体对教育表现出逃避心态和行为选择。然而，与此同时，农村教育自身却对功利价值加以献媚，一切与升学考试无关的教育内容、思想、方法都在学校教育过程中被剔除，目的在于使学生尽可能考入最好的大学并找到一份较高报酬的工作，以实现教育的工具价值。因此，农村教育在牺牲农村社会成员综合素质的情况下"爬行"，而没有实施以人的全面发展为宗旨的教育复兴。这无疑为农村经济发展埋下了危机，也即农村经济发展可能呈现出加速度的量的增加，但缺乏附加值，如在许多农村，父母外出打工赚了钱，其用途主要倾向于修建、扩建房屋、添置高档家具等以显富裕，满足孩子无控制的物质欲，对于其离乡打工的过程中自身素质提高、孩子健康成长等方面没有给予有意的自觉关注，其生活完全被金钱所控制。同时，农村村落中出现大量良田荒种或挪占他用等现象，以及只有老人和儿童独守农村的空巢景象，可以说农村经济发展为一种失重的、空虚、远离文明的异化怪兽，吞噬着农村社会健康的肌体。

二、农村教育与经济发展负效应的成因

如果我们在关于农村教育与经济发展的关系上，抛弃应然的辩证统一观，从现实来直视它们的真实面目，得出的结论会大不一样，如农村教育在经济发展中沉沦，成为社会各种"平庸恶"的推动力量，经济增长带给教育的不是希望，而是让教育在经济的"关怀"中异化。同时，教育如产业一样膨胀、扩张，在为社会经济发展添砖加瓦之余，丧失了其促进经济持续良性发展的

人文精神基础，经济在异化的教育中陷入了畸形发展。那么，是什么原因使教育与经济发展逐渐背离了正向关系，使得二者发展之间出现了诸多负效应？

（一）教育与经济关系的认识偏差

许多时候，教育学理论在阐述教育与经济关系时，往往抽离教育与经济之外的复杂的自然、社会、文化环境因素，而单纯对二者进行函数关系论证或解释，给学习者造成教育与经济之间相辅相成的关系。当然，我们重视教育对经济发展的促进作用和经济对教育发展的制约作用，但这一关系会因教育、经济之外的因素影响而出现滞后性、负面性、不对应性等可能 [1]。比如，在农村地区，农村教育发展明显受到濡染了农村文化的农民观念、价值的影响，即使他们收入增长了，也并不意味着能出现重视教育的转向，相反会蔑视教育以致让子女较早辍学。因此，我们在对待农村教育与经济关系的认识上，需要确立起对二者的正确认识，明确教育的本质在于培养人，其宗旨和目的是培养一个健全的生命主体，教育的关键不在于促进经济的发展，但经济的价值依附于教育对象。换言之，教育是促进包括经济在内的农村社会发展的基础，而农村经济社会发展的直接推动力在于打破城乡二元经济体制壁垒，使农村社会发展有着一个公平的市场和政策环境，充分发挥农村社会自然、文化资源的经济价值和调动农村社会成员的生产、生活积极性。

（二）农村教育结构的基础和重心错位

农村教育是一个笼统的概念，不少时候人们对农村教育的指称是模糊的，不加区分地混淆农村基础教育、农村学校教育、农村成人教育、农村职业教育等，也即我们在谈论和认识农村教育过程中没有找准农村教育结构的基础和重心，因为不同类型和层次的农村教育所扮演的角色与农村社会发展之间的关系是有区别的。其中，农村学校教育理应有着城市化取向，为农村子弟提供接受所谓的精英教育或向社会上层流动的机会和渠道。当然，这并不意

[1] 李录堂，张藕香.农村人力资本投资收益错位效应对农村经济的影响及对策[J].农业现代化研究，2006（4）：254-257.

味着农村学校教育在实施过程中可以漠视农村社会自然、文化资源对学生的重要性，但要坚持的是加强农村学校教育与城市之间在水平上的看齐，农村学校教育的作用是打基础，重心在于培养学生对待自然、社会、世界的科学与人文知识、意识和情怀。而与农村经济发展有密切联系的是农村成人教育和职业教育，可在现实中作为农村经济发展主体的农村社会成人或农民却少有接受教育的机会、条件或载体，只有农民转变教育观念或教育认识，并接受良好教育，提高自身素质，才能更好地促进并确保经济的可持续发展。然而，现实中的农村教育似乎只有学校教育独尊，而社会或人们却偏偏将经济发展重任扣其头上，这显然是不合时宜的。因此，农村教育与经济关系需从微观多元层面加以剖析，区分农村普通学校教育、农村成人教育、农村职业教育各自发展的重心与任务，而不应对它们不加区分地求全责备。

（三）农村文化个性的褪色

农村教育与经济发展的负效应，除了来自教育、经济自身之外，还有一个重要的原因在于农村文化个性的退场。农村文化是农村社会成员基于当地的自然地理、气候而在生产、生活实践中所形成的一整套反应系统，表现为语言、服饰、饮食、建筑、生产方式、风俗习惯、宗教信仰等构成的"文化心理场"[1]，它们以一种潜移默化的方式作用于农村社会成员思维、价值。也就是说，农村文化的存在使得农村社会成员有着独特的对自然、社会、自我的认识，它成为农村社会成员精神生命的支撑。但随着现代化、全球化浪潮的席卷，并在社会工具理性价值的主宰下，农村社会慢慢以经济建设为中心并走向唯一化，人们逐渐被经济、物质占据了头脑，生活的一切都围绕着物质经济展开，农村各种文化事项不断被现代文化取代而消失，农村社会成员生活没有了退守的精神家园，只有不断地被物质经济现代化拖着前进[2]。在这种背景下，农村社会成员所看重的是农村教育的经济功能，而农村经济功能的

[1]　张诗亚.强化民族认同：数码时代的文化选择[M].北京：现代教育出版社，2005：110-111.
[2]　刘铁芳.乡土的逃离与回归：乡村教育的人文重建[M].福州：福建教育出版社，2011：6-7.

依附性、滞后性、周期性又使得农村教育被农村社会成员视为一种负累。总之，农村文化个性的丧失，加剧了农村教育与经济发展的裂痕，一方面农村社会及成员将物质经济发展当成生活的重心甚至全部，在物欲的追求中，传统文化孕育之下的"知足、平和、互助、宽厚"精神被"竞争、攀比、焦虑、心计"等包围。可以说，农村社会经济的发展往往以牺牲农村文化精神为代价，包括教育在内的整个农村文明都被淹没在物质经济浪潮中。

三、农村教育与经济发展负效应的消解策略

农村教育与经济发展在实践中表现出一些负效应，而二者之间和谐关系的形成并非单一靠某一方的力量促成，理应从农村教育、经济、文化及整个国家社会发展层面来加以考量。

（一）回归真、善、美相统一的教育本质

农村教育与经济发展之间并非线性关系，农村教育发展有着自己的本质和特点，它不应单纯变为促进农村经济发展的因变量，而应该是一种自变量的存在，体现出农村教育的育人性。众所周知，包括农村教育在内的任何教育都以人为对象，而人的发展是多方面的，包括物质与精神两大层面，且统一于人身上。因此，农村教育尤其是学校教育应以学生的全面发展为目的，教育教学要有助于学生心智的开启，培养其良好的学习习惯和独立思考的能力，教育内容要兼顾科学和人文的统一，教学方法宜采取对话式，通过师生围绕以自然规律探索为目的的科学知识，以社会现象、人类信仰、价值相关的真、善、美为目的社会人文知识，并结合农村当地的人文地理等乡土知识的对比学习，将学生塑造成有着自由思想、独立精神、情感丰富、道德自律的生命个体。农村教育只有培养出正确对待经济与生活关系、树立起正确人生观、世界观的生命个体，才能将农村社会在未来发展中导向和谐之路。

（二）构建多元分类的农村教育体系

农村教育与经济发展要形成互促共谐局面，对农村教育而言需要建立起合理的农村教育体系，并明确各自的重心与任务。对农村基础教育、普通教育而言，其对象是国家与社会未来的主人，对其培养要求需与城市教育对等，也即不能因受教育对象身处农村而有着所谓农村教育与城市教育的区别，农村学生和城市学生都应具备能承担起未来社会建设的综合素质。而作为当下农村社会建设主体的农民而言，无论是提高其获取经济收入的技能素质，还是传承与创新农村文化的能力，都应通过农民教育、成人教育、职业教育来实现，而非借助于农村基础教育、学校教育的经济功能来完成。为此，目前需要大力加强农民教育、成人教育、职业教育的发展力度，从教育机构、形式、内容、师资等方面加以切实落实与开展[1]，突出对农村社会成员综合素质的培养，使他们在意识和情感上认可、重视、热爱农村，在技能和能力上注重农村自然地理资源和现代科学技术的结合，在文化传承与创新上形成对主流文化与农村文化的自觉关注。

（三）优先发展农村及农村教育

长期以来，党和国家都十分重视"三农"问题，将"三农"问题的解决作为社会发展的重中之重，可这种观念上的重视并不等同于现实中城乡发展二元差距的消失。事实上，城乡发展差距在城乡一体化进程中有着扩大的趋势。为此，从公平和正义视角来看农村及农村教育发展问题，就必须实行农村及农村教育优先发展战略，这种战略的实施有着迫切性和必要性，原因在于除了城市和农村社会整体和谐发展之外，还在于当下以城市主流文化为主导的社会发展遇到了各种问题，如环境恶化、诚信缺失、道德滑坡等。因此，作为后发的农村及农村教育更应避免陷入类似的泥淖之中。党和国家理应将农村、农村教育的优质发展作为整个国家发展战略的优先考虑对象，从经费、政策及各种物质、人文方面给予支持。

---

[1] 杜育红，梁文艳.农村教育与农村经济发展：人力资本的视角[J].北京师范大学学报（社会科学版），2011（6）：70—78.

第二章　城镇化进程中农村教育发展误区的审视

农村城镇化是实现城乡一体化发展的重要动力，其健康发展与否事关社会主义现代化建设的质量问题。因此，农村教育既要不断改革以适应农村城镇化发展的要求，也要积极促进农村城镇化发展的和谐。

一、城镇化进程中农村教育发展误区的表现

当前，虽然人们从价值观念和行为实践层面都在积极推动着农村教育的城镇化转型，然而不可否认的是农村教育在发展过程中存在不少误区，在一定程度上阻滞了城乡一体化的进程。

（一）农村教育价值取向的"倒错"

毋庸置疑，农村城镇化的关键是人的城镇化，只有转移到城市的和留守在乡村的社会成员都具备较高的综合素质，才能保证农村城镇化发展的质量。可从实践来看，农村教育价值取向呈现出"以物易人"的倒错现象，其办学宗旨是为了更多地获取经济利益，农村社会成员对教育的重视是出于能增加他们物质收入的功利目的，一旦经济增益功能失去效用，他们对教育的热情、评价都会明显降低。如农村学校教育历来以"知识改变命运"来宣扬其价值，农村职业教育、成人教育则以"科教兴农"来彰显其魅力，而这些目的的实现是通过学校教育的逐级升学或成人教育、职业教育的"培训"来完成，其形式是从知识到知识、从技术到技术，教育过程表现为"计时性"的起点向终点的一次终结，缺乏教育于人的思想、意识、能力等更为重要的综合基础素质提升的关注。"没有精神，不能欣赏生活的情趣，生活便失去意义……生

活的绵延是精神性的，也是唯人所独有的，只有人才需要这种教育，教育教人到如此地步，才是适合人的教育。"[1] 可以说，教育所教的人是物质和精神的结合，物质是维持有机生命的需要，而精神则是生活意义所在，而农村教育价值取向却日益呈现出"以物易人"的倒错误区，这一误区随着城镇化的快速扩张而不断膨胀。

（二）农村教育结构目的的"混乱"

农村教育是一个综合的概念，从对象层次而言分农村幼儿、小学、初高中、农民教育，包含所有农村社会成员的教育；从类型而言分基础教育、职业教育、成人教育（三教）等。然而，理论研究往往将农村教育当成一个实体对象，不加区别地对其提出"设想"，造成农村教育实践"不买"农村教育理论的"账"，因为"理论的喧嚣"很难对应农村教育实践内涵的丰满性和需求。这种情况具体反映于农村教育运行中结构目的"混乱"误区，如农村教育结构中的基础教育，其目的是为人一生的发展奠定良好素质基础，使人后续成长过程中在面对自然探索时能充满好奇兴趣，在人与人交往时彰显仁爱怜悯之心，在人与己对话时能反省自觉品质。换言之，农村基础教育的重心不在于分数或升学考试，更不是为了遥不可及的经济回报，可恰恰这些在现实中却成了农村基础教育目的重心，使中小学生背上各种"非其所需"的沉重任务负担而"堕落异化"。同时，农民教育、成人教育、职业教育实践"也非己愿"，而是一种自上而下的"要求"统一于不同农村社会成员自身的需求。总之，在城镇化进程中农村教育结构的不同内容有着相对集中的目的任务，农村基础教育对应于"人的城镇化"，其主要目的是为人的全面发展打下良好的素质基础；农村职业教育对应于"产业结构的城镇化"，要培养适应二、三产业发展所需的城镇化建设者；农村成人教育对应于"农业的现代化"，其任务在于使农村社会成员具备农村现代化发展所匹配的生产技能和公民素质。当然，农村教育结构中的各部分目的不完全是单一纯粹的，理应有一个重心

---

[1] 贾馥茗.教育的本质：什么是真正的教育[M].北京：世界图书出版公司，2006：204-205.

导向。

（三）农村教育内容方式的"空洞"

农村城镇化是正在发生着的实践行为，如果说实践是检验真理的唯一标准，那么城镇化无疑也是农村社会发展的一种现实趋向。因此，农村教育有必要为农村城镇化发展发挥助推作用，然而现实中的农村教育更大程度上起到的是一种阻力，其中的重要原因是农村教育存在内容方式"空洞"的误区。毋庸置疑，农村城镇化发展是全方位的，而且这种全方位发展必须通过主体人的实践参与来体现，所以农村教育于城镇化的推动只有建立在培养"智慧的实践者"基础上，让其在社会生活中积极地思考和行动，方能适应和促进城镇化的良性发展。但与此相反的是，农村教育尤其是农村学校教育以应试为目的，其内容是理论化的文本课程，采取封闭式说理教学，学习的过程脱离了社会生产生活，导致教与学、知与行的脱节。此外，农村成人教育、职业教育也存在明显的理论化色彩，将受教育对象集中起来进行所谓的技术培训，但这种稳定统一的教学内容和静默式的教学方法很难收到切实的效果，毕竟职业技能的获得更多依靠的是学习者自己的动手操作，是建立在自我技能提高的意愿需求上，而非"一元的技术推广"。总之，农村教育内容方式的"空洞"不符合城镇化发展对人才的培养需求：一方面，受教育者获得的"知识"可以应试，却不能实践；另一方面，受教者获得的"知识"是被动的，而不是自我选择的，这样的教育内容、方式培养的人才落后于社会发展的步伐而拖其后腿。

（四）农村教育社会环境的"去农化"

农村城镇化是一个"向城"的过程，但这并不意味着把农村的"洗澡水和孩子一起泼出"，农村理应在发展的过程处理好"城镇化"与"农村个性化"的关系。从"城镇化"层面而言，农村教育自身发展和其功能发展都需要随着城镇化的发展而"城镇化"，国家和政府在农村教育内容、师资、经费等方面的设置上确保"城乡一体化"，并且使向城镇转移的人口与本地城镇人口在住房、医疗、就业、社保等方面"同城化"。然而事实并非如此，那些转移到城镇的农民工及其子女在入学、就业、社会福利方面没有得到平等的制度保障，造成"一城两个世界"或所谓的城市"贫民窟"的现象。从"农村个性化"层面而言，农业、农村、农民将长期或作为社会的组成部分必然存在，这就得考虑农村现代化发展如何平衡农业生产方式、农村居住环境、农民素质的现代化与农村文化个性的保存问题。而对于这些问题，当下农村教育采取了直线式的迟钝反应，表现为农村学校教育的"向城化"和农村成人教育、职业教育的"经济化"，整个农村教育发展包裹在"以城盖农"的社会环境中，其价值明显倾向于以城市文化为导向。

二、城镇化进程中农村教育发展误区的危机

从城镇化进程中农村教育发展误区可以看出，农村教育与城镇化发展过程并不是"完美无缺"的，二者的实践运行并不能证明自身的"合理性"，因为这当中存在不少"本末倒置"的发展所潜藏的危机。

（一）农村教育"发展"中的"败退"

随着农村城镇化的推进，农村教育似乎呈现一派繁荣景象，越来越多的孩子可以到乡镇中小学就学，学生不再为学费、生活费而担忧，校园学习和生活环境不断优化。然而，这些只是农村教育发展的"可视化形象"，并不能代表农村教育质量的改观。农村教育质量是以学生的学习兴趣、学生的综合素质发展等来衡量的，而这些方面，农村教育表现出的是只有"发展"而无"改革进步"，较为凸显的是农村中小学生辍学频发、师生关系和家校关系紧张、农村社会成员对教育的信心和热情降低。此外，相对隐蔽却更为重要的是农村教育陷入工具化泥淖中而不能自拔，整体的办学重心关乎"升学考试"而没有"以人为本"，大部分农村学生成为"升学考试"的陪衬品而身心备受摧残。总之，农村教育在城镇化进程中存在"发展"中"败退"的危机，这种危机在于农村教育的发展不断远离了教育的本质和人的精神品性提升。

（二）农村经济"增长"中的"虚无"

农村经济增长并非等同于农村经济"量"的增长，农村经济"量"的增长是"数字化"的，"量"的增长背后的动力结构可能是非均衡和谐的，也就是贡献农村经济总量的可能仅仅是由某一或部分产业发展为主导，然而全体农村成员很难共同分享到经济总量增长带来的益处。此外，还存在农村经济增长的动力依靠什么样的生产力问题。如果农村经济增长主要通过劳务输出、低效益的农业劳作等来获得，那就使得经济增长没有质量的保证。所以，农村教育经济价值在于把经济的增长转移到依靠劳动者素质的提高上来，然而现实中的农村教育常常缩减了自身的内涵，把农村教育的功利性当成了其全部，而忽略了人的全面发展，尤其是人的创造性、个性的培养，把人变成一种单向度思维的"功利人"和单向度技能的"工具人"，这样的农村教育对象群体自然无法保障后续农村经济发展的可持续性和活力，使得农村经济虽有增长却显得后劲不足[1]。

（三）农村文化"繁兴"中的"颓废"

农村城镇化发展中文化的"繁兴"指的是来自城市的主流文化在农村中的"生长"，各种现代的歌舞节目不断被农村社会成员所"翻版"，农村文化展现出"歌舞升平"的景象，城市的各种"广场舞或 T 台秀"之风吹遍农村大地。然而，我们不得不追问的是农村自身的文化个性存在于什么地方？基于农村土壤生长起来的文化及其背后的文化精神如何继承？这是不得不思考的，如果农村文化丧失了自我个性也就意味着农村的消亡，未来不断拓展的城镇化只会是一个有形的"城中村"。因此，农村教育尤其是农村成人教育必须承担起农村文化个性存扬的重任，让农村社会成员自觉意识到传统文化的重要性，因为传统文化背后凝聚着人们的价值心理和思维，传统文化的消退乃至消失将导致农村社会成员价值精神的无所依托，特别是未来的城镇化发展很难达成"城乡一体化"，相反会使乡村文明退出历史舞台。假使如此，农

---

[1] 田夏彪.多元一体：农村教育价值取向与实践路径[M].北京：九州出版社，2014：65-67.

村文化或以农村文化为基础的中华文明只能在梦里寻求 [1]。

三、城镇化进程中农村教育发展误区的消解

农村城镇化是一种不可逆转的时代发展趋势，因此，需要使其发展是良性的而非畸形化的，其中重要的方面是农村教育需要摆脱发展中的"倒错"误区，重新回归真正的教育之道。

（一）回归"以人为本"的农村教育价值取向

教育从来都不是单一的，不能将统一性加以分解而变成单纯的教学技术，因为教育的本质在于培养人，人的发展包括以物欲满足为目的的工具生命、以人性善的彰显为导向的精神生命和以美的自觉为宗旨的艺术生命的统一。如果把作为手段的教学技术当成教育目的，把经济、物质的追求当成生命的终极价值，教育就不再具有"育人性"。因此，农村教育在城镇化发展过程中，必须确立起"以人为本"的价值取向，培养物质生命和精神生命相统一的健全农村社会成员主体来参与社会生产生活，其内涵在于既能使农村社会成员具有适应农村城镇化和现代发展的谋生技能，又能够具备反思生活、生命的自觉意识，不断与时俱进地维持终身学习动力。唯其如此，农村教育才能更好地促进农村城镇化的可持续发展。

（二）确立"主体需求"的农村教育服务体系

农村教育"以人为本"的价值取向落实于实践的过程中不是变成唯一的"实体化"目标，而是"个性化"的丰富追求，要基于不同农村社会成员接受教育的"主体需求"而设计农村教育实践服务体系。这种实践服务体系具有"多元一体"功能，以人的发展为基础积极促进农村城镇化在政治、经济、文化方面的和谐发展。这里所言的农村教育服务体系主要是针对不同层次的农村社会成员而言的，比如农村教育在类型上应该涵盖所有的农村社会成员，

---

[1] 刘铁芳.乡土的逃离与回归：乡村教育的人文重建[M].福州：福建教育出版社，2011：29-30.

包括农村幼儿教育、中小学生教育、分流的青少年职业教育、从事生产的成人教育、老年教育等，并且每一类型教育实施过程中在凸显其主要目的的同时，需要尽可能以人的全面发展为宗旨，这就要求农村教育内容和方法必须是"专业＋通识＋实践"的统一，而不能仅仅关注一个方面。唯其如此，农村教育才能成为全体农村人的教育，才能将教育变成他们生活的组成部分或存在方式，而非变成"为他人嫁衣裳"的以农村学校教育独尊僵化的局面。总之，只有农村教育满足了人们的需求，有利于人们解决生产、生活和生命中的矛盾，人们才会重视教育、热爱教育。

（三）构建"文化个性"的农村教育互补机制

在农村教育城镇化发展过程中，不得不面对的是农村教育对农村文化的传承和创造问题，因为农村传统文化是流淌在农村社会发展中的"血液"，这种"血液"的干枯也就意味着农村的"消失"，意味着在农村土地上生长起来的价值精神、思维心理没有了"依托"，终会随着老一代人的去世而消失。所以，农村教育在城镇化发展过程中理应承担起存扬农村文化个性的重任，而当下这种重任的完成通过以城市主流文化价值为主导的农村学校似乎不可能，因为农村学校教育以功利化的应试升学为其运行模式，即使加入一些"传统文化进校园"的环节也会沦为"装饰"而难以系统化和延续。因此，城镇化进程中促进农村文化发展的农村教育需要建立起一种互补机制，这种互补机制一方面通过农村学校教育有意识地将某些农村传统文化内容进行知识化和活动化的系统教学，另一方面要使得农村"文化心理场"（如传统建筑、服饰、民间组织、民风民俗及音乐歌舞等）的保护机构化和制度化。同时，农村学校教育和校外"文化心理场"之间要形成和谐共生关系，通过学生、教师、村民、学校、行政部门的共同参与，建立起"结构"上的互补和"意识"上自觉的农村教育文化发展互补机制。

综上所述，农村教育城镇化发展过程中存在许多"倒错"现象，其未来发展过程中必须加以消除，只有农村教育回归"多元一体"的发展道路，方能积极促进农村城镇化的良性和谐发展。

第三章　缺失与夯实：农村城镇化转型中的美育导向

农村城镇化是社会主义现代化建设的重要内容，是缩小城乡差距并实现城乡一体化发展的推动力量，其宗旨是促进农村社会的生产发展、文化繁荣及农村社会成员生活的幸福安康。然而，实践中农村城镇化发展虽然较大幅度地增加了人们的经济收入，提升了其物质生活水平，可当下人们的生活不断被物质或经济压力捆绑了。因此，美育导向是农村城镇化转型过程中需要重视的，注重农村社会成员核心价值观培育，以人文精神净化人们"物欲化"的心灵，从而真正促进农村城镇化的和谐发展。

一、当前农村城镇化转型中美育缺失的危害

农村城镇化是综合的，这不仅仅意味着"城镇景观"的出现，更为核心的是农村社会主体能够适应并引领城镇化的发展，且能享受着城镇化带来的美好生活，而非像当前所展现的城镇化刺激和助推着人们私欲的不断膨胀，在"你追我赶"的经济竞争中破碎了完整的家庭亲情生活，践踏传统文化血脉，敌视或嘲笑他人的富裕与贫穷，使得农村社会发展陷入价值观坍塌的境地。

（一）农村社会丢弃了"生活世界"

农村社会是由一个个具体家庭构成的，每一个家庭在父母、子女、儿孙等成员的共同参与下营建起创造美好生活的蓝图或梦想，既有为了维持或提高物质生活水平的劳动实践，通过农业生产、经商、外出打工等活动来达成目的，也有为了完成人口再生产而进行抚育、教育子女的实践活动，当然还

有着伴随这些活动而发生的挫折、痛苦、辛酸、喜悦、欢乐、成功等各种人生体验，但不论怎样，正常的家庭生活都是建立在成员之间的交往基础上，并在互动沟通形成一致的目的和理解而维持着家庭生活的常态化，也就是说真正好的生活是具体的、平淡的而又充满希望的。然而，城镇化进程中农村社会在表现出"匆忙的经济创收"之余，少了对于生活世界的关注，或者说人们忘了生活本身。诸如当下城镇化进程中很多农村社会成员离开家乡外出打工，短则一年半载，长则三年五载，造成了当下热议的"留守现象"，农村出现了大量的留守老人、妇女、儿童，且留守儿童的年龄不断趋于低幼化，产生了留守老人心理健康和生活保障问题、留守儿童及幼儿教育问题、留守妇女婚姻或情感稳定问题等，而这些问题又常常被外出打工者"遥寄钱财"等行为所遮蔽，原因在于借助"钱财"，人们能够盖起"漂亮的房屋"、能购买满足孩子值得炫耀的"玩具和衣物"，只要获得了如此"资本"后似乎其他问题都可忽略或忍受，人们的思维或价值观念不断被金钱所捆绑。总之，城镇化进程中人们正常或平实的生活被扰乱，农村社会成员为了过上所谓的"好生活"而牺牲掉亲情、健康，农村家庭生活时空被分割而破碎，造成成员之间自我角色定位的混乱或失调，如赡养父母、抚育子女、求学上进的角色同一性或任务都处于失序甚至缺失状态。

（二）农村社会抛弃了"传统文化"

任何一个民族或地域的人都有着自我的传统文化，其中流淌着人们与自然、社会、自我关系的基本价值态度，往往能反映出人们的人生观，因而传统文化，尤其是传统文化精神理应受到人们的认同与传承，而非采取敌视、抛弃的态度或行为待之，并被所谓的现代化或城镇化完全"吞没"。然而事实的确如此，城镇化进程中农村传统文化不断消逝以致面临消失的危险，人们在追逐着现代化或经济增长步伐的同时，并未有着文化认同的自觉而积极对传统文化进行继承发扬，往往表现出两种不利于传统文化发展的做法：一是利用传统文化搞旅游创收，这本是一条增进农民经济收入的好渠道，可时下它已有着较为严重的异化倾向，工艺品质量低劣、文化内容简化或伪化等问题都表现出人们对传统文化的任意剪裁，将其仅仅当作赚钱的工具；二是人们对传统文化的保护传承处于非自觉状态，农村社会成员在城镇化面前完全丧失了"抵抗力"，被便捷、以丰富、刺激的物质生活所"俘虏"，虽然人们的文娱活动多了，但更多的是通过影视或影像产品模仿而来的集体广场舞为主要形式，传统歌舞或文化活动慢慢退出了人们的业余生活。可以说，城镇化进程中农村传统文化发展处于危机之中，其造成的危害是多元的，如所谓的集体广场舞只被少部分农村社会成员所"享有"，大部分农村社会成员则因无时间或能力等原因而"自卑地"被排除其外。此外，传统文化的丧失使得农村社会成员的精神无所寄托，人们除了将时间用于房屋建设、生产实践等之外，往往表现出无所事事之态，唯一可做的是选择村落里盛行的"打麻将或赌博活动"中，而这恰恰表明农村社会成员精神文化的生活的单调，抛弃了传统文化的人们找不到滋养自我生命丰满的"养料"[1]。

（三）农村社会丧失了"道德信仰"

农村传统社会是一个人情社会，人们在交往过程中形成了许多有助于社会和谐的美德，如互助、谦和、勤俭、礼让等，人们在生活中自觉地践行着这些道德规范，从而维护着村落社会家庭与家庭之间、人与人之间的融洽关系，这也是当下远离故土的人们常常所记忆或留恋的乡情。然而，随着农村社会逐渐被现代化或当下城镇化活跃了农村经济发展的进程，农村社会原有的美德被蚕食，人们不断表现出众多不良品行，使农村社会发展走向一种无序状态。诸如上述的赌博活动，时下农闲季节到处可见人们为邀约不到赌伴而发愁的景况，他们三五成群地躲藏在设有专门提供赌博场所的家庭中度日，而农村"家庭式赌场"因效益可观已有蔓延之势。当问及农村社会成员为何要热衷于打麻将时，回答都是"打发时间，没有其他事情可做"，然实际情况并非如此，好多人都有着做不完的副业活动，但宁可闲置也要赌博，这无疑

---

[1]　刘铁芳.乡土的逃离与回归：乡村教育的人文重建[M].福州：福建教育出版社，2011：149-150.

显示出不少人存在着好逸恶劳和不劳而获的心理特点。此外，当下农村社会还流行着一股炫富之风，人们穿着衣物的新旧、档次都会成为他人品评或嘲笑的对象，而房屋、汽车更是农村社会成员显摆之本，一旦拥有它们似乎就可昂首阔步于人前。因此，当前农村社会中经常可听到"你看某某盖了多大的房子，买了多好的车子"之类的话来评价他人的"才能"，而之前提及的"谦和、勤俭、礼让"等美德如果没有金钱或物质的支撑也将不得人心，反而会成为人们讥笑的谈资。概言之，城镇化进程中农村社会发展日益呈现出骄奢风气，昔日的美德不断被人们所丢弃。

二、当前农村城镇化转型中美育导向的定位

当前农村城镇化转型中缺失美育导向，农村社会发展在注重经济增长和物质生产的同时，其道德和精神文明建设却是落后或空白的。农村传统文化和美德不再受人尊崇，不少农村社会成员的价值观是扭曲的，他们在不断追逐现代化的过程中迷失了方向，忘却了生活本身。为此，农村城镇化进程中有必要加强美育建设，让农村社会生活真正进入生产发展、生活宽裕、乡风文明、村容整洁、管理民主的境况中。

（一）以社会主义核心价值观为重心，促进人性"真善美"品质提升

价值观是人们的行为实践导向，反映着人们对社会、生活、生命的基本态度。如前所述，不少农村社会成员的价值观是扭曲的，其对待生活、他人、社会、生命的态度是以外在的金钱、物质为衡量尺度。毋庸讳言，在这种风气环境熏陶之下，农村社会成员人性中"恶"的一面不断膨胀起来，为了赢得他人"尊重"，不少农村社会成员不再以"品德、良心、教育"为准绳，取而代之的是"一切向钱看"的标准，为达此目的，用一些不道德的手段聚敛钱财也不以为耻。因此，农村城镇化转型中的一个重要任务是重塑良好的价值观，通过社会主义核心价值观教育让农村社会成员正确处理国家、社会、个人关系，在其行为实践中做到遵纪守法、诚信经营，将勤劳致富、和睦友

善贯彻在生产生活中。换言之，农村城镇化转型中要树立社会主义新风尚，要让农村社会成员过一种"美"的生活，让其在融入现代化并追赶经济、科技发展步伐的同时，能够对什么是真善进行追问反思，以美的方式对其实施创造性统一。为此，城镇化进程中需要加强对农村社会成员进行社会主义核心价值观教育，不断促使农村社会富足、文明、和谐，让农村社会成员在平等、公正、法治、诚信、友善的环境中生产生活，如此农村社会成员人性中"真善美"才有了彰显的保障基础。人性"真善美"孕育离不开一个良好的环境土壤，而具有"真善美"品质的农村社会成员又能够积极作用于社会主义核心价值观的生成，二者是相互作用共协共促的关系。

（二）以人的发展为基础，促进农村社会政治、经济、文化和谐

农村城镇化发展是综合多元的，包括了政治、经济、文化的统一和谐，只有农村社会经济物质丰裕、民主法制健全、精神生活丰富，农村社会成员生活才可谓富足。然而，当下农村城镇化发展是不均衡的，出现了重物不重人的现象，不少地方通过圈地造城和人口流入城镇而快速实现数字统计意义上的城镇化发展，但这样的农村城镇化发展。虽然其表现为繁荣兴旺，人们的物质生活水平较之以往有了较大的提升，可它往往是独立于人之外的"实体"，存在着比如空置的住宅、留守老人的孤独寂寞、问题化的留守儿童、外出务工的歧视化等问题，也就是说农村城镇化发展不能只看楼房、收入等表面现象，更需要关注人们的生活和情感体验，只有所有的农村社会成员都能在城镇化进程中获得有尊严、可出彩的人生命运，农村城镇化才是绿色的、健康的。因此，农村城镇化虽然是多元的，但这种多元发展必须得由具有综合素质的农村社会成员来促成并加以引导调节，让其自觉践行社会主义核心价值观，不断参与到农村城镇化和谐发展进程中来，而非仅仅成为农村城镇化的看客或过客。质言之，农村城镇化的核心是人的城镇化，人的城镇化意味着农村社会成员是农村城镇化建设的主体，也应享有城镇化发展的福祉，因而农村城镇化发展要以提升人的发展而非单纯经济增长为基础，只有农村社会成员具备适应城镇化的技术技能，也有着参与城镇化建设的民主、法治、

市场化等意识品质，社会政治、经济、文化等才能全面和谐发展。

（三）加强教育启蒙，促进农村文化娱乐活动的文明化

农村城镇化发展质量如何，对其进行检验的最好时间是在农村农闲时节，看看人们的闲暇生活是怎样度过的，这往往能直接反映出农村社会风气的文明程度。因为农忙时节或是生产工作中人们都忙于生计及有着各种事务需要处理，然而当人们的这些社会实践完成且获得了报酬或换取为金钱及物质之后，农村社会成员在闲暇时娱乐生活的内容是什么，他们以什么样的方式展开日常活动，这能够在一定程度上反映出农村社会成员对待生活、生命的思想态度、价值观念等。上已述及，农村城镇化增加了人们的经济收入，使其有了更多可支配的金钱来修建可以丰富农村社会成员公共生活的场所设施，包括许多村落通过集资方式修建了老年或村民活动中心，农村许多活动就在其中开展，如老年人的麻将娱乐、现代集体广场舞排练以及节日活动时集体聚餐等。不可否认，这样的娱乐场所及其所开展的活动有一定的意义，尤其是为农村社会成员开展各项活动提供了公共平台。然而，不难看出的是很多时候农村文化娱乐活动是"非益智"的，甚至是有害身心健康的，因为他们打麻将时要玩点"金钱刺激"，跳舞排练时要有个"我好你坏"之分，而吃喝更是"觥筹交错"。因此，要使农村社会成员文化娱乐活动健康化，起到愉悦、和谐身心发展的作用，就有必要对农村社会成员进行教育启蒙，或通过自我学习、阅读、反思进行自我启蒙，或借助于政府宣传加以引导启发，只有农村社会成员有着对真善美与假丑恶的辨识能力，自觉在城镇化或现代化过程中对各种事物进行甄别筛选、去伪存真，方能使农村社会成员文化娱乐生活文明化。

三、当前农村城镇化转型中美育实践的条件

农村城镇化的核心是人的城镇化，而人的城镇化意味着农村社会成员推动着城镇化建设的和谐发展，而非城镇化控制或左右着人们的生命生活。所以，以人为核心的城镇化需要充分发挥农村社会成员的创造力和激情，以一种审美的眼光和情怀参与到城镇化的建设和发展中，让人性中的"真善美"

品质得以彰显，使其成为引领社会主义新农村建设的时代公民。

（一）"三农"优先发展，缩小城乡差距并促进城乡一体化

"三农"是社会主义现代化建设的重中之重，其发展影响着整个社会的质量水平。当前农村城镇化是推动"三农"发展的重要力量，它积极带动了农村经济的快速增长。然而，目前农村城镇化发展存在不均衡的现象，不少人偏重于"造城"、外出务工以及村庄房屋、道路、水利等设施的建设。不可否认，这些方面的发展给农村社会面貌、农业生产和农民生活带来极大改善和便利，但"三农"问题不仅仅限于此，更重要的是农产品市场竞争力、农业生产经营方式、民主法治意识、健康生活理念、公民素质能力、社会福利待遇、受教育水平等的提升，而恰恰于此城乡之间有着较大的差距，甚至就经济发展水平而言，差距也呈日益扩大之势。因此，农村城镇化发展要实现"绿色城镇化"必然离不开"三农"的参与并使其有实质性的改善，否则"望得见山、看得见水、记得住乡愁"将仅仅是"城镇化了的农村人"的梦想，所以政府大力推进城镇化建设的过程中要着眼或立足于"三农"，通过制定"三农"优先发展政策，加大资金投入力度，注重"三农"发展的质量性，逐步缩小城乡发展差距，促进农村社会物质文明和精神文明的同步发展，让农村社会成员过上安稳踏实、身心健康、劳逸协调的幸福生活。[1]

（二）政府监管到位，净化农村不良观念及违法行为

农村城镇化发展虽然是社会生产力发展到一定阶段的必然趋势，但其发展的有序性、健全性却与政府的调控或监管有着十分密切的联系，如当下农村外出打工人口日益增多，他们在城市就业过程中如何享受"同城待遇"是个严峻的问题，包括子女的入学、高考以及户籍或享受相同的福利待遇问题，这些问题的解决可能在城镇化发展过程中逐渐有了相应的文件或政策规定，可在实践中农民工及其子女的利益总是被各种理由所牵绊，这些改革政策并

[1]　田夏彪.多元一体：农村教育价值取向与实践路径[M].北京：九州出版社，2014：146-148.

未全面惠及农民工及子女。此外，当下农村社会存在比较严重的违法乱纪现象，而且悄然呈蔓延趋势，比如赌博变成一种习以为常的事情，对此各地警务派出所也是闭眼任之，除非有人举报才出警执勤，采取"没收、罚款"的惩处方式。另则，贩毒、吸毒在边疆农村地区也滋生兴起，呈现出贩毒点分散、吸毒面广的特征，而对此，村民即使知情也不敢声张或举报，怕他人实施报复。当然，农村城镇化进程中存在的问题还有很多，需要政府部门采取有力措施进行监管，只有借助于权力和法律制裁才能净化农村的不良风气及违法行为，通过日常化、定点式的警务巡逻执勤和严惩不贷的制度建立和严格执行，方能起到积极效果。

（三）文化环境建设加强，丰富农村文化活动内容和形式

如果说农村城镇化景观以及农村社会经济增长和物质条件改善是一种硬件发展，那么农村文化环境则是一种"软实力"。众所周知，文化犹如空气，它以一种潜移默化的方式影响着社会成员的价值思维和心理，从而形成一个社会的文明风气或道德水准。所以，农村城镇化进程中需要加强文化建设，丰富农村文化活动内容和形式，让农村社会成员农闲时节或劳动之余"有事情可做"，避免部分农村社会成员所说的"没有事情可做而去赌博"的情况发生，让其真正过上有意义的文化生活。因此，农村城镇化进程中加强文化环境建设要改变只注重有形的空间或景观修造，而应使这一空间或景观中的文化要素多元起来，能让大部分农村社会成员参与其中，通过健身、阅读、舞蹈、体育运动等各种形式调动人们的积极性，让他们从中吸取正能量，以助于身心健康。特别要强调的是，当前农村城镇化进程中的文化环境更多的是农村自发组织的，多集中于诸如学习现代广场集体舞蹈，但提升农村社会成员阅读、计算、技能等基础素质的文化活动则比较缺乏，需要依靠政府、学校等力量的发挥，构建起图书阅览室、多媒体信息平台、疾病健康或民主法治宣传栏等，逐渐培育起农村社会成员爱学习、勤思考的生活习惯。[1]

---

[1] 钱理群，刘铁芳.乡土中国与乡村教育[M].福州：福建教育出版社，2008：254-257.

第四章　迷失与方向：农村教育城镇化转型误区的突围

农村城镇化的核心是"人的城镇化"，只有农村社会成员具有了适应和调节城镇化建设的生产生活理念、方式和能力品质，才能确保农村政治、经济、文化和谐发展的可能性。因此，农村教育作为农村社会的组成部分，一方面，其内容、方法、条件等要不断达到城镇化的发展要求；另一方面，它需要自觉培养具有较高综合素质并能推动农村城镇化和谐发展的社会主体。

一、农村教育城镇化转型误区的表现

农村教育城镇化转型是历时性的动态实践和结构化的空间存在，也就是说，农村教育与农村城镇化发展之间应是共协互促的。从时间纵向来看，农村教育要在办学条件、质量上不断得以现代化；从横向空间来看，农村教育要积极满足城镇化进程中农村社会成员对其的多元需求。然而，现实中的农村教育城镇化转型却是非理性或有误区的，结构上沦为一种"单子化实体"，意识目的上呈现出浓厚的功利化色彩，给农村社会发展造成了极大的危害。

（一）农村教育价值取向的"倒错"

什么是农村教育？这是农村教育城镇化转型过程中必须厘清的概念，否则农村教育实践就会发生偏向。农村教育无论怎样界定，它首先是一种培养人的活动，其理想是促成人发展过程中求真、向善、逐美的统一。此外，既然是农村教育而非城市教育，其必然有着自己的个性，而个性则来源于农村教育对象的社会文化属性，所以，农村教育将农村社会成员培养成健全和谐的生命主体，有必要使他们既具备面向现代化和未来发展的各种能力和素质，又有着热爱、保护并践行农村优秀传统文化及精神的自觉意识。可是，现实中的农村教育在城镇化进程中往往追求"规模化""优质化""效率化"，从而存在着明显的工具化倾向。从"规模化"而言，农村学校经过"撤点并校"将很多村落中的学生"赶往"城镇中小学校就读，由此造成不少农村学生及家庭在交通、食宿、心理、金钱、时间等方面负担的加重，导致一部分学生辍学的后果；从"优质化"而言，农村中小学校硬件设施的确较之过去有了很大的改善，校园环境、多媒体配备等也体现出现代化的特征，可这些并未带来学生快乐学习、兴趣探究的实质性转变和助益，学校教学依然围绕着升学应试分数展开，将各种设备当成一种防控的因素封闭起来；从"效率化"而言，农村学校、教师、学生将教育看成是改变命运的工具，而非提升人的生命质量的方式，农村社会成员则更多地以金钱、权力等各种资本的"换取"来评价教育质量。当然，农村教育价值取向的"倒错"除了学校教育方面的原因之外，也表现在农村社会环境整体的功利化倾向上。人们视教育为商品，企图通过它带来"早为田舍郎，暮登天子堂"的"积极"价值。教育如果没有经济增值的功效，它在人们心目中就没有"尊严"，只会遭到攻击、讥笑并被漠视或逃避。总之，农村教育城镇化转型中，其价值取向是物化的，它把人降格为一种"工具"，人的身心和谐和生命的启蒙意义遭到了弃置。

（二）农村教育结构功能的"无序"

农村教育的对象是人，包含了中小学生在内的所有社会成员，他们是有着不同发展需求的具体生命个体，农村教育城镇化转型过程中理应给他们提供适切的教育服务，让每一个农村社会成员都能获得素质上的发展，这也与农村城镇化的核心——"人的城镇化"主旨相吻合。然而，在城镇化进程中，农村教育在结构功能上处于一种失衡状态，应试升学的学校教育主导着农村教育的发展，也就是说，农村教育是"单条腿"走路，农村职业教育、成人教育等是薄弱虚无的。在这样的农村教育结构下，绝大多数农村中小学生成了"牺牲品和陪衬品"，因为在攀爬考试升级的阶梯上只有部分人能够胜出，且从各级学校教育分流出来的学生因农村职业教育缺乏资源、质量的保障而放弃求学，从此走上一条与教育终身绝缘的道路，他们在后续的农村社会生活中也很难受到系统的成人教育。此外，随着城镇化进程的加快，越来越多的农村青壮年外出打工，造成农村留守幼儿、儿童和老人的增多，他们是城镇化转型中的受害者，其内心承受着"亲情隔离"的巨大痛楚。而当下相应的农村幼儿教育、老年人教育机构却薄弱不堪，只有村民为了盈利目的而"私设"的只能算是应景之作的"复式教学点"，以及零星散落在部分村落里供老人打麻将的所谓活动中心。毋庸置疑，如此的农村幼儿教育和老人教育与其说是一种"幸事"，倒不如说是一种"灾难"，它使得农村幼儿早早失去了学习的兴趣和动力，造成农村老人精神的不断萎缩。总之，农村教育城镇化转型中，其结构功能应是和谐互补的，从纵向的一个人生命的始终来看，幼儿至晚年阶段都需要相应的教育滋润其生命成长，确保其物质生命和精神生命的统一；从横向不同行业的社会成员发展而言，他们的行业和跨行业方面的能力、素质、品质都需要教育来培育和提升。然而，当下不少农村教育结构体系是混乱失序的，没有很好地满足农村社会成员的实际教育需求：基础教育培养的是学生的应试能力而缺乏对于"为人"的基础素质的关注；职业教育或学校因质量低劣虽到处招生却依旧萧条；成人教育则处于虚无空白之状。

（三）农村教育主体权益的"失真"

农村教育是一项社会事业，有着福泽所有农村社会成员的公益属性。因此，农村教育城镇化转型过程中，有必要检视其与农村社会成员之间的"效益"关系，如果农村教育只有利于少部分农村社会成员及家庭的发展，或其实践运行有悖于人们学习、生活、生命的健康和幸福，那么，它就是不公平或有缺陷的。然而，在城镇化进程中，农村教育的确没有积极发挥其促进农村社会成员权利的维护和利益的获取的功能，农村社会成员的权益不断呈现出弱化以致失真的状态。首先，就农村中小学生而言，现行的农村教育是以应试升学为导向，它给予学生的是"整齐划一"的环境影响，在知识内容、学习方法、评价考核甚至思想、语言、服饰、发型方面都讲求标准化。毋庸置疑，在模式化的教育文化背景下，为了所谓的"不输在起跑线上"和赢得未来"遥不可及的美好生活"，农村中小学生牺牲了属于自我的生活，不断在家长、教师、学校的各种要求下"艰难度日"，他们的小学、初中、高中以致大学和后续的人生对其而言都变成了"被选择"的过程。其次，从农村社会成员的角度而言，在农村教育城镇化转型过程中，其经济增长的收益呈下降趋势，农村社会及家庭整体物质、经济、生活水平的提升更多的是通过人们外出打工、文化资本输出等途径实现的，加之应试教育的封闭性和社会阶层流通渠道的狭窄，教育投入的经济回报对个人尤其是家庭而言呈现出日益减弱的趋势，这在一定程度上引发或加剧了农村社会成员将农村教育的投资或付出当成是一种"负担"的错误认识。此外，如上述所言，因农村教育结构的单一，留守儿童、老人及农民工子女的受教育权利和质量是无法保证的，他们成了城镇化进程中的弱者。总之，农村教育城镇化转型中教育主体权益处于一种"失真"状态，他们没有享受和获得优质的教育服务，其生活生命质量不是随着经济收入的增长而同步提升的，相反，农村社会存在着大量的孤独留守者、游离无定所的城市打工者群体、无人耕地和居住的"空巢"乡村等。

二、农村教育城镇化转型误区的成因

农村城镇化要和谐发展，不宜选择先发展有形可视的"造城上楼"后治理各种非公平正义及生态环境方面的社会问题的思维路径，如此只会延缓或阻滞城乡一体化进程。农村教育城镇化转型中应彰显其自我个性，积极发挥不断引领人们突破农村社会"平庸恶"滋长的正能量。

（一）农村政治民主实践的薄弱

农村教育尤其是农村学校被称为"村落中的国家"，它理应发挥推动农村社会政治民主向文明方向发展的功能，可实践中的农村学校又变成一座座孤岛与社会隔绝，认真恪守着应试升学的宗旨，培养了无数"两耳不闻窗外事，一心只读圣贤书"的学生群体，他们无心于乡村的公共建设与发展，从小被圈养于学校的"围墙之中"，他们只要赢得了分数就能在班委、评奖、活动策划等各种综合竞争中胜出。当然，农村学校无视学生政治民主素质培养的同时，农村社会成员的政治民主意识是淡漠的，他们对"吃喝玩乐"等集体活动的组织抱有极大热情，没有为孩子树立良好的榜样，缺乏对良好教育环境的营造，赌博、相互攀比行为在农村成风，吸毒、贩毒等违法活动也悄然陡增。农村教育尤其是学校教育很少从道德、法律等层面给予学生积极的引导，相反，教师常以"你们还小，这些事情不要去理会它"等"低龄化"教育，不断将学生身上的正义感或民主意识消除。当然，这是一个双向互动的过程，农村社会环境政治民主实践的缺乏不利于学生民主法治素质的熏陶，而农村教育则有意回避其能尽到的培育未来公民素质的职责和价值。

（二）农村文化传承主体的断裂

农村城镇化的理想是绿色城镇化，要让人们"望得见山、看得见水、记得住乡愁"，也就是说，农村城镇化是亲近自然和有文化内涵的，它是适宜人生活的城镇化。因此，未来农村城镇化发展要物质文明和精神文明两手抓，两手都要硬。在注重农村城镇化硬件设施配备和规模扩建之余，也要同步跟进农村城镇化的文化软实力；在将农村推向现代化发展的同时，也要坚守住农村文化精神或个性，不被"工业污水、机器噪声、金钱、名利"所击碎或吞没。因此，在农村城镇化进程中，保护农村传统文化是极其重要的，农村传统文化如果随着农村城镇化进程的推进而逐渐消失，各种传统文化礼俗、节日、建筑、服饰不断淡出人们的日常生活，那么，农村文化精神得以孕育的土壤就不复存在，也就意味着农村传统文化将日益被现代化所取代，农村城镇化就可能纯粹变为"农村的城镇化"而牺牲了"城镇化中的农村"的发展，从而导致城乡一体化发展渐行渐远。所以，农村城镇化发展不能以牺牲农村传统文化为代价，并将人们导向物质生活丰裕而道德精神文明退化的境地。但在当下农村城镇化进程中，农村传统文化的传承与发展遇到了困境，农村文化传承主体的"断裂"，表现为农村中老年人的社会地位不断降低，以他们为主体组织展开的各种传统文化活动后继无人，而且这种趋势越来越严重，原因在于中老年人在家庭经济收入中的贡献不断降低，他们在家庭或村落中的决策权或威望也随之减弱，其大量时间和精力用于家园和儿童的照看、照料上，而越来越多的年轻人外出打工并在这一过程中形成了"金钱至上"的价值观，无疑也会导致老年人习惯或喜好的各种传统文化活动组织与实施的次数降低。总之，城镇化进程中农村文化主体的断裂使得农村传统文化内容和生活日益萎缩或异化，也使得农村教育城镇化转型缺乏一个良好的文化滋养环境，使得农村教育对象在不断追赶科学知识、技术和主流文化价值步伐的同时，心灵处于一种漂浮无根的游离状态之中。

（三）农村教育制度政策的偏误

农村城镇化的核心和关键是"人的城镇化"，而"人的城镇化"离不开通过农村教育来提高农村社会成员的综合素质。因此，农村教育理应成为发展的重中之重，并得到制度和政策上优先发展的地位和扶持。然而，当前城镇化实践中农村教育并未获得应有的重视，相反，经济增长和"造城上楼"成为农村城镇化的首选价值，与人的精神生命发展相关的乡村文化建设、各级各类农村教育的结构体系都呈现出颓废和混乱之态。首先，农村虽然已普及了免费的九年义务教育，而且还有各种针对学生生活的补助，但因质量问题，农村社会成员日益对教育表达出冷漠和逃避的心理行为，教育、学校、教师在农村社会成员心理上已不再受到尊崇，究其原因主要在于，长期以来，农村教育投入、产出、回报等环节缺乏合理的制度政策保障而处于一种失序、失衡状态，如教育乱收费、招生就业不透明、教育评价单一等，降低了人们对农村教育的热情和信心。其次，伴随着农村城镇化进程而推进的如"撤点并校"政策，虽然其初衷是让更多农村孩子享受城镇优质教育资源，可是受交通安全、额外投资、心理负担等因素影响，又导致不少农村孩子及家庭主动选择放弃教育。总之，在城镇化进程中，农村教育发展问题背后有着政策制度偏误的因素，如果农村教育没有一个合理的制度政策为条件，要其积极促进城乡一体化的发展不可能实现，所以，未来农村城镇化进程中要从宏观和微观两大层面克服当前农村教育制度政策存在的偏误：一方面，要着力改变农村教育仅适应城镇化而发展的思路，建立起以农村教育为基础、先导的"人的城镇化"的制度政策保证，通过人的发展而引领、调节城镇化发展；另一方面，农村教育发展要建立起公平正义的系统制度和政策体系，让农村教育惠及大部分农村社会成员，让留守幼儿、儿童、老人及农民工子弟真正获得教育对其心灵、精神的滋养、慰藉和帮扶作用。

三、农村教育城镇化转型误区的突围策略

农村教育城镇化转型存在误区是一个事实，表现在农村教育价值取向、结构功能、主体权益等方面，而其成因又是多元复杂的，与农村城镇化发展的背景息息相关。因此，农村教育未来城镇化转型发展中要避免陷入误区，有必要采取一种"标本兼治"的系统性策略措施，以确保农村教育既有利于人的综合素质的提升，又能促成农村经济、政治、文化发展的和谐统一。

（一）转变教育价值理念，注重农村教育的美育属性

教育是一种培养人的活动，那么，何谓培养？它与训练、抚养、宣传有何不同？要回答此问题，我们可从教育的目的与宗旨倒推回来，即教育的宗旨在于培养身心和谐、体脑两健的生命个体，而这样的结果能否通过机械训练、身体抚养、宣传服从的活动达成？答案显然是否定的，因为生命的健全是物质与精神的协调统一，需要通过一种交往的教育活动对人进行引导、解放、启蒙，让其成为独立、独特的学习和生活主体。当然，人是抽象与具体的糅合体，每一个人都有着属于人类的类特征，如未固型化、意识和能动性等，但他又是一定文化中的个体，其生命印上了特定的文化性格。所以，真正的教育应该是开放的，其发展过程中需要兼顾人性的"抽象与具体"，在激发人的主观能动性以探求自然宇宙规律的"真"和构建人类社会生活的"善"的同时，也要促进人们生命生活的"求真""向善"最终以"美"的方式展现，让人们过一种多彩幸福的人生。因此，农村教育城镇化转型中应有自己的"主张"，其发展不应成为城市教育的"翻版"，而要回归教育的本质并彰显其文

化个性，具体可从以下几个方面入手：在教育内容方面，农村教育需将主流文化知识和民族文化知识结合起来，让教育对象所掌握的知识结构呈现出综合性；在教育方式方面，农村教育要充分利用广阔的农村自然资源环境，将学生的知识学习过程与活的自然、社会生活结合起来，将知识内化为自我生命的经验；在教育意识方面，农村教育要变为农村社会成员生命的组成部分和生活的存在方式，让其将教育当成自我生命提升的不可或缺的推动力量，把接受教育或教育的反思品质当成一种自觉追求。总之，在城镇化进程中，农村教育转型要突出其美育属性，将农村社会成员培养成为有着自由意志和审美意识及能力的主体，他们对待自然怀着敬畏、效法之心，对待社会与他人有着友善、仁爱之情，对待自我能够不断进行反省、自悟，如此，农村教育才是有生气和灵性的，而不会受政治、经济等因素的左右以致丧失自我。

（二）重视农村传统文化，凸显社会主义核心价值观

农村教育城镇化转型要关注农村传统文化。一方面，农村教育要通过对农村传统文化的梳理，认定农村传统文化中的优良成分，让农村社会成员积极对其加以继承和发扬；另一方面，农村教育要改变或扬弃与时代精神不相吻合的落后传统文化价值与内容，不断吸收主流文化中的优秀成分加以融合和改造。总之，在农村城镇化进程中，农村传统文化要有生长和创新的空间，而非完全被"城镇化所消融"。当然，城镇化进程中重视农村传统文化传承，并不意味着运用一种消极的"保护"或"复兴"的静态思维，因为现实中存在的所谓"保护"活动往往会走向一种"复古"，不加取舍地甚至是将一些迷信的文化内容也加以"发扬"，而所谓的"复兴"常常又流为一种"异化"，大刀阔斧地对传统文化进行"修剪"后"包装"，以迎合旅游市场的猎奇需求。所以，城镇化进程中农村文化发展有必要结合时代发展的趋势，加强其传承过程中的社会主义核心价值观导向，不断提升农村社会公共生活的自由民主与法治品质。农村社会成员在自身权利的表达、行使、维护以及尊重他人相同权利的基础上，真正参与到农村城镇化的和谐发展中，而不是"被城镇化"；同时，农村社会要大力培育市场经济环境，通过现代化、科学化的农

业生产经营活动提升农村社会成员的物质生活品质，特别是培养他们的"计算、阅读、写作"能力，让其形成关于对"投入与产出、产品市场信息、比较竞争"等的自觉意识和行为习惯。当然，农村社会成员日常生活中表现出来的"谦逊忍让""知足常乐"品性理应值得认可，但也要对其进行"现代化转化"，让他们在生产生活中践行着诚信敬业、公正平等、友善进取的现代公民价值。可以说，在农村城镇化转型过程中，农村教育要起到使社会主义核心价值观在农村生根、发芽、开花的重要作用，积极培育农村社会成员的公民意识和素质，让其在参与实践农村文化传承与创新的过程中来提升自我的综合素质能力。

（三）完善农村教育结构，强化职业成人教育的有效性

农村教育是一个完整的系统结构，如农村基础教育、成人教育、职业教育的统筹，农村学校教育、家庭教育、社会教育的协调统一，农村幼儿教育、儿童青少年教育、农民教育、老年人教育的终身学习体系构建等。换言之，农村教育不是一个"概念实体"，它有着丰富的教育学和社会学内涵，其内容结构应是围绕着促进"农村社会成员发展"宗旨而形成的有序"时空网格"体系。因此，农村教育只有形成和谐互补关系，方能利于所有农村社会成员在城镇化进程中获益。然而，目前实践中的农村教育结构是单一僵化的，农村学校教育几乎成为农村教育的"代名词"。提起农村教育，人们不自觉地将其指向农村学校教育，这无疑表明了农村教育实践运行所积习问题的严重程度，因为农村教育已经演变为农村家长、教师、中小学生不断在应试升学道路上进行竞赛的舞台，农村社会成员虽参与农村教育事业的发展，他们自身却没有享有受教育的权利和选择，仅仅扮演了为孩子学校教育"保驾护航"的角色，所以，农村社会才有着"被农村学校教育淘汰出局，人们就视其为教育失败"的错误"共识"存在，也即农村教育结构内容被"萎缩"为唯一的学校教育。所以，未来农村城镇化发展过程中，农村教育要不断充实和完善农村教育结构，将所有农村社会成员纳入教育对象之中，提供一种"全纳"教育体系，从幼儿教育、基础教育、成人教育、职业教育、老年教育等结构

类型上满足所有社会成员的教育需求，保证终身教育和学习的可能性。当然，随着农村人口不断流入城镇及其生产经营方式的变化，以及不断有农村中小学生的分流和当前农村学校教育教学与生产实践脱节的现实考虑，特别要加大农村职业教育、成人教育的发展力度，从经费投入、质量提升等层面发挥出它的有效性，帮助农村社会成员提升生产经营能力、外出打工就业技能等综合素质让其切实从教育中获得实效性，增强农村教育投资与经济回报之间的正效应，避免人们逃避、敌视教育现象的发生。

第五章　当前农村教育优先发展什么？

长期以来，农村教育受到学术界的普遍关注，诸如有着"农村教育是教育系统的重中之重""加大农村教育投入改善办学条件"等论点或呼吁，然当前农村教育在得到优先发展的同时却遭遇着文化自觉、价值信仰等社会问题。因此，要切实发挥农村教育对农村社会的文明引领作用，就得厘清农村教育优先发展内涵，明确优先发展内容，处理好各种发展关系的本末轻缓之别。

一、当前农村教育优先发展的意识观念

随着市场经济对农村社会的席卷和高等教育扩招、质量滑坡及就业问题的日益严峻，农村社会成员对农村教育不再趋之若鹜，而是要"掂量掂量"看"划不划算"，也就是说，比起过去，农村教育已不再是"香馍馍"，农村社会成员对其的热情或崇拜不如往昔，但这是否意味着农村教育真的不重要了？或能否因农村教育问题丛生而任其自灭？ 答案显然是否定的，甚至可以说教育较之以往，对一个人、一个社会的可持续发展影响更为明显，只不过其形式、内容有了新变化。

（一）农村教育对象之全员化

在农村社会，当人们言及教育时，绝大多数社会成员将其与学校教育联系起来，这也意味着或折射出农村教育对象的"缩窄化"，仅仅将中小学生当成是受教育者。在这种思维意识下，农村学校教育成了农村教育的代名词，农村老年人、中青年社会成员、幼儿等都似乎与教育绝缘，农村教育"凋敝"为农村中小学生"孤军奋战"的战场，这无疑是不正常的。首先，农村教育

作为农村社会的子系统，其承担着促进农村社会文明进步的重任，而主体必然离不开全体农村社会成员的推动，绝不可能仅仅依靠尚未成年的农村青少年来承载，毕竟在应试升学体制下胜出的农村中小学生大多数走的是"逃离农村融入城市"之路，他们无心也无力来发挥推动农村社会进步的重要作用。其次，农村学校教育的质量与农村家庭教育、社会教育密不可分，只有作为农村中小学生父母或家长重视教育，并有着自我的教育坚守，方能配合学校教育的实施，并纠正或减少学校教育之"弊"。总之，当前农村教育要变成农村文明发展的一部分，有必要让所有农村社会成员都成为接受教育的对象，让其能够通过教育"明辨是非、判断善恶"，促使农村社会生活的和谐化。

（二）农村教育目的之为己化

毋庸置疑，当前农村教育依然定位于学校教育一端，之所以如此，是因为只有通过学校教育才能获得"正名"，这可从两大层面明显反映出来：其一，受"学而优则仕"传统思想的影响，一直以来，"为学以求官至仕""光耀门楣"观点左右着农村社会成员对教育的态度，"十年寒窗，一朝闻名"激励着一代又一代的农村学子，而这种目的恰恰能在很长一段时间里借助应试升学体系得以实现，所以，读书求学是农村家庭的头等大事，它寄托着一个家庭的希望；其二，自 20 世纪 90 年代末以来，随着市场经济对农村社会的裹挟，加之高等教育大众化发展趋势的蔓延，农村社会成员对农村学校教育的热情降温，虽然不少家庭依然出于"名望"之虑让子女考入大学，但不再寄托着改变家庭生活的"奢求"，甚至成为一种被拖着走的"无奈之举"，因为他们清楚教育经济投入和产出不再成为正比。可以说，上述两大层面都显示了当前农村教育目的的功利化色彩，人们接受教育的目的是"功名利禄"而非"成人成己"，也即农村教育成为一种"为人之学"，人们与之发生关系不是为了使"自己生命整体"完善起来，而是想借助于它实现"致富成名"的目的。因此，在这样的功利目的或思维心态下，农村教育注定是要失败的，因为教育毕竟不是一个纯粹的功利活动，其价值或意义更多地在于能够"为己"，使自我成为不断超越生命的意义人。所以，当前农村教育只有农村社会成员将教育变为自我生命的组成部分或存在方式，方可将教育回归到育人的本质上来。

（三）农村教育过程之生活化

在现实中，农村教育被农村学校所"代表"，而在科层制管理之下的农村学校教育是计划性的，农村中小学生围绕着学校设计的教学计划，接受着系统化的教育过程，这的确也是学校教育的优势所在，然因农村教育被封闭于学校围墙之内，其教育过程就被"固型化"，也就是说，农村教育已然独立于人们的生命生活之外，其过程由理论知识系统所占据，这可以从身处学校教育之中学生的"一心只读圣贤书"的身心状态得以显现，也可从农村社会成员无意于去关心学校教育的发展，仅仅将孩子的教育当成一件应付或交差的事情而已得以折射。换言之，无论是农村中小学生还是社会成员，在他们看来，教育仅为一项外在于己而被迫执行完成的任务。

因此，当前农村教育发展要能够转变社会成员的观念态度，让其以一种习惯化、日常化的自觉省思来看待教育，将之当成是自己生命生活的重要组成部分，只有如此，农村教育才能与每一个家庭或每一个人发生关系，以其生活之中遭遇的问题为一种资源来构建教育意义，也即唯有农村社会成员都学会过一种"反思的生活"，农村社会发展才能真正充满潜力。所以，当前农村教育要优先发展的是一种环境气氛，一种农村社会成员都对教育充满崇敬的意识心理，不再把教育当作一种工具来驱使，而是如同空气一样须臾不可离，这样，农村教育才能真正扎根于农村大地上，才具有基础性价值意义。

二、当前农村教育优先发展的内容结构

农村教育要成为促进农村社会文明进步的力量，离不开农村社会成员确立起正确的意识观念，将教育内化为一种激发生命进取、创新和超越的力量，而不再将其当成"算计"的对象，理应使之化实为人们生命生活的一种存在方式。那么，农村教育除了要优先发展观念意识层面之外，其在内容结构上

又作何选择取舍呢?

（一）农村教育与乡村个性凸显

当前农村社会在物质经济层面有了较大的改善，农村社会成员基本过上了温饱有余的生活，加之国家财政对农村道路交通、水利设施等建设的投入，不少农村地区或村落大有旧貌换新颜之变。然而，在农村社会发展越来越呈现出物质景观的现代化的同时，"乡村何处去"日益成为一个问题凸显出来，虽然国家层面有着"城乡一体化""农村城镇化"的发展战略，但现实中的农村社会在发展之余却不断出现农村生态系统恶化之势，包括耕地的挪用或荒芜、河流河道及湿地的填塞或污染、传统文化内容和活动的缩减或凋敝，加之农村留守儿童、老人、妇女的不断增多，农村社会物质经济虽然蒸蒸日上，可往昔乡村的温情、宁静、缓慢的"个性"不复存在，人们在物欲面前难以安顿自我的身心，相互之间有了更多的攀比，为了所谓的名利而不惜牺牲健康、亲情等。总之，当前农村社会在热衷于追逐经济的同时，一个必须正视的严峻问题是如何保留住"乡村个性"，让农村社会富裕了之后依然保有美丽的田园、洁净的水源互助守望的乡情。因此，当前农村教育的价值应该兼顾促进经济增长和保护传承传统文化的统一，让农村社会成员热爱乡土，尤其是将乡土文化中体现农村社会成员优秀精神品质的内容加以发扬创新，真正使农村社会成为中华多元文化的"保留地"。

（二）农村教育与法治民主建设

如果说传承与创新农村优秀传统文化是一种"守"，那么农村与时俱进追逐时代精神则是一种"攻"，农村社会只有处理好"攻守"关系方能和谐发展。然而，在农村社会不断修桥搭路、盖房买车的经济繁荣中，农村社会秩序却出现了一些问题：其一，随着农村城镇化进程的加快，农村社会留守儿童、老人、妇女数量庞大，其身心除了受到留守本身带来的亲情隔离之苦外，还受到农村家族力量的"威胁"，所谓"仗势欺人"依然在当下农村盛行，留守家庭在农村事务或公共活动中的话语权、参与权等都受到无形"摆布或影响"，更有甚者会招致偷盗、故意设害等行为事件的伤害。其二，随着农村社会物质生活水平的改善，人们也滋生了一股"不正之风"，诸如赌博、铺张浪费、拉帮结派以致吸毒等恶习、恶行在农村"风生水起"，严重侵蚀着农村社会成员的身心健康和农村社会的安定和谐。换言之，当前农村社会的民主法治环境是相对恶劣的，人们往往凭着"争一口气"的心态来处事，常常伴以埋怨、愤怒、报复的暴戾情绪和行动，宽容友爱、和睦谦逊的文化传统不断流逝。所以，当前农村教育要特别重视农村社会成员民主法治意识的培养，使其生产生活实践依法而行，充分尊重他人的权益，在追赶物质经济步伐的过程中本着"自立自强、互助合作、利人利己"的原则行事，积极参与村落公共事务的建设等。总之，当前农村教育要积极关注农村法治民主建设，不断激发社会成员人性中的"真善美"品质，促使其心诚意实地做人、做事，进而推动农村社会发展的稳实有序。

（三）农村教育与道德文明生长

法治民主建设是保证农村社会正常运转的基础，但要使其发展有生气活力必须得依靠农村社会成员主体性的发挥，其中较为重要的是要将农村传统道德文明在社会成员生活中延续下来，用"仁爱、谦让、互助、勤劳"美德来滋养生命，如此，农村社会发展才不会被导向歧路。然而，在实践中，农村社会道德发展出现了失序和失范，具体表现在两大层面：其一是农村社会成员生活日益"内卷化"，一个个家庭或个人变成"原子化"存在，使得道德生长的人际关系时空缺失，造成所谓"只有故乡而无乡情"的现状，农村社会成员算计着利益，农村传统的守望相助现今演化发展为待价而沽的交易，如农村以前的"帮工互助"，现在变成了"计价而劳""缺席村务者罚款代之"等，对此，虽不能说全无合理之处，但其功利之心亦是显露无遗。其二是农村社会成员贪逸恶劳性情不断滋养放大，他们似乎难以安心于农业生产，都急躁地向外打工去"赚钱"，这本无可厚非，但随之引发的是人们对农村文化或价值的蔑视，农村传统的勤俭节约、忠厚老实等都被视为是落后的。因此，作为孕育和启蒙人之心智的农村教育要积极关注传统道德文明的生长，将人与人交往中能暖心慰人的"仁善"美德内化于心和外化于行，如此，农村社会发展才不至于被所谓的金钱、权力所蛊惑，人们的生活也才能以生命的升华为旨归，真正利用物质经济来服务于生命生活的圆满。

三、当前农村教育优先发展的路径方式

农村教育是一个系统工程，除了在意识观念上促成社会成员对农村教育认识的自觉和凸显当前农村教育优秀发展的内容结构之外，还得从具体的路径方法上加以落实，真正将农村教育嵌入农村社会发展之中，以促进农村社会的内生和谐发展。

（一）凸显基层力量，优化农村教育主体队伍结构

在以学校教育为唯一形式的农村教育结构之下，农村教育主体是单一和封闭的，主要集中于中小学校中的学生和教师，而广大农村社会成员或家庭只扮演着"观众"的角色，他们可以"谈论、批评或讥笑教育"，却从未真正融入教育之中，既表现在未能以参与者的身份来促进农村学校教育的发展，也未能以自我教育者的身份来进行反思学习。因此，当前农村教育要注重学习型社会的构建，让每一个农村社会成员都能获得教育机会的同时，把教育当成是自我成人的必要存在方式，当然，这不可能在朝夕之间一蹴而就，要能实现教育在每一个社会成员身上力量或意义的生成，需逐步展开关于农村教育组织的设立和管理，让村落中有一定文化水平或身份地位的老人、中青年社会成员及学生代表参与其中，主要进行与学校教育的沟通、农村优秀传统文化内容和活动的收集组织、国家政治方针政策的宣传等。总之，农村教育是活的，是具体的，是生活化的，因而，建立组织化、常规化的农村教育组织是较可行的举措，虽然一开始会凌乱或不成规矩，但不断加以政府、学校力量的引导，定能成为活跃于农村的基础性的有效教育形式或存在。

（二）夯实基础教育，提升农村幼儿教育的专业性

不可否认，当前农村教育或整个教育系统存在的问题不少，但要清楚的是，包括农村教育在内的教育系统的问题并不构成人们躲避、逃避或敌视教育的理由，反而恰恰表明，当前农村社会的和谐发展及社会成员身心的健康更离不开教育，或者说离不开以人的完整生命发展为目的的教育。那么，试问如何才能使农村教育发挥出"育人"的本质呢？显然，要想让农村教育强大起来，成为实现促进中华民族伟大复兴的基石和社会主义核心价值观生成的力量，有必要夯实农村基础教育，特别要加大对农村幼儿教育的投入和引导，让农村儿童和青少年真正"赢在明天"，成为未来和谐社会的主人，从这个意义而言，拯救农村教育或中国教育的是基础教育，特别是在农村城镇化进程加快和深入的当下，农村幼儿教育需求旺盛，可质量却堪忧，所以，目前要根据农村村落布局情况适当增多幼儿园办学点，并配置以优秀的教育师资、环境资源等，让"好教育"深深地种在幼儿心中，让其真正喜欢教育，以教育来立身处世，让"百年大计教育为本"的理念成为现实。

（三）注重公共空间建设，丰富农村社会文娱活动

作为单一形式的农村学校教育很大程度上是独立于农村社会成员生命生活之外的，而好的农村教育应该起到化民成俗的功效，让农村教育浸润其身心之中。因此，当前农村教育要走"大众化"道路，让教育融入人们的生产生活实践中，现实和有效的方法是注重农村公共空间建设，让农村社会成员走出家门，过一种"交往的生活"。毕竟，随着农村物质经济的发展人们越来越被名利吸引，而人与人之间的关系也变得充满功利色彩。所以，当前农村教育要夯实服务于农村社会成员身心舒展的公共空间建设，让其有吐露心声和交流思想的公共平台，而这种平台的建设尽可能面向全体成员，而不仅仅是诸如"老年人活动中心"，以致不少村落使之变相为村民们赌博的场所或空置场所而成摆设。为避免此等现象发生，农村社会需要对公共空间进行规划，从布局、数量、活动主题等方面进行通盘考虑，在保证全体村民有着集体议

事或活动参与的场所之外，还得根据不同年龄、不同事务内容而组织文化娱乐教育主题，让每一个村民都与有意义的教育发生关系，而不应像现在农村的文化娱乐活动专属于农村中老年妇女，她们茶余饭后或农闲时节都忙着排练集体舞，而农村青少年或男性社会成员则无活动选择性。因此，目前农村教育十分有必要拓展和丰富农村文化娱乐活动，集阅读、健身、舞蹈、职业技能培训等系统内容，让所有农村社会成员都有所为并从中受益，而不再像当前农村社会成员文化娱乐生活那么匮乏或单调，并不断固化、异化或遮蔽了农村社会成员人性中的意识、能动等类特征的发挥。

第六章　农村教育扶贫开发的究竟是什么？

　　农村教育扶贫开发要取得成效，有必要先厘清其内涵旨向，以避免陷入思路歧义模糊而实践散碎的泥淖之中，出现"农村教育扶贫"变为"扶贫农村教育"的现象。虽说这二者之间有着密切联系，农村教育不兴则难以实现真正意义上的教育扶贫，这也是人们常说的"扶贫先扶智"之理，唯有农村教育质量有了提升，培育了身心健全、综合素质能力全面的社会成员，致富方有了最为根本和基础的源头活水。[1]然而，农村教育扶贫开发的主旨不在于扶贫农村教育，尤其是农村学校基础教育的扶持，因为这与农村教育扶贫开发已是两个层面的问题，前者是指农村教育特别是学校教育发展相对薄弱落后，其办学的综合质量水平与城市或发达地区之间存有差距，后者则是探寻适宜和利于农村社会成员致富的教育模式开发，从对象目的、内容形式、路径方法等层面确立起恰切的教育结构体系，有效促进和推动农村社会地区及社会成员生产生活的富足安康，此乃为农村教育扶贫开发的意旨所在。

一、农村教育扶贫开发的对象与目的

　　农村教育扶贫开发致力于农村社会及成员物质经济生活和生命质量的改善，其对象与目的具有整全性。从对象而言，其指向于农村社会中的每一个家庭和每一个社会成员，是集农村社会之大体，而不仅仅是所谓的积贫积弱的个别；从目的而言，其指向于农村社会物质经济、文化道德的系统发展和社会成员知情意行的统一协调。如此农村教育扶贫开发才具有普遍性，并体

---

[1]　谢君君.教育扶贫研究述评[J].复旦教育论坛，2012（3）：66–71.

现出农村教育于农村社会及社会成员生产生活的普惠性、启蒙性、引导性价值意义。

（一）农村教育扶贫开发与农村家庭物质经济致富

农村是由一个个村落构成的，而家庭则为村落的细胞或最小单位，唯有众多的村落家庭生活变好了、富裕了，才可以说教育扶贫开发起效了，这对于农村社会成员来说是最为现实的目的所在。因此，农村教育扶贫开发无疑是要面向具体的农村家庭的，其价值诉求应反映在增进农村家庭物质经济之改变上，促使社会成员生活环境和基础能够不断向好或蒸蒸日上，没有这一点的改变则难言说农村教育扶贫开发的成功性，而这也是农村教育扶贫开发的难点所在。因为它既不等同于各种只面向于少部分家庭及其成员的贫困补贴，也并非止于改变农村道路、水利工程的营建，这些方面虽然为农村家庭发展经济和创造财富打下良好的设施条件，可那已经和农村教育扶贫开发有所区别，而是国家或政府的惠农、支农政策和项目在农村社会发展上的落实，但它显然是不同于从教育层面进行的促进农村家庭经济致富的扶贫开发。那么，农村教育扶贫开发的内涵和特征何以体现呢？从内涵而言，农村教育扶贫开发要面向农村家庭，以实现其经济致富为目的，农村家庭及成员能在参与教育中获得自我家庭经济收入的增加；从特点来看，农村家庭及其社会成员能够接受一定形式的教育活动，并通过活动参与而激发生成其原有家庭生活世界未曾发生的致富计划、方案和实践等，而且该教育活动是可持续的，农村家庭及社会成员能够往返于其中获得学习滋养，可以将其当成农村家庭经济致富的"充电器"，如此才体现出农村教育的扶贫开发意义。[1]

（二）农村教育扶贫开发与农村社会成员能力素养发展

农村家庭物质经济致富离不开社会成员的生产劳动实践，而生产劳动实践只有在不断提升效率和效益的情况下，农村家庭物质经济致富才有了可能。

---

[1] 霍永刚.21世纪扶贫开发的战略重点：教育扶贫[J].中共山西省委党校学报，2001（4）：56-57.

那么，如何提升社会成员生产劳动实践的效率和效益呢？无疑，最为根本的在于社会成员能力素质得以不断增进，使其生产劳动实践的技术性不断增强，以及进取和行动创新意识得以孕育生长，如此社会成员方可对自我的生产劳动内容、方法、资源加以整合设计，从理智辨识、意志情感等方面全身心投入其中，这也是为何当前农村劳动生产率相对滞后的原因。由于不少社会成员缺乏现代农业生产和拓宽创业增收的就业知识、信息、技术及其相关综合素质，他们往往只停留于传统农业生产种植或转向于以劳力为主的各种务工活动中。当然，这本身是整个社会生产力发展和社会转型给予农村发展带来的冲击和机遇，作为农村教育扶贫开发需正视这一处境，要积极培育农村社会成员的综合素质，令其具有适应现代化、信息化、全球化时代背景下的知识技能与意识心理，激发和养成其善于学习、敢于创新的品质能力，从而在生产实践中总结经验和创造萌生"新点子"，增添依靠智慧创造财富的比例成分，将农村社会物质经济发展建立在"人是目的、核心、关键"[1]的基础上，确保其有着可持续性的"人力素质"资本作为后盾。因此，当前农村教育扶贫开发要着眼于长远发展，将社会成员能力素养提升作为重中之重来抓，不断结合扶贫开发的教育活动，逐渐夯实社会成员的知识结构、意识判断和行动能力，让他们主动地、创造性地发挥聪明才智来面对生产生活实践，并在勤奋敬业中致富。

（三）农村教育扶贫开发与农村社会文化道德继承与更新

农村社会的发展是综合全面的，而不单单只集中于经济建设，因为物质经济增长的最终目的是让农村社会成员过得更好，但何谓是好生活呢？一旦这样追问，似乎好生活并不意味着仅仅只是物质经济，毕竟物质经济无法完全承载起具有丰富人性内容的生命全部，人的生命往往是要去追逐意义和价值，而意义和价值又是在社会成员进行的各种实践关系中展开的。一方面，

---

[1]　周丽莎.基于阿玛蒂亚·森理论下的少数民族地区教育扶贫模式研究：以新疆克孜勒苏、柯尔克孜自治州为例[J].民族教育研究，2011（2）：98-101.

农村社会成员要过上物质丰富和环境舒适的便利生活，在这种"自利"动机下人们会去追逐金钱财富，从而不断提升自我的物质生活水平；另一方面，农村社会成员还要过上身心健康、文明有礼的交往生活，确保农村社会生活中人与人之间互助友爱，真正使得自我的生命在与人合作共处中获得意义。因此，农村教育扶贫开发离不开农村社会文化道德的关注，唯有将优秀传统文化道德加以传承，让农村社会成员在拼搏追逐物质经济的过程中，能够将作为经过历史淘洗和检验的体现出人性真善美的文化道德品质境界内化于身，而不是随同物质经济增加而消减乃至丧失，理应使得人性中的贪婪、欲望、自私战胜了节制、诚信、仁爱等品质，确保社会成员不因衣食住行等物质生活产品或条件的日益丰富和现代化而迷失自我，比如具体反映为人们之间的情感交流和生命交往减少了，相互在攀比竞争中过上了非自我的生活，而陷入一种以他人生活为"目的"的状态之中。[1] 所以，当前农村教育扶贫开发要重视农村社会文化道德发展，既要将传统文化中的优秀精神加以传承，同时也要对传统文化进行改造更新，对不适应时代精神的文化内容进行审视，促进农村社会文化道德发展的与时俱进，令社会成员在学习反思中确立起自我和文化认同，以形成其积极的人生价值观，去创造和拥有真正富裕、安宁、和谐的幸福生活。

二、农村教育扶贫开发的内容与形式

农村教育扶贫开发对象与目的的厘定，是为了更好地使其实施进程中的思路和方向明晰，能够切实将农村扶贫开发建立在教育发展的基础上，真正实现农村教育与扶贫之间的融合统一，而二者融合统一的落脚点在于具有实践性、参与性的教育活动的展开，进而催促着农村社会成员生命能力的增进和劳动生产效率的提升，以推动农村社会发展的繁荣和谐，而这离不开农村教育扶贫开发活动在内容与形式上的具体化，如此才能将其目的落实在行动

---

[1] 秦瑞芳，闫翅鲲."共生"视角下的农村教育扶贫路径探讨[J].教学与管理，2011（24）：16-17.

之中。

（一）注重精英人才培养，开发拓展农村产业结构

农村教育扶贫开发要体现出育人性和经济效益的统一，这是就其面向全体社会成员身心发展和农村物质水平提升而言的，但显然这并不意味着可以一蹴而就，因为农村教育扶贫实践活动结果反映在不同家庭、社会成员之间会有水平差异，同时又不能因这种水平差异的存在而使其成为阻止农村社会继续发展的牵绊，所以为避免此种状况的发生，采取"先让一部分人富起来"并借助于他们来带动其他人致富的策略是必要的，因为这是一个共同富裕的过程，而不只是让"一部分人富起来"，其余大部分社会成员则失去致富的可能，以致形成贫富悬殊不断拉大的局面，如此则背离了教育扶贫开发面向全体社会成员的对象与共同致富的目的。基于此，当前农村教育扶贫开发要注重精英人才的培养，其缘由在于农村村落社会中要有着致富的"组织者、引导者和创新者"，只有充分发挥其榜样带头作用，使其聪明智慧得以不断激活，能够生发出关于创造财富的各种"新点子"，以吸收和带动其他社会成员参与到新兴的生产内容结构中，逐渐孕育为当前人们所说的农业产业化发展趋势。相反，如果农村社会发展过程中缺乏优质人力资源的培育增长，则农村生产发展将惯性地延续着单一的传统农业劳作，这无疑不符合现代化时代背景下农村、农业发展的方向。[1] 因而，当下农村教育扶贫开发在重视农村精英人才培养的过程中，激励其积极投身于农村农业的创新创业上来，不断培育农村新的经济增长点，在开发拓展农村产业结构过程中带动和促进社会成员共同富裕，其缘由在于：一方面通过精英人才率先垂范所起到的榜样力量而激发孕育出致富的激情，从而在生产生活中萌生各种思考，另一方面则是农村社会成员参与到精英人才创建的产业项目中，通过生产劳动来实现自我经济利益的获取，并在不断的学习提升中促进和推动产业项目的不断发展，形成

---

[1] 单丽卿.教育差距与权利贫困：基于连片特困地区扶贫开发实践困境的讨论[J].中共福建省委党校学报，2015（3）：22-28.

精英人才、产业项目和农村社会成员互惠共赢的局面。总之，农村教育扶贫开发要突出人才智力在创造财富中的作用，并在逐渐开发拓展农村产业结构的基础上，让农村社会成员经济致富渠道增多，从而在勤劳务实中提升自身物质生活水平。

（二）孕育学习互助组织，催生理性自主创业行动

农村教育扶贫开发并非一项刚性工程，可以直接等同于某种可对象化、量化的物质性实体项目，如水利、道路、房屋改造等，虽然我们不能否认这些工程于民生改变所具有的基础性作用，但农村教育扶贫开发重在"启智"以及之后的行动选择上，以促使社会成员能够理性自主地进行创业实践，将致富建立在自我主体的能动性和综合素质能力基础上，而非一种外在的物质或金钱"直接补贴"，这个关系或道理是显然的。那么，如何才能保证农村社会成员致富是建立在理性自觉的基础上，使得其生产生活实践行动是有效益的？这离不开一个良好教育学习环境和风气的熏陶。只有人们在耳濡目染基础上逐渐形成良好的学习反思和行为实践习惯，在相互影响带动下爱智慧，过一种"思考"的生活，真正将理性融入人们的日常生产生活中，促使社会成员不断通过学习、思考、行动理性地解决自我所遭遇的矛盾问题，在农村社会形成人们勤学好思的良好习惯，不断在人们自觉学习和实践行动中促进农村社会的积极进步，如此农村教育扶贫开发才真正明确了方向，从根本上为农村社会物质经济发展打下人力资源基础。为此，农村教育扶贫开发要如何应对？采取什么样的形式来实现农村社会成员理性自主创业行动的真正发生？较为可行的是在农村社会建立学习互助组织，采取"虚""实"结合的形式加以展开，所谓的"虚"是通过诸如乡村阅览室、电子阅览室等为社会成员提供学习获取新知识、新信息的平台媒介，为其生产生活中遇到的困难提供释疑解惑的可能。而所谓的"实"则指的是农村村落中设立的类似于"生产指导与交流中心"的机构，一方面当社会成员有了生产发展指导需求时，可前往该中心进行求助咨询，另一方面该中心还可组织社会中"成功者"与其他社会成员进行经验交流分享，让他者有学习借鉴、省思和提升自我的机

会或空间平台。总之，农村教育扶贫开发要以培养理性自觉的主体为中心，通过学习互助组织平台不断增长和开拓自我的知识能力、眼界意识，能够适时地和创造性地对生产生活进行调节，进而提升其劳动致富的水平。

（三）设立文体卫服务队，增强生命生活健康水平

农村教育扶贫开发是以人为中心的，要促进农村物质经济、文化道德发展的可持续性，离不开身心健全和谐的社会主体，毕竟人才是目的和根本，只有人得到了发展，农村社会方能发展得从容不迫。虽然农村教育扶贫开发在具体的目标上重视致富，但这并不意味着不以人的生命生活健康和品质为前提，否则会陷入"功利主义"的泥淖中，而这恰恰也是今天人们在谈论农村社会发展的时候，除了担忧其物质经济贫困之外，还不断发出农村社会文化道德断层、蜕化之批评的原因所在，诸如在人们物质经济生活殷实的同时，其生命发展也呈现出许多不健康状态，诸如赌博、奢侈、攀比等不正之风在社会中的蔓延，所产生的不良后果是，农村社会物质经济虽然发展了，可社会成员的"身与心"却受到了侵蚀腐化。显然，如此的物质经济发展的社会效益是低下的，甚至在一定程度上变为一种危机，以渗透的方式蔓延到农村社会发展的众多方面。因此，当前农村教育扶贫开发要改变这一现状，要切实抓好农村社会物质与精神文明发展的统一性，确保物质经济发展是服务于人的生命生活的。从具体实施的内容来看，可通过设立稳定的"文体卫"服务队，定期组织农村社会成员学习、参与到健康文明的文化活动中来，包括图书报刊、电子信息及对国家大政方针的学习了解，竞技体育健身活动的参与，日常饮食健康和疾病预防的重视等，而非仅仅将心思投向于金钱挣取而"忘乎所以"，忽略诸如子女教育、老人赡养和身体健康等指向于代际传承的重要问题。所以，当前农村教育扶贫开发要关注农村社会中的"文体卫"发展问题，形成有计划、有组织的队伍机构，为农村社会成员身心发展提供良好服务，为其持续性地投入生产实践奠定积极的身心状态和条件。

三、农村教育扶贫开发的路径与方法

农村教育扶贫开发是以"教育"为基础，以"扶贫"为目标，以农村社会成员为主体，以平台资源构建为内容形式，以调查、行动、实验为路径的系统结构整体，最终要形成社会成员理性自觉地去获取、开创有益于自我致富的机会、渠道的素质能力，并实现农村社会物质经济与教育发展之间的良好互促。

（一）以扎根调查为基础，形成"普及化"＋"精准式"扶贫问题诊断

农村教育扶贫开发对象、目的、内容是什么？这个从理论假定层面而言是清晰的，但一旦要付诸实践就显得尤为复杂，比如理论上农村教育扶贫开发要面向全体社会成员，如此才能保证农村教育扶贫开发是面向整个农村社会发展的，可难题在于很难找到适宜于所有社会成员的统一的农村教育扶贫模式，从而不得不采取或考虑类似于"先让一部分人富起来"的思路，有针对性地将农村教育扶贫开发对象优先集中在"一部分人"身上；此外，农村教育扶贫开发要借助或依托于一定的主题内容，那么什么样的主题内容才是适宜的？如何才能使其与扶贫对象的环境特征相匹配？这也是农村教育扶贫开发在具体实践中不得不考虑的，否则就变成了一种"玄思"而无可行性的"臆想"。因此，为了确保农村教育扶贫开发具体可行且有针对性，其实践路径先要建立在深入细致的扎根调查基础上，研究者要真正走进农村社会生活中去，认真观察、了解、获取当前农村社会成员生产生活的真实状况，方能有针对性地开发设计相应的扶贫方案，能够切实将"教育扶贫开发"渗透、融入农村社会发展结构当中。为何这是重要的呢？农村社会既是"整体性"存在，也是"个性化"的具体存在，所谓的整体性存在是指农村社会或乡村乃至一个村落，其有着一个总体的发展水平，因而农村教育扶贫开发有必要为整个乡村或村落发展提供服务指导，使其生产力水平、生产生活质量总体上得以提升，从而惠及农村社会所有成员和家庭，此为"普及"；所谓的个性化存在则又指的是农村社会存在着"凸显、重要和急迫"的需要优先发展或

解决的矛盾问题，以及不同社会成员、家庭发展所面临的特殊情况，这是农村教育扶贫开发所要重视的。唯有通过积少成多、见微知著地改变、推进和促进农村社会一个个问题的解决，以及一个个农村家庭生产生活发展的增益，农村社会发展方能在整体上得以提升，此为"精准"。总之，农村教育扶贫开发要有实效，离不开主体深入细致的扎根调查作为基础，摸清楚了农村社会发展的症结、主要矛盾、难题等之后，才能够制定和形成"普及化"+"精准化"的教育扶贫方案、行动计划，从而为农村社会发展从宏观整体上和微观具体上提供有效的帮扶支持。

（二）以行动研究为过程，形成"多主体"+"意义化"扶贫形式设计

农村教育扶贫开发是一项长期和动态的实践活动，从其对象而言理应是双向的，包括作为农村教育扶贫开发的研究团队和作为其对象存在的农村社会成员，他们共同组成了农村教育扶贫开发的主体。如果二者之间没有形成交往互通、磋商共识的合作关系，则往往会产生"有形无实"的局面，也即农村教育扶贫"实践活动"是进行了，但其效果却是有问题的，往往会出现双方都不满意的局面。于研究者团队而言是完成了一种任务，可他们对农村社会成员在活动中的配合、执行等方面会存有不满，将扶贫实践活动的无效归因于农村社会成员的"无知"；于农村社会成员而言，他们则是被动地或半信半疑地接受着"外来者"的"指点"，先是对其有着"好奇""期待"，并在所谓"利益预期"下而充满激情，然而这一状态缺乏可持续性，终因对于"实惠"的过于"急求所得"而"未得"之后，他们逐渐会对扶贫活动失去兴趣与支持，很大程度上还是按照自我原有的习性、思维来面对，甚至以逃避、抵制的方式来应对。而要避免这种状况的出现，农村教育扶贫开发在过程上势必要采取行动研究的方法，包括确定农村教育扶贫开发的问题内容、成因探寻、方法制定、付诸实践等整个流程都需要上述双方的共同参与、交流和探讨，建立起相互之间一致的价值认同和行动意志，具体表现为参与者双方都能够自觉理性地对待扶贫开发活动，本着学习敬业的态度来参与扶贫活动，而不是抱着"一蹴而就、即行即得"或"将就应付"的心态和行为来对待；

相反，双方要在不断遭遇新的矛盾问题涌现时能够携手共进，在相互理解中将扶贫开发活动向前推进。在这个过程中，活动主体双方的收获是多向度的，不只反映在对问题的厘清和解决上，还体现在主体人性的检视和陶冶上，他们各自在知识经验的交流、情感态度的理解宽容、行为意志的坚忍自律的活动参与中而提升了自己的综合素养，此又是作为未来农村社会发展过程中重要的人力资本素养。它是农村教育扶贫开发所产生和具有的教育意义，是在解决农村物质生产生活贫困问题中形成的意义转化，以此促进农村社会成员综合素质的提升，也为农村社会可持续发展奠定良好的人力基础。

（三）以实验总结为启迪，形成"育人性"+"学习化"扶贫资源供给

农村教育扶贫开发最终要落实在农村社会主体身上，也即要由农村社会成员自身来完成或实现"脱贫"的任务和结果，这也就意味着农村教育扶贫开发作为一项科研或行政任务来说，其在时间上是有限的，而这种时间任务的"有限"要能转化为意义上的"无限"，使得农村社会成员获得在"致富或脱贫"上的"身心"能力增进，如此才能真正产生上述所言的意义。那么，如何才能更好地确保"有限"向"无限"的过渡呢？这得从两个层面来进行考虑。其一是在农村教育扶贫实践活动过程当中，研究团队和农村社会成员要善于总结反思，在不断实验修正推进中获得启蒙、启迪、启示，这是一个相互学习影响与自我内省的教育形式。只有农村社会成员用心去体验扶贫实践活动的内容及过程，在从活动本身的认知、困惑及与团队成员交流分享经验中获取启发，进而在启发中产生意见、想法，并在表达中再次融入扶贫开发实践活动中，既贡献了自己的"所思所想"，有利于农村教育扶贫开发实践活动的调适改进，同时也能使得自我在不断向他者学习的基础上更新认知观念、思维方法和行为习惯等。其二是农村教育扶贫开发的"遗产"问题，这主要指的是为了保证扶贫活动的有效开展。比较起活动内容本身而言，要为社会成员提供日常化的学习资源，通过学习来提升自身发展的综合素质，以为更好地完成扶贫开发活动任务奠定能力基础，并且这种学习的价值功能不仅仅停留于扶贫开发活动任务层面，而是农村社会人们的一种基本生活状态，

他们有着热爱学习和尊重知识的良好品性，在生活中形成一种好学乐学的认知心理和行为习惯，如此农村社会发展走向富足、文明、和谐才有着最为坚实的人力资源保障。因此，农村教育扶贫开发在路径与方法上要以实验总结为启迪，在实践活动逐渐展开的基础上开启、发挥社会成员聪明才智，并培育其好学好思的学习行动能力，为其提供诸如图书资料阅读、互联网信息获取、市场经济意识的"育人性"和"学习化"扶贫资源，可结合扶贫开发进程的需要和社会成员长远发展的需求，投入一定的财力、物力和人力资本来建设实体化的学习场所和平台，让其在不断学习发展中实现终身教育的自觉化，从而能够理性、勇敢、创新、自律地进行实践行动，不断构建幸福美好的家庭和社会生活。

第四编

和谐共生：民族教育实践的文化认同

导　言

教育贵在其活的生机性，它绝非是机械单一化的。此理显然，可现实中却未必实然，人们往往将教育置于一种标准化的理解和要求当中。如此便能在效率、管理和评价上实现简化，能够依据比较明确客观的数量化来加以衡量，体现出简单明了的特点。然而，教育是培养人的实践活动，其实践性决定了人的培养不可能是超然于世外的逻辑存在，它可以冷静地按照因果法则来实施，如若以标准化规则来培养人此则是将人非人化，而非人化的教育实在难以再名之为教育。于此，可能有些人认为言之过偏，难道实践中的教育就不会是非人化的吗？当然，教育之为教育一定会有人的参与，因此教育一定是人为的，不过人为的教育会不会有所偏误？答案显然是肯定的。如果教育不以人自身的发展为基础或根本，而是围绕着人自身之外的某种外在的对象为目标，这就颠倒了教育目的与手段之间的关系，把手段当成目的，使得教育远离了人自身的发展。

那么，何谓人自身的发展？人自身的发展必定与人的生命实践有关，而人的生命实践充满了时空境域性，无论是时间、空间抑或是时空都非线性单一的，它与人们所处的自然地理、社会环境及文化传统密切相关，具有丰富的个性化色彩。从这一视角出发，当把教育放置在不同民族文化背景下来看待，教育势必有着民族文化的气质，毕竟人一出生就会受到生存于其中的社会文化的教育影响，并在长期的濡化中形成具有相对稳定性的某些文化心理。因此，当前民族教育发展过程中有必要在铸牢中华民族共同体意识、积极弘扬和践行社会主义核心价值观的同时，也要有效发挥优秀的民族文化精神，在党和国家的领导下将民族地区的人力资源经由教育得以充分转化，从而为民族地区社会主义现代化建设培养重德、重情、重道、重法、重智的新时代社会主体。

第一章　提升民族教育质量的三个统一

民族地区发展的动力在于教育，健康的民族教育会积极促进民族地区发展的文明和谐。如何构建和落实遵循教育规律并与民族精神、时代精神相符合的民族教育结构体系和实践活动，形成教育需求与教育供给、教育价值与教育地位、教育形式与教育本质三个层面关系的统一，从而切实推动民族地区社会的可持续发展，促使社会成员过上美好幸福的生活，这是民族教育质量提升进程中需要关注和处理好的重要关系。

一、教育需求与教育供给的统一

民族地区要发展，离不开解放思想和对外开放。唯有民族地区社会主体具有积极融入城镇化、现代化和全球化发展的身心素质，方能使自身物质经济得到增长，从而促进民族地区的发展进步。"解放思想"是指民族地区社会成员要有着改变自身发展状况的意识和设想，与之相应的行为表现是为了致富而不辞辛劳地动脑、动心、动身，不断为了过上更好的生活而出谋划策，而不是怀有安于现状或缺乏付出而"等靠要"的心理；"对外开放"则是指民族地区社会成员要把眼界打开，切实行动起来，将民族地区的自然、文化资源加以利用开发，把其价值和精神推向外界，对他者产生积极影响的同时也实现社会经济的增长，并不断通过吸收来自他者的先进文化和技术来更新提升自我。当然，当下民族地区的解放思想和对外开放已不必大声疾呼，在信息技术的普及、道路交通的发达及社会主体致富动机等多重因素相互作用下，越来越多的人有了解放思想和对外开放的念想和尝试，但往往由于身心素质能力的相对薄弱而使其"获益不良"，即使在物质经济收入上有所增加，但并未见得于社会主体自身、家庭及民族地区社会整体发展的影响都是积极的，诸如可能会引发疾病健康、环境卫生、道德精神、社会秩序等方面的危机问题。

民族地区社会发展存在的这种状况与民族地区教育实践的偏误不无关系，不少社会主体在参与生产实践的过程中由于缺乏相应的知识、技术并受到了不良价值意识的影响，往往导致他们或无力融入城镇化、现代化之中，没得选择地只能困守于自家的一亩三分地，进行着传统的农业劳作而无其他增加收入的渠道。物质经济贫困消除相对较难，毕竟传统的以家庭为单位的农业生产经济效益是低下的，而与此相对应的是大部分人都有着强烈的致富动机，这就需要为其提供除了提高传统农业生产产量的科学耕种知识和技术之外，也要为其能进入城镇从事各种行业进行能力、素质培养，既包括具体的适应和胜任某一工作的技能培训，也包括遵循、遵守市场经济、现代化生产生活的基本规范秩序的意识心理等。当前，包括民族地区在内的不少社会成员在参与现代化生产生活的过程中的很多行为都是违背市场经济规律、社会道德规范的，但在其看来那是没有什么"问题"的，只要自己有所"得"就可以了。怎么改变这种状况呢？著者认为，民族教育得从需求与供给的关系角度进行改革，让民族教育对象普及到全体社会成员，而不只集中于青少年群体，并根据不同家庭、社会成员生产发展构想、谋划和基础的不同，为其提供有针对性的教育服务，通过基层政府在实地调研和行动研究的基础上，设立有机构载体、专业人员参与、定期展开的由政策理论宣传讲解、职业技能培训、价值意识和身心健康疏导等为内容的教育服务系统，切实满足民族地区不同社会成员的教育需求，实现民族教育服务供给对象的全员性、内容的多元性、目的的针对性、效果的实效性，实实在在让社会成员的教育需求得到满足，使其在享受优质教育服务的过程中为其适应、融入和推动民族地区城镇化、现代化发展打下良好的素质基础。

二、教育价值与教育地位的统一

"百年大计，教育为本"。民族地区要能够可持续发展和获得长足的进步，基础在于教育，教育是民族地区振兴的基石。为何要这样说？又为什么可以这样说呢？民族地区社会发展的动力在于高素质的劳动者，而高素质的劳动者离不开教育来培养，教育的价值意义在于让社会主体成为不断超越自我的生命主体，让其生命潜能得以最大程度地发挥，通过学习、反思、自律、坚忍的品性和自觉的行动来创造物质财富和积淀精神文明。而这一价值意义对于民族地区发展来说更为突显：一方面，民族地区社会发展总体上是滞后的，尤其是物质经济与发达地区相比差距较大，而这其中很重要的原因在于社会成员现代科学知识、技术等综合素质的薄弱。民族教育的重要功能之一就在于让社会成员学习了解更多的现代科学知识，在生产生活中增强现代科学技术的应用能力，以改善和提升其生产生活的效率和品质。另一方面，民族地区拥有着丰富的文化资源和优秀的文化精神，对其积极保护、开发利用和创新发展，离不开教育的参与。教育的价值意义包含有培养社会主体文化自觉的重任，让社会成员热爱本民族文化，并在积极与其他文化交往的过程中取长补短，形成民族文化发展的个性。再者，民族地区社会主体发展是整全一体的，无论是知识、技术还是文化、规范都内聚在社会主体生命之中，而且主体生命是鲜活的，同时又是个体化的，这就意味着教育的价值意义还要体现在处理主体生命发展的群体与个体、身与心的矛盾关系统一上，也即教育价值意义最终要落脚在人的发展上。而人的发展有着历史性，一则要将人类文明经验或集体智慧在代际绵延，且往往是通过教育来内化为社会主体的身心品质，而非为实体性的传递，成为人类生命中的文化基因；二则随着人类知识经验不断丰富，需要人们面对新的环境刺激、矛盾来"学而时习之"，逐渐增加和积淀人类文明经验或集体智慧的广度和厚度，而社会主体对最新知识的了解、掌握、认同践行则离不开教育的传授、化育，让人们因时而动地创造和总结应对问题的新知识，经由教育将之融汇到人类文明智慧系统之中；三则人类文明发展的继往开来，最终要依赖于人来进行，各种已有的知识经验、智慧技术都是先前的、既定的，而人类社会发展是滚动的、常新的，所以教育的宗旨目的在于以既往的文明智慧、现实的环境刺激矛盾为媒介、手段，通过生命主体围绕着问题的解决，使双方在情感互勉、认知互鉴、价值共识的交往学习中而习得价值意识、思维心理和方法技术等，能够将学习和反思融入自我的生产生活实践中，从而把教育变为生活的组成部分和生命的存在方式。

既然教育对促进民族社会、文化、主体发展具有基础性的价值意义，其在民族地区社会中理应受到人们的尊崇，但事实是否如此？对此还得要进一步追思，从历史文化角度而言，中华民族历来有着尊师重道的传统，从民族意识心理角度而言当下的人们依然怀有尊师重道的情怀，这既是中华传统文化中"天地君亲师"文化心理的延续，也是人类人性中对真善美价值的一种诉求。然而，在长期以来的教育实践中，人们却朝着"学而优则仕"的价值取向与教育发生关系，这可以从"书中自有黄金屋""朝为田舍郎、暮登天子堂"的传统观念和当前民族地区盛行的"读书无用论"观念遥相呼应，都折射出不少人把教育当成是谋取权力、名利资本的工具的心态，这与教育作为一项增进人类文明发展的事业和促进生命主体身心协调的实践活动的价值意义相背离。一旦人们没有看到教育带来的"名利"效益，则会对教育嗤之以鼻。此种情形在民族地区也甚是常见，不少社会成员对那些苦读十几年考上大学而未能就业的学生及家庭持有的看法是"得不偿失，不如不读"，相应的是不少民族地区小学或初中未毕业就早早随同父母外出打工的青少年学生，逢年过节穿着光鲜的衣服、揣着不少的金钱回家，成为"读书无用论"的形象代言人。总之，当下民族地区教育地位在人们眼里和心中有了变化，从过去备受推崇到当下滑向"唯重点学校"才被认可其价值或"教育已经过时了"的两极之中。教育理应有的价值意义没有在实践中得到正常的体现，人们在追逐着教育的工具价值功能的过程中丢弃了其育人的本体价值，导致教育地位在实践中的扭曲。

三、教育形式与教育本质的统一

民族地区发展最终要依靠社会主体来推动，如何提升其综合能力素质是民族教育必须正视和重视的问题。唯有社会主体具备和拥有着适应现代化发展的知识技能和良好的身心品质，方能更好地促进民族地区发展的不断进步。然而，这当中有个逻辑关系：民族教育要能够发挥提升社会成员综合能力素质的作用，前提是先得明了民族教育的本质和特点，进而对其实践形式加以合理定位。那么，民族教育的本质和特点是什么呢？首先，民族教育的对象为人，其身上具有和其他人类成员一样的类特征，比如建立在生理遗传和环境刺激基础上的有意识、能动性，及其发展的未固型化特征，这是包括民族教育在内的任何类型或形式的教育在对象上的共同属性，即人之属性。其次，既然民族教育有着"民族"之限定，则它又有着属于自我的文化个性，即不同民族社会成员基于特定的环境条件并与之相互作用的过程中创造了适应性的文化系统。人们要绵延发展离不开文化经验、规范的学习和遵守，民族教育相应地要将民族文化系统向社会成员进行传递内化。再次，包括民族文化在内的民族地区社会发展是动态开放的，随着生产力和科学技术水平的提升，社会成员生产生活交往的时空不断拓展，不同民族或社会成员之间会相互学习交流而促使自我文化发生变化和发展，使得整个人类文明智慧得以丰富和凝聚，民族教育理当也应对此有所关注和发挥助力功能。结合这几点来看，关于民族教育本质和特点的内涵可以归结为：民族教育是培养人的实践活动，其起点是依托于民族文化生活而让社会成员习得相应的文化经验和规范，并在义务性学校教育的普及下为教育对象天赋潜力和个性特长的发展提供丰富的、自由的学习环境，并在真善美价值的导引下确立起自我认同，成为一个热爱学习、与人为善、不断进取、勇于反思、敢于创新的生命主体，在生产生活中有着积极的文化认同，既坚守自我民族的优秀传统文化精神，也能正视自我民族文化的缺点，并以他文化为鉴，通过学习汲取他文化优点来提升自我。

然而，当下现实中的民族教育实践难以将其本质发挥出来，原因在于民族教育形式的单一僵化。从类型来看，对于众多民族地区社会成员而言，一说到教育他们往往将其视同为学校教育，而这就意味着除了青少年学生，其他社会成员被排除在教育对象之外。当然，这并不意味着青少年之外的社会成员就与教育绝缘了，但至少他们在意识上没有把自身当成一个"教育者"来对待，其社会生活中也缺乏有组织和稳定的针对他们的教育媒介。从内容来看，对于民族地区学校教育而言，虽然有了更多的诸如校本课程，使得民族文化进校园成为一种"时尚"，但无疑整个学校的基调依然是围绕着应试升学展开，分数或者说纳入升学考试科目的分数高低还是学校的生命线，包括民族文化在内的丰富多元的、激发生命潜力的学习内容被缩减。同时，对于民族地区社会成员而言，其生产生活中缺乏拓展其认知学习的教育服务，人们往往沿袭着传统来构建自我的社会人生，而一旦遭遇新的刺激则往往无力应对或轻易被同化，陷入感官物质的追求之中难以协调身心。从方法来看，民族地区学校教育相较发达地区更偏向于灌输式教学，课堂、教材、教师"三中心"依然有着强大的惯性力量，师生更多围绕着分数的提升而进行互动，缺少依托于知识、学校而进行的交心。同时，学校之外的民族地区社会成员生命中的教育是非自觉的，很多人没有将教育视为社会生活中的重要组成部分，在其眼里学校、学生、老师才与教育相关，于是于己的教育方法是模仿或随波逐流，于孩子的教育方法是交由学校管理。总之，民族地区要融入现代化、全球化发展之中，从"边缘"走向"中心"，最为基础的在于要办好民族教育，通过培养综合素质全面、身心和谐的社会主体，为推动民族地区未来发展打下坚实的人力资源基础。而要形成这样的走向和结果，当前民族教育要围绕着本质来展开，积极构建全民和终身学习的教育形式，形成家庭、学校、社会教育在民族社会成员身心发展上的合力作用，真正形成民族教育实践的自觉和个性，并逐渐发挥其对民族地区发展的推动和引领作用。

第二章　民族礼俗的教育内涵、价值与启示

不同地域的民族有着特定的民族礼俗，民族社会成员自觉遵循本民族的各种礼俗展开社会生活实践，其思想、态度、情感、行为都强烈体现出民族礼俗文化的印记。作为民族社会生活组成部分的教育活动（即民族教育），也是在浓厚的民族礼俗中孕育生长。民族教育天然地与民族礼俗联系在一起，民族教育蕴含在民族礼俗中，民族礼俗活动的过程就是一个教育展开的过程，融入礼俗中的教育自觉有利于民族礼俗的继承与创新。

一、礼俗的含义

顾名思义，礼俗是礼的风俗。然何谓"礼"，何谓"风俗"，这是要弄清楚的。甲骨文"礼"字为"豊"，下面的"豆"像木做的祭器，上面两个"丰"象征着玉条，合起来是祭祀用的物品。秦篆中加上表示祭台的"示"（做给人看的意思），其义为"通过祭祀以明天命、行政教"[1]。《礼运》说"夫礼之初，始诸饮食"，即礼的起源源自人情（如饮食男女以及言谈行为等日常生活事项）;《昏义》说"夫礼，始于冠，本于昏，重于丧祭，尊于朝聘，和于乡射"，说明礼是在人生的不同阶段和生活不同层面的"仪规";《曲礼上》说"修身践行，谓之善行，行修言道，礼之质也"，表明礼的目的是修身行善达道。《辞海》对"礼"有以下解释：本谓敬神，引申为表示敬意的通称；为表示敬意或表隆重而举行的仪式；泛指奴隶社会或封建社会贵族等级制的社会规范和道德规范；礼物。从这些解释看，"礼"所指的内容和范围很多，包含

---

[1]　金尚理.失礼则入刑：略论先秦礼法制度及其对后世的影响[J].中州学刊，1999（6）：74-78.

宗教信仰、物质、行为、心理、仪式、制度等方面。风俗，《辞海》释其义为，"历代相沿积久而成的风尚、习俗"，并以孔颖达疏为证："《汉书·地理志》云：'凡民禀五常之性，而有刚柔缓急音声不同，系水土之风气；好恶取舍动静无常，随君上之情欲，故谓之俗。'是解风俗之事也。风与俗对则小别，散则义通。"可见，风与俗是有所区别，自然条件不同而形成的习尚叫"风"，由社会环境不同而形成的习尚叫"俗"。风俗合之，则表示因自然条件和社会环境不同而形成的习尚。

从"礼"与"俗"的含义看，礼俗是一定区域社会里的人们在各种类型的生活中所形成的习尚的总和，它既指不同的生活内容有不同的"礼"（侧重仪式）的存在，也指在每一种"礼"的活动中心理、物质、制度、行为的统一。可见，礼俗并不仅仅指特定的宗教礼仪，也不单就人生之礼而言，它是一定社会区域的人们在与所处环境发生联系时形成的"社会关系的总和"，包括物质与精神两大层面。在这个意义上而言，礼俗是一种文化，正如李安宅先生所说的，"中国的'礼'既包括日常所需要的物件（人与物、人与人、人与超自然等关系），又包括制度与态度。那么，虽然以前没有人说过，我们也可以说，'礼'就是人类学上的'文化'，包括物质与精神两方面。"[1]此外，需特别指出的是，如今的民族礼俗，它已没有封建等级的色彩，封建社会"三纲五常"的"吃人礼教"已失去社会历史基础而不复存在，时下的民族礼俗更多指的是某一民族地区的人们在生活中传习的有浓厚民族文化特色的风俗习尚。

二、民族礼俗与教育的关系

民族礼俗是民族文化的组成部分，是民族社会主体在其特定生活中对"人、事、物"的独特思想和行为表达。民族社会主体在各种礼俗活动中，有着对生与死、得与失的人生态度的价值诉求，有着友爱互助、尊老爱幼的

---

[1] 李安宅.《仪礼》与《礼记》之社会学的研究[M].上海：上海世纪出版集团，2005：5.

道德追寻，有着勤劳致富、坚韧刚强的实践性格，有着敬畏自然、感恩图报的心灵皈依，总之，民族礼俗活动中，人居于中心位置，他们以"主体间性"的方式呈现或敞开自我，形成相互作用的"交感群体"。例如，围绕某一主题，人们在开放的礼俗活动中，共同地表达着他们各自的意见，并相互交流、体验着他人的经验，从而促发自我的内省，这在白族的婚俗活动中有着明显的体现。白族婚礼热闹而喜庆，在"正喜日"（结婚当天），几乎全村的男女老少以及远房亲戚都要到新郎新娘家做客道喜，进入主人家后都会受到主人或受主人委托的"烟官""酒官""总理"的热情招待。客人随意往来于婚礼现场的各个角落，如喜房、院落、堂屋，根据自己的意愿选择与其他客人交流，不受年龄、性别的限制，形成不同类型的交流群体，以嬉戏为主的群童，穿梭于人流中；有老年人组成的"莲池会"念经诵佛祈平安；有中青年组成的"班辈"，分工筵席招待，其间人们可以自由言谈，交流的内容包括农事、生意、孩子学习、趣事……交流的目的或是为了消遣或是为了打听消息。客人们相互将自身的经验（包括与己有关的事件及自我的内心感受）进行分享，气氛轻松愉快，共同感染婚礼的"喜气"。在白族婚礼中，人们通过婚礼这一媒介既达到了庆贺新郎新娘的目的，也为自己的生活世界打开空间，以一种开放的方式获得与他人世界的共鸣。在民族地区，诸如此类的礼俗活动很多，可以说民族礼俗是以人为中心而展开的活动，活动最终指向人的全部生活体验，引发的是人对生命的感知、感悟，这是民族礼俗所体现出来的教育品性和意义。

众所周知，教育也是一种以人为中心的活动，教育的宗旨是促进人的发展，它借助于语言等符号系统完成对人的培养。我们不排除教育中有许多"物性"的东西存在，比如知识的获得、技术的运用等，但这些毕竟是教育的衍生物和手段，教育最终要达成的是教育主体的生命发展，是集语言、情感、思想、价值在内的人的完整生命的提升。这才是教育的最终归宿。从这个角度而言，民族礼俗与教育活动有着相似性，两者都是人对与所处周遭世界加以认识、理解的生命实践形式，它们都能对人的生命历程产生影响，即通过礼俗或教育活动，人能反思自我、完善自我，从而恰切地与外界环境发生联系。

当然，民族礼俗与教育在塑造人的过程中既有相似的地方，也有不同之处。教育就其广义而言，应该囊括人类的一切教育实践活动，包括传承人类文化、创造科学知识、提高人类素质以增强人类顺应环境和改造环境的能力等教育作为一种社会实践活动无处不在，无时不在。就这个层面而言，民族教育除了民族学校教育之外，影响民族社会及其成员发展的各种礼俗活动也是其组成部分，它们是特殊的教育形态。而且，这类教育相对民族学校教育来说，对民族社会及其成员的影响更为重要，是民族文化传承必不可少的途径。正如张诗亚先生所说："'校外的事情比校内的事情更为重要，并且它支配和说明校内的事情。'学校的教育不可能不受校外种种因素的影响，甚至，这种影响常常是具有决定作用的。这是学校教育常常在培养社会成员方面无法摆脱力不从心的窘况的原因之一。"[1] 因此，从这个意义上来讲，民族礼俗也是一种重要的教育形式，是民族教育整体必不可少的组成部分，这是民族礼俗与民族教育的天然相亲性。而民族礼俗与民族教育存在着相异的地方是，民族礼俗与民族教育中的学校教育相比，是一种"分散的、系统化不强的、无专职教师的、计划性和目的性都不强的教育实践活动"，但这也恰恰是礼俗活动能发挥其独特教育意义的个性所在。

由此可见，民族礼俗与教育之间是一种相互共生的关系，民族教育是容纳了包括民族礼俗在内的民族社会文化生活以及民族学校教育在内的整体系统，民族文化就是在整体的民族教育系统中得以传承与发展。一方面，民族礼俗以"自在自为"的方式影响着人们的物质与精神生活；另一方面，民族学校教育在民族文化环境中运行着，要受到包括民族礼俗在内的民族文化的影响。

---

[1] 赵怀仁.白族：一个值得研究的民族[J].中央民族大学学报（哲学社会科学版），2006，33（5）：48-50.

三、民族礼俗的教育内涵

赵怀仁先生在"白族——一个值得研究的民族"中这样描述白族，"白族是一个知道感恩的民族，是一个有所敬畏的民族，是一个追求和谐的民族。"[1]感恩、敬畏、和谐，这是白族文化的集中体现，是白族人民的精神世界，它渗透在白族人民的生活世界之中，成为他们与自然、社会、他人共生的生命原则。白族礼俗作为白族文化的重要组成部分，以各种外显的仪式活动体现和延续白族文化的精神血脉，成为一种有形的教育载体，潜移默化地启迪着人们对自然生命、物质、生活的思考，牵引出白族社会生活的"和谐之道"。

白族礼俗包含着浓厚的文化性格，而这种文化性格又使得白族礼俗活动本身以和谐之道来延续文化、传递文明，成为社会发展的重要精神力量。可以说，白族礼俗活动是一种"自觉的教育、文化的教育、和谐的教育"，这是白族礼俗活动的教育内涵所在，具体可从以下几方面加以诠释。

（一）教育主体的开放性

在白族礼俗中，参与礼俗活动的主体是开放的，包括了白族村寨的所有成员，成员之间不存在"教育者"和"被教育者"的身份差别，他们是围绕着共同的"生活场景或事件"而联系着的村寨成员，有着所有村寨成员应享有的权利，这种权利表现为人们各自做出"属其所是"的行动。如，在白族诞生礼俗活动中，人们举行各种对生命好奇、期待的喜庆活动。每年的火把节，生小孩的人家要负责砍火把杆、扎火把、竖火把，夜晚点燃火把后，要请全村人喝白酒、吃炒蚕豆、瓜子、糖果等。在熊熊燃烧的火把照耀下，在如潮的欢声笑语中，全村人把他们浓浓的情意、深深的祝福送给新生婴儿们，祝贺他们的生命像火把一样火焰腾腾，照破黑暗、驱散邪魔，给全村带来光明、温暖和欢乐。白族礼俗活动中，教育主体和教育对象的界限是模糊的，各种主体都在活动中体验着共同的生命主题，如死亡、希望、珍爱等。这与

[1]　赵怀仁.白族：一个值得研究的民族[J].中央民族大学学报（哲学社会科学版），2006，33（5）：48–50.

制度化教育中教育者与受教育者之间的关系截然不同，白族礼俗活动教育打破了教育者与受教育者在联系上的先天差异性，而是作为教育或学习活动的共同的主体，通过活动来实现对生活世界的共同构建。

（二）教育内容的生活性

白族礼俗中，虽然仪式和活动是围绕着一定主题展开的，但这个主题都与他们的生活有关，或者说礼俗活动是他们生活内容的具体展现。在诞生礼俗中，"满月客"当日，人们会携老扶幼带着鸡蛋、大米、红糖、鸡、猪腿、酒罐、衣帽、饰物等去做客祝福，这既是新生命诞生的"盛会"，也是亲朋好友的聚会，又是生活物质资料的"展览会"。在这过程中，人们既相互谈论对新生儿健康、成长的话题，谈论自家孩子的求学、生活琐事，也交流彼此从事的生产生活经验。整个诞生礼俗活动的内容是人们社会生产生活的"人、物、事"。而这些内容是村寨所有社会成员在日常生活中不断会碰到的问题，他们在经历这些内容的过程中体验着对它的认知、理解、感悟。白族礼俗教育中内容的真实性和生活化，使得教育主体能面对问题本身，是对问题的"直面和介入"，而非"支解和观摩"。这就与制度化教育形成鲜明对比，制度化教育下的教育内容往往是远离生活世界本身的，教育内容往往是束之高阁之物，教育主体特别是教育对象没有接近"知识本身"的机会。

（三）教育过程的活动性

白族礼俗活动，是个和谐的互动过程，这种互动过程不仅仅是外在的行为表现，更主要的是行动者能在活动过程中达成对"人、物、事"的精神性洞察，使活动中的体验和相互交流的活动内容成为其生命新的精神养料，推动他未来生命世界的变化，比如，参加诞生礼的已婚未孕青年男女，通过观察抚育婴儿的生活物质资料以及长者对婴儿的关切之心和抱、哄婴儿的方式都能激起未来承担养育子女的崇高精神体验，这种爱的体验是说教所无法实现的。再如，在白族丧葬礼俗中，人们自发的互助行为是以有形的"探望、工具提供、分工事务"等活动来完成。在如此境遇中，人们既能在死者家属的悲痛中分享死与自己关系的意义，也能在有序的丧葬活动中感受民族的认同。然而，在制度化教育里，教育活动一定程度上处在无活力的场域中，教育主体之间、教育主体与教育内容之间是一种"照面"式接触，不易达成思想的触动。

四、民族礼俗的教育价值

民族礼俗作为民族社会的一种文化，其渗透在民族社会生活的每一个方面。各种礼俗都以其特定的方式表达着人们对自然、宇宙、社会、生活、人类的理解，并寄托着他们的愿望。毋庸讳言，民族礼俗对人们的生活起着十分重要的作用。正如上述所言，礼俗本身就是少数民族地区人们的一种教育活动，那么，从教育角度而言，民族礼俗的教育价值体现在哪些方面呢？

白族礼俗是白族文化精神的重要组成部分。在礼俗活动中，白族村寨的社会成员能感知四时之理，体察人间百态，感悟生命意义。可以说，白族礼俗及活动是白族人民物质与精神生命的教育载体，发挥着"淳民风、启民智、新文明"的传承与教化功能。

（一）生命教育的价值

生命是一个历程，有起点和终点，是由生至死的过程。既然生命最终要化为乌有，于是生命意义或价值的问题就成为人们不断探讨的哲学问题。可是，对生命意义或价值的多种多样阐释都解不开人们对死亡的逃避与恐惧，死亡意味着生命意义或价值的追求变得无意义，因为生命意义或价值是建立在"我在"或"我能意识"的精神支柱下，生命体拥有、占有着"意义"，故人们不愿或不能接受生命与死亡的连接，自然也就不可能形成完整的生命观。如何解决人类面临的人生价值问题？在哲学或理论解答无法释怀人们对死亡的恐惧时，一个较好的解决途径是让他面对或见证死亡，体验死亡的事实，让其在感知中获得正确的生死观念。白族地区，人们的"生的入世，死的出世"的积极人生观就是在面对生育或死亡事实的过程中形成的：白族诞生礼俗中，人们对新生婴儿的各种祝福方式，都体现希望新生命在未来的人生旅途中成就事业、享受生活的幸福；而在丧葬礼俗活动中的"准备阶段"或"探访"阶段则使人们在生命尚存的时候直接面对死亡，通过一系列的活动让死者坦然面对死亡。在白族礼俗中传达的生死观念以及白族人民对生死的积极态度，是白族礼俗及活动教育所体现出来的生命教育价值。

（二）文化传承的价值

民族文化是语言、艺术、宗教杂糅的多元文化体，它集中体现于民族社会成员举行的各种集体活动之中。在集体活动中，语言、艺术、宗教信仰共同出现，而这些体现民族精神的文化在礼俗活动中得以薪火传承，如白族地区人们感恩、孝敬、敬畏、和谐的价值理念和文化心理是在白族礼俗活动中潜移默化形成的。正如张诗亚先生指出，"西南的教育需研究多样性、立体的生态形成的立体的基因、物种、天地系统。这些东西首先要得到保护，让它继续存在、良性发展。而不仅仅是开发。要保护它，要正确认识它，而前提就是要尊重它。这些应该有相应的教育。"[1]换言之，这种教育必须是能够与文化共生的教育，它才能起到传承文化的作用，而白族礼俗活动的教育价值正体现于此，它是与白族文化生活一体的教育形式。

（三）民族认同的价值

所谓民族文化认同是指某一民族共同体的成员将自己和他人归属于同一个民族，并对这个民族包括价值取向、风俗习惯等在内的文化持亲近态度。当然，民族文化认同不仅包括人们对自己民族的文化的态度，也包括人们对其他民族的文化的认识和接受程度。在白族礼俗活动中，许多活动是由村寨全体成员参加的，这本身就是民族文化认同的表现形式，而各种仪式活动或各种"非正式临时组织"对本民族社会联序的遵循，则更清晰地呈现了民族成员在"人、事、物"或对天地系统运行的共同的价值理解和外在行为模式。

---

[1] 张诗亚.和谐之道与西南民族教育[J].西南大学学报（人文社会科学版），2007（1）：64-66.

白族礼俗活动既可以使人们心理上形成相互的情感认同，也使表达情感认同的文化形式得以表现和传承，继而强化这一文化的民族特色，成为白族成员身份的"文化印记"。换言之，白族礼俗活动使人们在交往过程中强化了民族精神的属性，发挥了强化民族认同的教育价值。

（四）生态保护的价值

自然环境是人类生存的空间，生态的破坏将严重影响人们的物质与精神生活，进而危及文化的传承。因此，作为寻求传承文化的教育形式必须关注人类生存的环境，即教育应是与生态环境共生的教育。在白族群众的观念中，天地、日月、山川、河流、怪石、巨树等自然界一切事物都有神，这种观念在白族许多地方的自然宗教崇拜中有所体现，如洱海西山一带白族的"开山门"。而融于人们日常生活中的习俗或乡规民约则是白族人民与自然和谐相处的直接印证。许多白族家庭院内都养花种树，有松柏、梅花、桃树、竹子、兰草等。在白族许多乡规民约中都有着爱山护林、禁止乱砍滥伐的明文规定，如洱源县凤羽乡铁甲村的《乡规碑记》，就明确规定："遇有松菌，只得抓取松毛，倘盗砍枝叶，罚银五两；查获放火烧山，罚银五两；查获盗砍河松茨，罚银五两……"这些与自然崇拜相关的礼俗及活动，使人们在与自然交往的过程中，体验到自然环境与人类休戚与共的关系，并在活动中生发出热爱自然环境的积极情感。当然，这种宗教礼俗活动的教育生态保护价值不是单纯的体现在活动的举行上，还体现在人们置身自然环境过程中美的体验，而促发对自然环境的热爱。

五、民族礼俗对民族学校教育的启示

可以说，礼俗等民族文化活动一定程度上具有"丰满"的教育"个性"，如教育过程的"自然化"、教育内容的"世俗化"、教育主体的"开放性"等。从借鉴和反思的角度来看，民族礼俗对民族学校教育的发展有以下启示。

第一，发展民族学校教育，要了解民族文化，只有认识了民族文化，才能有对民族文化的重视和尊重，进而使民族学校教育在目的、方式上符合民族文化的特性，积极实现民族教育对民族文化传承与发展。因此，民族学校教育的发展需要以重视民族文化、尊重民族文化的思想为前提和基础，而这样的思想意识所指向的主体是多个层面的，包括民族地区政府部门、民族地区社会成员、民族学校教师和学生等。作为民族地区政府部门，在推动民族经济发展的同时，也要注重民族文化的保护工作；民族社会成员则在政府的带动下能自觉认同、肯定本民族文化；民族学校教师要成为宣传民族文化、践行民族文化的主导力量，而学生则能够积极主动地参与到民族文化生活中来。

第二，民族文化是一个生态系统，容纳了民族社会生活的方方面面，既有内隐的精神文化层面（民族语言、民族心理、民族思维等），也有外显的物质文化层面（民族服饰、民族建筑、民族劳动生产等），以及各种宗教仪式和民俗活动等。也就是说，民族文化自身是一个文化多元的系统。因此，作为民族学校教育也应看到民族文化的多元性，构建与多元民族文化对应的学校教育机制，以便更好地发挥民族学校教育传承和促进民族文化的功能。比如，作为民族历史知识、民族体育、民族游戏、民族神话传说等可以借助校本课程在民族学校教育中加以推行，而民族语言、民族宗教、民族劳动生产、民族礼俗等必须让民族社会成员在活动中加以学习、交流、体验，并形成自觉的民族生活习惯。

第三，构建符合民族文化特性的民族学校教育理论与实践，需要转换教育研究思路。毫无疑问，民族教育研究必须深入民族地区展开田野调查，深入了解民族地区人们的生活、信仰、民俗等，只有从"文化客位"的角度出发，才能明白民族社会成员为什么形成他们独特的生活方式、独特的价值观和世界观等。基于此前提，采取何种方法展开研究过程，再根据具体条件来加以选择，如行动研究、参与式研究、建构主义等方法，目的是通过研究确立适应特定民族文化的教育理论及教育实践模式，实现民族社会在发展过程中民族文化与教育整体之间的和谐关系。

第四，民族教育是个整体，民族学校教育与民族社会教育之间应相互配合，特别是民族学校教育要向民族社会教育汲取"养料"。英国比较教育学家萨德勒早在 20 世纪初便已指出："校外的事情比校内的事情更为重要，并且它支配和说明校内的事情。"[1] 民族学校教育在发展过程中，一方面要在学校教育的内容上吸收本民族的一些文化成分，因为作为学校教育的学生，入学前以及入学后的大部分时间，其生活是在民族村寨环境中度过的，他所接触的生活方式都是民族性的，并渗透在其语言思维、思想之中，学校教育内容的选择必须考虑这点；另一方面，民族学校教育更应该吸取民族社会教育在教育过程、教育方法等方面的优点，以使民族学校教育变为一种"活的教育"。

综上所述，民族礼俗活动是民族地区人们与周遭环境发生联系的重要表征，它以世俗化的方式影响着人们的物质与精神世界，有着极其丰富的教育内涵和教育价值。民族学校教育与民族文化是相互共生的，其发展须遵循民族文化的特性，在教育内容、教育过程、教育方式方法上要积极吸收社会教育（民族礼俗活动等）的优点，以形成与民族文化和谐共生的发展道路。

---

[1]　J.H.Higginson，Nottingham.The Centenary of an English Pioneer in Comparative Education:Sir Michael Sadler（1861–1943）[J].*International Review of Education*.1961：Vol.7，No.3，290.

第三章 民族教育价值观的后现代倾向及审视

具有后现代倾向的民族教育价值观为民族文化、民族社会成员等赢得出场机会的同时，也使得民族教育发展的价值选择陷入困境，对民族教育价值观的后现代倾向需要保持一种客观的批判态度，在肯定其多元化的基础上，尚需超越其相对主义、虚无主义的弊端。

一、民族教育价值观的后现代倾向及意义

虽然以"后现代主义民族教育"为标题的文章不多，但这并不表明民族教育理论、实践领域无后现代的踪影。相反，后现代思维活跃于民族教育的理论和实践中，比较流行的如民族教育发展的"多元文化主义"，以及为弘扬民族文化而倡导"文化至上"的民族教育发展观等。总之，后现代主义所具有的崇尚非理性、强调差异性、主张多元论等特征在民族教育各个层面皆有所体现。

（一）学校教育内容的游戏化

在学校教育中，教师和学生的共同价值是对优异教育质量的追求，且主要通过学生的成绩来体现，但在获取良好学业成绩的过程中，主流文化和民族文化往往产生矛盾。教师为了向学生传授知识，往往忽视民族地区学生所固有的思维特点和文化环境，这在民族地区的学校教育中尤为明显。为消解两者的冲突，不少民族地区学校开始注重对课程资源的开发，各种融合民族文化资源和适合民族学生生活习惯的地方课程、校本课程出现在学校教育中，如民族手工艺、音乐、舞蹈等被纳入学校课程。民族地区学校教育内容发生

的变化及意义在于，"放弃游戏与工作相脱离的做法……将二者统合起来，一个强化并改革另一个。通过游戏尚未考虑到的可能性可以实现。"[1]换言之，民族教育中的学校系统在提高学校教学质量的过程中，注重吸收民族文化中的游戏成分来补充以主流文化为主的知识体系，使学生在主流文化和民族文化间的"游戏互动"中获得相对平衡的发展，以及对文化整体的认同感。

（二）生活实践的教育意义

生活实践是民族教育的重要组成部分。对于民族社会成员来说，生活实践活动即是他们的教育过程，其知识的获得、思想的形成、人生的体验都是在生产、生活实践中完成的。可以说，生活实践与民族社会成员的整体世界紧密相连，民族社会成员的物质世界与精神世界通过生活实践得以体现。因此，民族教育过程和民族教育价值渗透在民族生活的各个方面，如生产劳动、生活礼仪、宗教活动等。民族成员以本民族特有的思维方式、道德规范来实施这些活动，而活动的过程也就是民族教育展开及意义生成的过程。从这个角度而言，民族教育以一种自发状态与民族社会生活实践融为一体，它通过民族社会生活中外显的仪式、乡规民约和内隐的信仰等规范着民族社会成员的"所言、所思、所行"。借用罗蒂的话，民族社会成员的生活实践是没有"映现世界的心灵之镜、言语之镜"，其具有的真理性是在实践中创造的、赞同的观念，而这些观念是他们物质和精神生命的集中概括。所以，民族社会成员的生活实践是民族教育的重要内容和媒介，其中蕴涵着丰富的教育意义。

（三）民族教育研究的场域性

民族文化系统是由民族社会成员在具体的生活环境中建构的，在不同生活场景中建构的民族文化之意义是不一样的。所以，民族教育研究需要基于不同场域而展开，特定场域中的研究所面对的民族社会成员、民族社会时空环境、民族社会活动构成的对象具有特殊的意义，这种意义只能由置身其中

---

[1] 小威廉姆·E.多尔，王红宇.后现代思想与后现代课程观[J].全球教育展望，2001（02）：42-45.

的研究者通过参与活动才能体验。多尔认为："所有的事实—即使那些物理学、化学、数学的事实—都存在于特定的社会、文化、历史、个人情景之中。而这些情景自身充满了美学性、不可言喻性和神秘性。我们应该认可与尊重生活和经验的这些品质。每一情景都具有一种精神，这种精神不可能由科学性或故事性来表达，而是渗透于情景之中并给予情景自己的生命力。"[1]可见，意义与情景紧密联系在一起，离开情景的刺激，意义就难以生发。因此，民族教育研究离不开民族社会生活的情景，研究主体需要以参与生活的方式来展开研究，通过与民族社会成员的交往实践来建构情景具有的特定教育意义。

总之，后现代倾向的民族教育价值观注重民族教育的草根性，将民族文化、民族社会成员及其生活实践纳入民族教育视野，为认识、理解和研究民族教育提供了重要视界。

二、民族教育价值观的后现代困境

民族教育价值观的后现代倾向虽然有其积极意义，但"后现代主义往往是以反传统的姿态出现的，他们站在怀疑主义和相对主义的立场来看待现实的社会问题，就不免会走向极端……将非理性绝对化，抛弃理想和责任，抛弃科学精神"[2]。同样，后现代主义倡导的不确定性也在民族教育发展过程中暴露出双刃性，民族教育发展的价值选择陷入由后现代织成的迷网中。

（一）民族地区发展的主次问题与民族教育

在全社会进行现代化建设的今天，民族地区还落后于社会的整体发展水平，不少民族地区的生活水平仍停留于较低层次，现代文明成果还远离其日常生活。王岳川指出："对中国而言，现代性尚未完成，我们仍得加强我们的思想地基。这不仅是我们历史中的'别无选择'的选择，而且我们也由这选

---

[1] 小威廉姆·E.多尔，王红宇.后现代思想与后现代课程观[J].全球教育展望，2001（02）：42–45.

[2] 董玲玲.后现代主义思潮对教育的启示[J].开封教育学院学报，2008（1）：83–85.

择构成我们价值重建的历史。走出后现代思潮，而不是沉醉其间，是当代中国学者应有的学术态度。"[1] 在当下或很长时期内，中国的现代性发展历程仍然没有完成，现代化建设依然是社会发展的重任，而这在民族地区显得尤为迫切，无论是从民族地区自身的发展还是从整个中国社会的发展而言，只有民族地区实现了现代化，中国才实现了现代化。

民族教育在发展过程中，首要的价值选择是促进民族地区的社会发展。正如陶行知所说："我们此地的教育，是生活教育，是供给人生需要的教育，不是作假的教育。人生需要什么，我们就教什么。"[2] 同样，民族地区的成员也渴望幸福生活，衣食无忧，子女可以接受良好教育等。所以，民族地区社会发展的现实性决定了民族教育的社会性特征，民族教育必须依托于民族地区的社会环境资源，促进民族教育的整体发展。明确了这个主要问题，后现代所张扬的"文化至上""民族第一"等不顾现实而只图"非理性情绪宣泄"的主张理应得到有效遏制。虽然后现代主义尊重民族地区不同个体的主观性，提倡来自不同场域成员的声音，注重在交往中的意义体验，但如果后现代给民族教育带来"个性"缺失的"基础与规范"，只会扰乱民族教育与民族社会发展的关系，把民族教育引向纷争混乱。因为如果民族教育的不同主体一味追求自己的"话语权"，势必会削弱民族教育促进民族地区发展的重任。"任何思想都既是对特定社会内在要求的反映，也总是建基于特定的历史前提和背景之上，如此才显示出其发展所在及其意义。后现代思潮也并未例外。"[3] 因此，民族教育发展必须着眼于现实，以提高民族社会及其成员的生活水平为目标，而不能仅仅为了"个性的张扬"而放弃发展的主要方面。

（二）民族地区整体发展问题与民族教育

民族教育与民族地区的经济、文化、自然地理等资源之间有着紧密的联

---

[1]　王岳川.走出后现代思潮[J].中国社会科学，1995（1）：151-153.

[2]　陶行知.陶行知教育文选[M].北京：教育科学出版社，1981：110.

[3]　庞文敏.关于后现代思潮及其意义的再认识[J].中国农业银行武汉培训学院学报，2006（3）：
　　　53-55.

系。"后现代思想强调'差异性'，对'同一性'采取拒斥的态度，主张向同一性开战，颠覆同一性，把同一性思维当做扼杀人的创造性、想象力的过时的东西加以攻击。他们对于涉及同一性思维方式的一切观点和理论均采取拒斥的态度。"[1] 显然，后现代思想中的否定同一性与民族教育、民族地区的整体发展是相冲突的。民族教育的发展以及民族教育对民族地区发展的作用都是以整体的或系统的形式进行的，各种因素之间是相互影响的，但人们在谈论民族教育价值时往往偏重于某一方面，而排斥另一方面，为了民族传统文化的保护或传承而提出不干预或原生态的发展策略。为了维护民族文化的多样性而认可所有的民族文化内容等，并没有将民族教育和民族地区的整体发展加以统筹联系，以致将民族教育发展加以肢解，导致人们对民族教育理解的虚无。

那么，民族教育在面对民族地区经济、文化发展问题时，如何处理二者的关系呢？其实，民族经济与民族文化二者之间本来就不存在矛盾，是民族地区发展过程中的两个方面，它们共同的特征是都能影响民族地区人们生活质量的提高与否，所以二者又是统一的。因此，在关于民族教育与民族地区整体发展的问题上，我们应该运用复杂性思维，把民族地区环境中的各种因素化为有利于民族教育发展的力量，把民族教育作用于民族社会经济、文化等方面的发展加以整合。"虽然后现代思潮对于简单的同一性思维方式的颠覆具有合理性，但是，后现代思潮把差异性绝对化，一味强调差异性、多样性、个性，否定同一性、共性、普遍性，把差异性和同一性割裂开来，对立起来，试图颠覆所有的同一性，这样它就不再具有合理性了。"[2] 所以，对于民族教育与民族地区整体发展的关系，我们理应消解差异性和同一性的认识冲突，差异性不应强调各种资源的"各自为政"，同一性也不应是各种资源的"互相混同"，它们之间是"和而不同"的关系。

[1] 陈雨思.论复杂系统同一性的复杂性：兼论后现代思潮颠覆同一性的双重意义[J].系统科学学报，2006（2）：24-30.

[2] 陈雨思.论复杂系统同一性的复杂性：兼论后现代思潮颠覆同一性的双重意义[J].系统科学学报，2006（2）：24-30.

三、民族教育价值观的后现代超越

不可否认，后现代主义给民族教育发展带来了许多启示，后现代主义强调平等、倡导个性、主张开放等思想为人们认识民族教育开阔了视野，把长期以来被理性和权威所覆盖的草根文化资源引入民族教育研究，使得民族教育摆脱了"洞穴影子"的迷惑，真正、全面地回归到民族教育的整体生命中。然而，后现代主义往往是以反传统的姿态出现的，或肯定一切，或否定一切，将非理性绝对化，抛弃理想和责任。因此，对于后现代主义的思想观点，必须加以认真的审视，抛弃其消极的破坏性因素，吸取其合理的因素。王岳川认为："后现代主义不是人类的最后归宿，它仅仅是世纪之交人类精神价值遁入历史盲点的'文化逆转'现象……'后'之后仍将是解构与建构的不断交替。同一性和差异性相继而生，相反相成。一味张扬虚无、游戏、调侃、顽主、反历史、无思想，其实正预设了其对立面的出场：理性、信念、情怀、正义、历史、思想。"[1]

民族教育在发展过程中的价值选择必须兼顾"现代与后现代"的统一，在充分利用民族地区各种资源促进民族教育发展的同时，民族教育的发展也要促进民族地区经济、文化的整体和谐发展。民族教育发展的价值理想如何实现呢？著者认为，在民族教育未来的发展历程中，民族教育必须走"以人为本"的发展道路，即实现民族教育价值向人的发展回归，以促进民族地区成员发展为旨向。无论是后现代主义思想中有利于民族教育不同主体群"个性"的表达，或是拓宽民族教育发展的多种社会资源，还是民族教育促进民族地区经济、文化、政治等的发展，都离不开民族社会成员对民族社会生活的积极参与。

众所周知，教育的本质是对人的培养，教育注重对人的生命特别是精神生命的铸造。受后现代主义思想的影响，民族教育的发展常常有意无意地被来自不同世界的意志所左右，这些意志凌驾于民族教育本真的生命价值之上，

---

[1] 王岳川.走出后现代思潮[J].中国社会科学，1995（1）：151–153.

使民族教育对象丧失了与民族自然、文化生态系统相通融的和谐性。为此，我们必须在反思非生命化民族教育的基础上，确立以人为本的生命化民族教育观，实现民族教育轴心的根本转化。叶澜指出，生命价值是教育的基础性价值，教育具有提升人的生命价值和创造人的精神生命的意义[1]。对于民族教育而言，理应服从教育的本质要求，把促进社会成员人格的发展作为根本出发点，在提高民族成员的与生产、生活直接相关的谋生技能之外，还必须重视他们的生命发展，提升他们的生命意识，使其能够超越对物的依赖性，既不依附他人，也不依附于物，成为一个独立的、自由的生命主体。

综上所述，后现代主义思想为理解民族教育提供了有益启示，如尊重不同民族教育主体的意见及意义体验等，但其消极影响也是不容忽视的，如造成民族教育价值选择的"多元片面化"。因此，对于民族教育价值观的后现代倾向必须有提取、筛选的审视过程，培养民族社会成员健全的生命发展观才是民族教育发展的价值旨归。

---

[1] 《教育研究》期刊记者.为"生命·实践教育学派"的创建而努力：叶澜教授访谈录[J].教育
  研究，2004（2）：33–37.

第四章　"事物化"与"特质化"：民族文化认同的思维误区

现代化、全球化背景下，民族文化发展要以社会主义核心价值观为引领，积极通过优质教育服务的供给，促进社会成员身心素质的全面发展，使其将真善美的价值融入生产生活之中，不断推进民族地区社会主义现代化建设水平。

一、民族文化认同的思维误区表现

当前民族文化认同陷入了"事物化"和"特质化"的思维误区中，两者共同的特征是"重物不重人"，将民族文化发展导入工具化之中。

（一）民族文化认同的"事物化"

民族文化认同不是在真空中存在，其发展运行也受到政治、经济等因素的影响，它们使得民族文化认同具有"创新"的动力，毕竟民族文化认同不是"铁板一块"，静止不动，否则也不存在所谓"认同"问题了。然而，当下民族文化认同发展却在顺应时代潮流中失去了"坚守"，不断"随波逐流"于现代物质文化的"漩涡"中，民族文化成为政治、经济、物质的"附庸"，其发展往往被这些外围的因素所左右，特别是为了实现"政绩、经济增长"目的而被人们任意"把玩"，诸如各地的"景区景点""城市面貌""生活方式"等都不断体现出趋同的特点，而且这种状况有着不断蔓延的势态。那么，民族文化认同为何如此？难道以各种"项目名义"打造"文化品牌"的发展思路不对吗？这是一个普遍而急需澄清的问题，其背后所潜藏的思维或心理在于民族文化是用来"创收"的，只有此"价值"才是激发人们"关注文化"或"利用文化"的理由。因此，我们可以看到，"文化产业"堂而皇之地受到政府、集团、社会、个人的青睐，它既能满足人们对"新异文化"的好奇，也能给经济增长带来刺激。然而，不可否认的是，随着民族文化的"景点式"扩张，民族传统文化也渐渐远离于人们的生活，它不再是一种滋润社会成员心灵或精神的"护身符"，而是被人们利用的一种"工具"，其功能仅仅在于给人们带来"经济回报"，包括众多民族地区社会成员给予民族文化的关注也是由于其能够改变他们的生活命运，尤其是提高了他们的物质经济收入，但也恰恰在这过程中民族文化被肢解或浓缩为能赚取钱财的"碎片内容"，甚至还对之进行"手术整容"，以便提高其经济效益。

（二）民族文化认同的"特质化"

民族文化认同的目的是提升自我文化的发展水平，以确保与他文化的交往过程中能够确立自己的"位置"，而不是纯粹为了"文化寻根或个性坚守"。因此，有时人们在谈论民族文化认同要注重"文化个性"的保持时，其内涵应是民族文化精神的"延续"生长，绝非仅仅是某一民族文化现象的"特殊化"或"唯一化"，否则会使民族文化认同落入"绝对主义"的泥淖中。然而，当前民族文化走着"本质化或实质化"的发展道路，且呈愈演愈烈之势，无论是学术界还是普通社会民众，都以标榜某种文化"为我独有"而自豪，这既能满足学术研究的"独创性"之需，也能满足政府、社会及民众的"政绩或面子"，所以，目前民族文化认同思维的"特质化"有着较"强大"的社会基础，这也让它深陷其中而难以自拔。具体而言，民族文化认同思维的特质化渗透在诸多方面，如旅游市场常常以各种特质化的广告宣传来吸引游客或提升其知名度，其手法往往以"编故事、造景观、搞活动"来造势，如此之特质化毋宁说是对民族文化的"伪化"。又如，当下存在于众多民族地区的"民族节"，也会被"影视或舞台化"后成为所谓的"品牌"而大肆渲染，成为各大交通站点或城市广告牌的"装饰品"。并且民族文化认同的特质化思维普遍地存在于社会民众大脑中，常常可以听到人们对"某某文化及其活动"

的津津乐道或贬损嘲笑，因为在其看来，民族文化必须要有足够的"谈资或噱头"方显魅力。

二、民族文化认同的思维误区成因

当社会成员物质经济生活较之以往有了大幅提升，并朝着所谓"小康"生活迈进的今天，为何民族文化认同会陷入事物化和特质化的误区呢？

（一）以资本为核心的社会发展不均衡

从历史的纵向层面来看，人们的经济收入或物质生活条件有了很大的改观，但从共时横向比较，不同地域、阶层的社会成员贫富悬殊日益拉大，而且呈不均衡的状态。这似乎是一个经济学的问题，但它对民族文化认同有着重要影响，因为占了人口较大比例的社会成员在缺乏享有相对丰裕的生活条件下，他们的热情或重心依然停留于对物质财富的追求上，这是人性中自利的一个基本体现。所以，在绝大多数人还在为所谓的小康生活苦苦奋斗的情况下，民族文化建设往往被置于次要地位而受到人们的忽略。除此之外，以经济物质财富为纽带的社会权力资本不均衡更是民族文化认同发展的阻碍力量。众所周知，民族文化认同是一个互动交往的过程，而相互之间要形成交往理性关系，则需要相互尊重理解的公平正义环境。然而，当前城市和农村、东部和西部、富人和穷人、权力阶层与社会民众之间有着体制、权力的隔膜和不平等，处于社会底层的人们往往对其持有两种极端的态度和行为表现，或仇富敌视或谄媚奉承。基于此，双方在一种"非对话"的环境中努力提升自我的"财富收入或社会地位"，他们共同缺乏如何使人类或自我生活过得更幸福、尊严和文明的诉求，于是，民族文化中反映"仁爱、大义、德美"的优秀成分被漠视或弃置。

（二）以教育为基础的上升渠道的功能不断弱化

不可否认，贫富悬殊引发的社会秩序问题已引起社会各界的关注，政府部门也采取了相应的措施来缩减这种差距，尤其对民族地区、农村地区的社会发展加大了投入力度，从道路交通、水利设施、医疗保险、农业补贴等方面进行发展建设，并且取得了较大的成绩，这可从民族地区或农村地区人们的房屋建设、村庄道路及生活用品的焕然一新得以明显反映，但人们的生活幸福和生命品质却没有得到同步提升，反而呈现出下降趋势。其中，十分重要的原因在于优秀传统文化消逝及现代文化得不到恰当的引导融合。虽然人们的物质生活不断丰富多元，可其精神生活却日益萎靡，这一点尤在城镇化进程中有着突出的反映，社会成员通过非农业的外出打工获得了财富，但多用于房屋建设以显"阔气"，而身心健康、亲情呵护、传统文化等都没有受到应有的重视，留守儿童、老人、妇女及缺乏生气的村貌环境成为当下农村的真实写照。人们一门心思或绞尽脑汁地增加经济收入的同时，却造成了社会发展的僵化，集中反映在社会底层通过接受教育来改变命运的功能不断弱化，以致人们不再对教育的热心关注，加之教育自身的不足，使得部分地区发展失去了具有综合素质基础的公民支撑，这必将引发包括民族文化认同危机在内的各种社会问题。

（三）以道德为底蕴的社会风气沦落

民族文化认同并非仅仅是一种"理论宣传"，它更应落实在人们的行为实践中，成为社会成员的心理或思维习惯，在面对与周遭环境交往时形成自我的价值判断和自觉的行动实践。所以，民族文化认同得以良性发展，很重要的因素是要让社会成员具有正确的价值观和道德观念，能够判断是非曲直而非随波逐流或同流合污，而这样的思维价值除了通过教育来培育之外，还得依靠充满正气和美德的社会环境来孕育促发。然而，当下社会存在着许多非道德的现象，诸如医药、食品、教育等行业都不断发生有悖道德、法治的各种不良现象；即使社会上有着许多"文化项目"在推行实施，也往往变成了"文化搭台经济唱戏"的局面，不少文化活动如同过眼云烟，表面看起来轰轰烈烈，但就似一部上映赚足了票房之后的电影逐渐在观众视野里淡退，再迎下一场戏来掀起"演艺热潮"。的确，我们可以看到当前人们的生活中不乏有着丰富的文化活动，加之借助于影视媒体、信息网络等现代技术而使社会成员的生活丰富多彩，而在偏远的民族或农村地区人们一旦闲暇下来，很多人便开始打麻将甚至从事赌博活动，这已成农村或民族地区社会成员的一种"习惯"。可以说，当前以道德为底蕴的社会风气沦落使得民族文化认同建设遭遇困境，人们在交往时失去了基本的信任而相互设防，让民族文化认同缺乏了最基本的交往沟通所应具备的互信和进取品质，很多人只在自己认定的物质经济目标里一意孤行而不顾其余。

三、民族文化认同思维误区的消解

民族文化认同的关键在于人，只有社会成员确立起辩证统一的合理民族文化认同思维并加以自觉实践，才能避免民族文化发展的事物化和特质化。

（一）加强文化建设，以社会主义核心价值观为引导

民族文化认同离不开社会成员对文化发展的积极关注，而非将经济增长当成社会或自我发展的全部，在积极追赶经济或科技发展步伐的同时，能够具有传承与发展传统文化的意识，主动投入民族文化的建设中去。换言之，正因为当前民族文化认同陷入危机，所以，更应该加强文化建设，夯实其在社会成员生活中的价值意义。为此，民族文化认同需要用社会主义核心价值观来从国家层面将"富强、民主、文明、和谐"的价值观融入全球化时代进程中，凸显中华民族优秀文化中"己所不欲，勿施于人""天人合一""民胞物与"等思想精神或价值尺度作为人类处理与自然、与他国或文化进行交流的基本原则；从社会层面的"自由、平等、法治"来权衡各阶层、各地域、各行业之间的秩序关系，在充分发挥人们的创造力和自主性同时，自觉遵守国家和社会的法治规范，并严格实施依法而行的原则，如此，民族文化才能百花齐放且又有着基本的法律导向；从个人层面的"爱国、诚信、友善"来调节社会成员的交往品质，通过"仁爱、内省、为己、忠恕"等传统文化精神的继承来使日常生活中人与人的交往达成互信互爱、互助互益的良好

关系。

（二）提升道德水平，以社会成员人性真善美为基础

民族文化认同非为一种客观实体的自主运行，正所谓"人能弘道，非道能弘人"，民族文化认同发展要注重对社会主体的价值引导。除了上述提及的法治或制度规范之外也需要道德自律，并且这更符合民族文化认同自觉的价值诉求，只有社会成员能够对民族文化传承延续怀有虔诚之心，才能保证民族文化的可持续性发展。所以，要使民族文化认同摆脱事物化或特质化思维误区，采取的措施应该是"软硬"并重，"硬"的即为"民主法治"制度的建设，让民族文化发展有着透明的正义环境；"软"的则是"道德风尚"孕育，让民族文化有着和谐的礼让风气。也就是说，民族文化认同只有"法治"和"德治"并举才能真正收到效果，因此，提升整个社会的道德水平显得十分必要，让社会成员具备勤劳进取和讲信修睦的品质，积极融入社会的建设发展中来。但应注意的是，社会道德水平的提升离不开社会主体的觉悟，没有其思维价值的转变就不可能在实践中妥善处理包括民族文化发展在内的各种社会关系。要实现社会主体道德的觉悟，需要让人性中"真善美"的品质或精神不断充盈，它是人类共同追求或认可的普遍价值，能为包括民族文化在内的各种社会实践交往奠定沟通理解的基础，各种政治、制度、文化都能以其为价值标准而求同存异并实现互利共赢，既可繁荣多元文化，也能促进人类文明的共同进步，而这也是民族文化认同的题中之义。

（三）重塑教育热情，以优质教育需求和服务为动力

民族文化认同往往和人们的日常生活融为一体，社会成员在生产生活中表现出来的言行往往更能反映出他们对民族文化的态度。所以，为了促使社会成员民族文化认同的合理化，让其成为具有理性思维和自决能力的生命主体，就离不开教育的参与，只有受过良好教育的社会主体才能具有科学的价值理念和较好的综合素质修养。为此，当前需要做的是转变教育理念，让教育回归到对人的完整性的培养上来，让教育成为社会成员生活的组成部分。

通过给全体社会成员提供优质的教育服务，让不同年龄、阶层的社会成员都能根据自我的需求得到教育启蒙，使其在学习型社会环境中得到良好的教育熏陶，从而成为有理性的社会主体。

第五章 《原道》与《人论》之于民族教育启示及比较

21 世纪全球化发展趋势不断蔓延，世界变成一个地球村，各国政治、经济、文化日益呈现出"一体化"态势。在多民族国家，少数民族地区发展正面临着"一体化"的冲击而丧失民族传统文化的危险。鉴于此，我国教育领域不少研究者提倡"多元文化教育"的理念和实践主张，以求能够积极促进民族文化的传承与发展。

然而，多元文化教育毕竟是舶来品，是西方国家在处理各民族文化的平等权基础上产生。在中国，各少数民族和汉族之间在各种权利方面是平等一致的，不存在西方的文化种族主义歧视，少数民族和汉族共同构成中华民族的整体。另外，多元文化教育常常指向不同民族"文化元"之间的相互共存，"文化元"背后隐含着不同主体集团的"独立性"，如"国家集团与少数民族集团""不同少数民族集团""同一地区的汉族和少数民族集团"之间的权力争夺色彩，这与我国各民族成员共为国家主人的情况是不相符合的。因此，多元文化教育理论仅能作为一种借鉴，而非照搬。那么，如何认识我国少数民族教育发展呢？我国少数民族教育的特征是什么？对此，著者认为刘勰的《原道》篇和卡西尔的《人论》著作中的思想内涵具有很好的启示意义。

一、民族教育的文化之"道"

教育活动产生于人类社会发展过程中，并成为人类社会活动的组成部分，教育实践受到了人类社会活动形成的文化环境的制约。何谓文化？爱德华·泰勒认为，文化是一个复杂的整体，包括知识、信仰、艺术、道德、法律、习俗以及作为社会成员的人所具有的一切能力和习惯。[1]克罗伯和克拉克洪指出，文化存在于各种内隐的和外显的模式之中，借助符号的运用得以学习和传播，并构成人类群体的特殊成就，这些成就包括他们制造物品的各种具体式样。[2]从学者给出的文化定义中，我们可以看出教育自身就是文化的表现形式，教育融于人类社会生活之中并逐渐发展，它指向文化内容的各个方面，通过教育活动过程而传承文化；文化内容的各个方面则规引着教育实践活动，教育活动实践需符合人类文化的属性和发展方向。

可以说，文化与教育之间是一种相互共生的关系。的确，在人类形成了各种文化以后，作为传承文化的教育活动就具有了某种特定文化的基因，因为教育是在特定文化"母体"中孕育与成长。但是长期以来，我们对教育与文化关系的认识，仅仅停留在文化是什么的"实体"以及与之对应的教育映射关系层面上，没有深入了解不同文化形成的基础、过程、历史等方面，忽略了文化的生命机制，使得教育呈现出"有改革而无发展"的局面。就少数民族教育而言，少数民族文化与少数民族教育之间的共生关系，理应从孕育少数民族教育的文化生成性过程来加以把握，而非简单地将少数民族教育与文化的关系处理成"文化和教育"互不相干的两样东西或它们的简单相加。

刘勰的《原道》篇对"文"的形成的观点对我们认识少数民族文化及教育有很好的启示性。《原道》开篇指出，"文之为德也大矣，与天地并生者何哉？夫玄黄色杂，方圆体分，日月叠璧，以垂丽天之象；山川焕绮，以铺理地之形：此盖道之文也。"也就是说，"文"的形成来源于山川、地貌、日月等天地自然系统，这些是文形成的基础。那么，为什么说这些自然之物是"文"的基础呢？原因在于人类产生以后，在与周围环境发生作用的过程中，意识到了这些相对外在于己的各种自然存在及其相互关系，在大脑中形成了对这些环境的最初印象，并且不断对这些印象进行有意识的加工，于是有了"故形立则章成矣，声发则文生矣"的结果。由此出发，我们在进行少数民

---

[1]　泰勒.原始文化[M].蔡江浓，译.杭州：浙江人民出版社，1988：1.

[2]　徐万邦，祁庆富.中国少数民族文化通论[M].北京：中央民族大学出版社，1996：9.

族教育实践的过程中，不应忽略了少数民族文化中"道"的成分，包含三层含义：一是少数民族地区先天而在的"万品"，如"云霞、草木、泉石"等，这些自然存在之物是以"自然之道"的形式存在，是天地系统本身及存在方式；第二层是"道"为人对天地系统及存在方式的反映，即"心生则言立，言立则文明"的"文生之道"；第三层是"道"的意义层面，指的是人类在与周围世界发生联系过程中形成的体验或意义，这是"道"的本体。这三层含义是我们在认识少数民族文化过程中应该具有的整体观念，但在实际生活中，人们对少数民族文化的认识仅仅停留在第二层含义上，即在讨论少数民族教育与少数民族文化关系上，只注重有形的文化与少数民族教育的结合，而忽略了少数民族文化的"自然之道"和"意义之道"。

因此，在对少数民族文化的理解上，我们应还原文化形成的"本原之道"。正如谢松龄先生所说的，"人类的文化创造，是意显现为象、象著明为言的过程。……无论是'人类'还是'个人'，他们的创造历程，都是意→象→言；在此，意是体，象、言是用——人类总是先有了某种体验，或某种意，才去创造表达无形的意（体验）的、有形的象和言，使意（体验）得以显现。象、言是显现意体之用。"[1] 此外，在注重文化的"意"体的同时，理应考虑"意"形成的条件，即人类所处的自然环境及其自然环境中所蕴含的各种关系。总之，少数民族文化由自然、社会、人及其相互作用形成的存在系统，少数民族教育在发展过程中要与文化整体发生共生关系，在发挥少数民族教育传承民族文化的过程中，既要考虑少数民族自然生态环境的保护，也要关注少数民族在与自然生态相互作用过程中形成的"生产方式、习俗、制度、艺术"等文化表象，更应关注文化表象背后的意义体验或心理关怀。

二、民族教育的"符号系统"

少数民族文化是少数民族成员在与天地万物并生的过程中逐渐形成的，

---

[1] 谢松龄.天人象：阴阳五行学说史导论[M].济南：山东文艺出版社，1989：1.

它以其超强的力量支配着人类社会的发展，人类社会的生产生活都围绕着"文化"而展开，这种"文化"以各种形式表现出来。德国哲学家恩斯特·卡西尔在《人论》中将人描述为是符号的动物，人借助于各种符号与外界环境发生联系。换句话说，人创造了符号或文化，文化又反过来创造了人。在教育活动中，符号扮演了十分重要的角色，教育过程以符号为纽带而展开，符号成了教育活动的重要媒介。卡西尔认为，符号是人的本性的提示，人通过符号化的过程展开其生活的全部。在人类社会的发展过程中，人类形成了神话、宗教、语言、艺术、科学等符号系统，不同的符号系统反映了人类对特定发展阶段中周围世界的"解释"，是其"体验或意义"的外化。因此，了解人类社会的发展，探求人类生活形式的"根源"必须从符号（文化）入手。教育也不例外，少数民族教育作为文化的重要组成部分，其在少数民族社会生活中发挥的作用必然离不开符号系统的支撑。不同的符号系统，需要作为教育主体的人们以特定的方式加以理解，只有符合特定符号系统运行的方式来实施教育，才可能发挥出教育对符号系统的功效。

卡西尔在《人论》中提出，"科学是人的智力发展中的最后一步，并且可以被看成是人类文化最高最独特的成就"。对他的这个观点，我们应该持批判的态度，而批判其这一观点最好的武器也是卡西尔本人的"人是符号的动物"的"符号理论"。虽然，我们并不否认科学文化所给人类社会发展，特别是物质生产发展所带来的极大丰富，但这并不意味着科学变成符号的"权威"，可以凌驾于所有的"符号系统"之上。从人类社会纵向发展来看，符号系统可能会发生不断变化，但这并不意味着符号系统的唯一性，仅仅可能的是新的符号系统与人们生活中的某些部分联系得更紧密。从人类社会生活横向来看，人类生活的展开离不开多种符号系统的参与，不同符号系统或不同符号系统组成的符号系统整体才能诠释人类在生活中体验到的"意义整体"。因此，少数民族教育在传承与发展民族文化的过程中，必须注意到文化的系统性，而不仅仅将教育局限于文化系统中的某一方面。可以这么说，文化系统决定少数民族教育的特点。

三、民族教育特征的分析

从上述少数民族教育与文化之"道"和符号系统之间的关系中，我们可以看到少数民族教育处于少数民族地区的自然生态系统、宗教、民俗、生产劳动、语言、服饰、建筑等形成的文化系统中，文化系统整体影响着少数民族教育的发展，使得少数民族教育呈现出浓厚的民族文化特色。并且，少数民族文化系统在整体地影响少数民族教育的同时，文化系统中的每一子系统也从特定方面影响着少数民族教育，从而使得少数民族教育在具有民族文化特征之外，又具有复杂多样的特点。

（一）少数民族教育类型的多样性

有人类社会以来，就有教育存在，教育作为一种社会实践活动无处不在，无时不在。教育从广义来讲，应该囊括人类的一切教育实践活动[1]，凡是增进人们的知识和技能、影响人们的思想观念的活动，都具有教育作用[2]。可以说，在人类社会生活中，存在着多种多样的不同教育形式或教育实践活动，它们对人类的生产生活起重要的影响作用。同理，少数民族教育类型也呈现出多样性，包括少数民族学校教育和各种不同的社会教育形式，如家庭教育、生产劳动教育、宗教活动教育、礼俗活动教育等。少数民族社会成员在不同的教育类型中，获得适应少数民族环境和社会生活的各种思想、知识、能力，积极投入改造和发展民族地区的生活中。

（二）少数民族教育价值的双重性

少数民族地区是国家的重要组成部分，国家的社会主义建设，离不开少数民族地区的良好发展。因此，对于少数民族地区的发展，必须处理好两对关系：一是要加快本民族社会经济发展，提高本民族社会成员的物质生活水平；二是在发展经济的同时，要关注民族文化的传承。所以，少数民族教育

---

[1] 张诗亚.祭坛与讲坛：西南民族宗教教育比较研究[M].昆明：云南教育出版社，1992：1-5.

[2] 袁振国.当代教育学[M].北京：教育科学出版社，2004：4.

在发展的过程中，面临着价值选择的两重性，少数民族价值取向必须统一经济发展与文化传承两个方面。而这两个方面对少数民族地区发展来说同样重要，作为生存保障的经济发展来说，给民族社会成员提供丰富的物质资料是必须的，而从民族文化角度来说，代表一个民族特征的民族文化的传承也是民族发展的重任。为此，少数民族教育价值取向理应关注这两个方面。

（三）少数民族教育功能的多元性

人类社会的生产生活是由不同的活动构成的，这些不同的活动从不同的侧面影响着社会成员的思想与行为等。作为不同类型的教育实践活动，也以不同的形式发挥其功能，有效地促进构成少数民族社会的政治、经济、文化各子系统的发展。同时少数民族教育的功能具有综合性，其对民族社会整体的推进不是政治、经济、文化子系统各自单一发展后的累加，而是一个统一融合三者的过程，也就是民族社会整体发展与各子系统并非表现为一一对应的线性关系，并且少数民族教育对政治、经济、文化每一子系统的发展作用，又是以少数民族教育促进这一子系统内部的政治、经济、文化次子系统的整体发展为前提。因此，少数民族教育的功能非为单元，而是多维统筹的，它从多方面、多层次展示了教育的多功能性。

（四）少数民族教育资源的丰富性

少数民族教育处在少数民族的自然生态系统和社会系统之中，由自然、人、社会构成的少数民族文化系统都对少数民族教育发挥作用。换言之，少数民族地区的各种各样的文化都是少数民族教育的资源，少数民族教育可以从不同的文化资源中获取养料，从不同方面把少数民族社会成员培养成和谐的主体。比如，宗教活动中的自然崇拜等，能够培养社会成员对自然环境的敬畏之心，有利于少数民族地区与自然环境和谐相处；民族节日活动则通过全体民族社会成员的参与，能够在互相交流的过程中形成民族成员的友好关系及民族认同感等。

综上所述，刘勰的《原道》和卡西尔的《人论》提出的关于对"文"的认识和"人是符号的动物"的观点，给我们认识民族教育及与民族文化的关系提供了有益的启示：民族教育与民族社会的天地系统相共生，民族社会的天地系统既是民族教育的重要内容，也是民族教育在发展过程中所必须关注的对象。但对《原道》和《人论》二者进行比较，我们发现刘勰在《原道》中指出的"文"具有的"道"的三个层次内涵比卡西尔《人论》中的"人是符号的动物"更能体现出自然、"文"（符号）、意义所构成的天、地、人"三材"的整体性，使得我们意识到人除了与符号系统发生联系外，符号的形成与自然有密不可分的关系。符号是人类观察自然的"印象凝聚"，及关注符号背后的价值或意义层面是"文"的本体所在。同理，民族教育也应将天地自然系统和人与天地系统发生联系后形成的文化及文化中蕴涵的精神作为发展的价值选择。只有正视民族教育的多特征性，并遵循民族教育的文化之"道"，才能在传统文化的根基上发掘出"新生支点"，从而真正实现"人的自由全面发展"的社会。[1]

---

[1] 胡芳.马克思东方文化思想的嬗变及其当代启示[J].贵州大学学报（社科版），2014（3）：47–51.

第六章 民族文化认同教育的思维向度

民族文化认同是民族文化发展的主位因素，只有民族社会成员确立起辩证统一的文化发展思维，民族文化发展方可"收放自如"而不会迷失方向。然而，当前我国民族文化认同教育思维是有误区的，实践中人们将民族文化视为可以"任意打扮的小姑娘"，不断将其推向市场化并使之沦为商品，从而导致民族文化"热闹非凡"却无"灵魂温度"的发展现状。因此，民族文化认同教育思维必须从脱离于人的生命生活的"功利手段"中摆脱出来，形成以人为本在时间上"传统、未来、现实"的统一和空间上兼顾"文化个性、时代精神、生活品质"的"三位一体"思维路向，真正促进民族文化的和谐发展。

一、当前我国民族文化认同教育思维向度的偏误

多年来，我国民族文化认同教育是存在偏失的，尤其是在"何谓民族文化认同教育及怎样实施民族文化认同教育"等问题上，人们的思维是偏误不清晰的。虽然学术界和政府部门都热切给予其关注，但毕竟社会成员才是民族文化认同教育的主体，他们关于民族文化认同教育的思维价值合理与否事关民族文化发展的兴衰走向。

（一）民族文化认同教育思维的"便利性"

民族文化认同教育是一个系统工程，它涉及民族文化的"表"和"里"，所谓的"表"是指民族文化内容是多元丰富的，"有视觉形象的，有听觉形象

的，也有听视觉结合的；有在空间中展开，有在时间中展开的"，[1]诸如风景名胜、民族建筑、宗教场所、宗教信仰、民族节日、风俗习惯以及民族音乐、舞蹈、神话故事、歌谣、服饰、手工艺等；所谓的"里"是指由上述民族文化事项构成的文化场所孕育的思维心理或价值精神。当然，表里是"如一或统一"的，双方之间存在着互促共融的关系，如果民族文化场受到结构性破坏，则会使得民族文化精神无载体可依存，从而使其逐渐成为一种"记忆回想"。当然，民族文化精神或思维心理变样了也会带来人们对民族文化生态的迅速瓦解，就如同当下人们担忧的民族传统文化的消逝。所以，民族文化认同教育应该有着系统性思维，而不应像当前虽有着民族文化认同教育之"形"，却无民族文化认同教育之"实"，因为好多民族文化教育活动内容是"便利化"的，也即人们对民族文化进行保护、传承是"过滤化"的，更多是从观赏性、效率性、功利性的角度来选择、组织和设计，可谓"一举多得"，既能够快速地搭建起民族文化保护项目，又能借助其来获取政绩，还能赢得经济效益。总之，当前民族文化认同教育思维有着"便利化"倾向，人们"多快好省"地选择一些民族文化内容来完成任务或钻营利益。

（二）民族文化认同教育思维的"有限性"

民族文化认同主体既然是民族社会成员，那么民族社会成员自然也是民族文化认同教育的对象，唯有民族社会成员具有自觉的文化认同意识和实践，民族文化发展才有最坚实的人力基础。然而，当前民族文化认同教育是薄弱的，似乎只要提及"教育"则都被"学校教育"所"取代"，这在民族社会成员思想观念中尤为深重。换言之，当下民族文化认同教育在形式上主要是学校教育为主，其对象主要集中在中小学生身上，进行的往往是诸如舞蹈、手工、音乐等内容，这使其缺乏连续性和系统性，常常是断裂的，会受行政、成绩等因素影响而中断。因此，当前依靠学校教育来进行民族文化认同教育的思维是偏狭或有限的，毕竟学校教育的重心在于培养中小学生的学习兴趣

---

[1] 詹小美，王仕民.论民族文化认同的基础与条件[J].哲学研究，2011（12）：115—119.

和综合素质，加之其教学计划、教学形式等的相对固型化，很难让中小学生真正深入去感知民族文化。此外，民族社会成员才是民族文化发展的中坚力量，需要其形成合理的民族文化认同价值观念，这离不开对其进行有效的教育影响，使之形成在追赶经济发展步伐的同时又能坚守自我民族文化精神个性。概言之，民族文化认同教育走"学校化"道路是有局限性的，需要在形式上与"非学校化教育"形成互补协调，让所有社会成员都获得受教育启蒙觉悟的转变，将教育融入他们的日常生产生活中，变为其生命的存在方式和组成部分，如此民族文化认同教育才是强大的，因为它成为一种习惯在影响着民族社会成员及其民族文化发展。

（三）民族文化认同教育思维的"简缩性"

民族文化认同是"活"的而非静态的实体，它通过民族社会成员的生产生活实践来显现，也即民族文化认同本质上是实践化的，其重点不在于要划清"楚河汉界"，一定要判别"认同什么"和"不认同什么"的是非界定，而是要看人们"做了什么"，这才是民族文化认同的真实性所在。然而，现实中民族文化认同教育却没有呈现出民族文化认同的"动态性"特征，其思维存在着"对象化"倾向，也就是人们将民族文化认同教育当成一个"对象"来看待，从未真正使其走进人们的生命生活中，他们是站在教育之外来办教育，这表现在两大层面：其一，就行政部门和学术界来说，民族文化认同教育是"书斋化"的，讨论虽然热烈却未形成对民族文化传承与保护的有效推动，其价值可能真的只在学术圈内或政绩上产生重大影响，但对民族社会成员的文化自觉培育没有形成太大的推动作用；其二，就民间基层而言，许多社会成员对待教育的思维态度是"手段化或功利性"的，教育被他们当成要"算计"的事宜，如果没有得到教育的"甜头或回报"则对教育无动于衷。因此，实践中民族文化认同教育收效甚微。许多社会成员往往只接受和感兴趣于有利可图或娱乐感官的民族文化教育活动，而对需要其用心去"省思"的民族文化教育事项却加以躲避。总之，当前人们在进行民族文化认同教育过程中存在着"简缩性"思维，将本是"活"的复杂动态的民族文化认同简缩为

"死"的单一静态的民族文化"事物"，也即上述提及的人们以一种"作壁上观"的思维心态来对待民族文化认同教育。

二、"三位一体"：民族文化认同教育思维向度的定位

民族文化认同教育是一个长期缓慢的过程，其核心在于要转变一个人的价值意识和思维心理，形成良性的文化认同自觉并使之化为一种生命习性。可以说，民族文化认同教育的关键在于人，而非仅注重外显的文化景观建造上，理应确立起"以人为本"的思维取向，将文化融入人的生命生活之中，让民族社会成员成为一个完整的"人"，真正将"活的文化"和"文化的活"在其身上展现，让"传统、现在、未来"的时间和"文化个性、时代精神、生活品质"的空间组成的"结构内容"统一灌注在社会主体身上。

（一）立足传统，注重民族文化认同教育的"文化个性"

文化是有生命历史或传统的，否认或放弃传统文化则意味着生命的无根，因为一个人或一个社会都离不开价值判断或行为规范，而此恰恰是文化使然，人们通过文化的濡染而习得了一定的知识和道德体系，用其来指导生活。换言之，人是文化的存在而非物质的存在，人之别于动物是因为人能用文化来指导自我，绝非依靠"本能的任性"而为。所以，民族文化认同教育的一个重要任务是对传统文化及精神的继承和坚守，让民族社会成员意识到传统文化的重要性，使其愿意过一种"有文化"的生活，不再沉醉于单一的物质经济攫取上。无疑，这是一个浅显的道理，可当下民族社会成员却由于以往长期遭受物质贫乏之苦，很难做出"金钱是以人为目的"而不是"人以金钱为目的"的区分，在这种情况下作为生活方式的传统文化不再受到人们的礼遇、敬畏，或者人们就没有时间、心思去考虑传统文化的意义问题，而是一切围绕着经济收入来设计人生。因此，当前民族地区往往存在着"文化夹生"的现象，例如有些地方借助于诸如"旅游村夹带旅游产品出售"来搞活村落经济，有些人则通过"外出务工经商挣钱"来改变村落住宅面貌，但此等活动

在促进了村落经济物质的繁荣之外，也同时引发了传统文化和道德生活无人问津的萧条趋向。因此，当前民族文化认同教育理应有着立足传统的思维取向，让优秀民族传统文化及其精神得以绵延生长，将温暖人心的"互助、友爱、谦让、勤劳、诚恳"等文化精神长存于世，使得人们在欣赏民族文化现象或活动的多元绚烂之余，更多地是感受到民族传统文化的精神个性。

（二）放眼未来，加强民族文化认同教育的"时代精神"

民族文化认同是连续性的。所谓"连续"意味着民族文化认同是发展式的，它要有效处理好"守成与开新"的关系，而不能变为一种停滞的保守。所以，民族文化认同内聚着时代气息，如果离开与时代精神的契合，民族文化发展只会变为一件"古董静物"被人们把玩，却不能激活起社会成员的生命意志，进而实现不断超越自我生命的创新性。然而，实践中民族文化认同往往走的是"保护"之路，过于注重对有形的物质文化的"抢救"上，这是必要且必须的，民族传统文化生长环境岌岌可危，要加大对其的保护力度。但人们在关注民族传统文化保护的同时，是不是也要考虑民族传统文化与现代社会遭遇之后的"融合或生长点"的问题，只有民族文化找到了与时代精神相契合的"嫁接机理"，方能让民族传统文化得以绵延生长和创新发展。因此，民族文化认同教育需放眼未来，注重民族社会成员的现代公民素质培养，将社会主义核心价值观和民族传统文化精神相结合，通过二者的互动整合切实让"自由、平等、法治、公正、民主、诚信、友善、敬业"等价值精神成为人们的一种习惯。总之，民族文化认同教育要敢于正视现实问题，一方面要对现代化发展的"拜物教"思想进行抵制，积极运用法治、科学思维来促进民族文化传承；另一方面也要不断对民族传统文化进行"手术"，解放民族社会成员落后的思想观念，让其真正成为具有科学和人文素养的现代公民。

（三）关注现实，夯实民族文化认同教育的"生活品质"

民族文化认同是具体非抽象的，它融于民族社会成员的生产生活实践之中，通过人们的思想观念、话语表达和行动选择层面可反映出人们是如何看待文化发展的，也就是说民族文化认同是日常化的，其关键在于"做了什么和怎么做"。然而，现实中民族文化认同时常被学术界和政府部门所把持，很少有民族社会成员或民间力量的参与，以致形成所谓的"被民族文化认同"现象，即作为民族文化认同主体的民族社会成员是"跟着感觉走"，他们往往是看着市场环境来做出自我生产生活设计，而缺乏对民族文化发展的同一性守护。因此，当前民族文化认同教育要凸显民族社会成员现实生活的关怀，从两大方面来促使民族文化认同的良性发展：其一，作为民族文化认同研究的学术界，除了从学理层面阐述民族文化认同本质、内涵、结构及影响因素等之外，也应加强从民族社会成员生活层面来思考民族文化发展问题，将民族文化与民族地区社会的政治、经济发展结合起来，在不断推动民族地区物质生活水平改善的基础上进行民族文化发展建设的"大众化、健康化、生活化"；其二，既然民族文化认同主体是众多的民族社会成员，民族文化认同教育应突出对其的"启蒙性"，让其逐渐意识到生命是完整的，生活不独倾向于生理或本能的无尽满足，而应看到精神、价值、信仰于其具有的重要性，真正让民族社会成员不断构建身心和谐的幸福人生，并在这个过程中让民族传统文化来净化、滋润和养护其身心，让其拥有反省自觉的生命生活品质。

三、民族文化认同教育思维向度的实践路径

民族文化认同教育思维影响和决定着民族文化发展实践的走向，以往"对象化、客观化或本质化"的思维使得民族文化脱离了人的精神生命和价值生活，以致把民族文化变为一种"致富手段"，造成民族文化生态的"枯萎"迹象。因而，当前民族文化认同教育必须转变思维，确立起形成以人为本在时间上统一"传统、未来、现实"和空间上兼顾"文化个性、时代精神、生活品质"的"三位一体"思维向度，并通过有效的教育结构、内容、形式及环境条件来保障其得以践行。

（一）构建"化民成俗"的民族文化认同教育结构体系

民族文化认同教育的宗旨是要让民族社会成员形成文化认同自觉，而此价值目的的实现要有一个完整有效的教育结构体系来保障，不可能仅仅依靠学校教育"点缀式和应付化"的民族文化教育举措来推动，最为基础和根本的是要在全社会形成一种民族文化认同教育的风气、环境，使每一个社会成员都深受其影响而潜移默化地形成民族文化认同自觉，也即民族文化认同教育要走"化民成俗"之道，而非是一种任务式的宣传或要求。为此，民族文化认同教育要构建一种"全纳"视野，从教育对象而言应面向所有社会成员，包括幼儿、儿童、青少年、中青年、老人等；从教育内容而言应兼顾在空间中存在的民族建筑、手工艺、服饰和时间中存在的礼俗、歌舞、音乐及民族语言、宗教信仰等，而不只是当前人们所关注的可视觉化、商品化的民族手工艺品或民族歌舞艺术；从教育形式而言要在学校、家庭、社会、政府、村落社区等不同教育形式之间形成互补互促关系；从教育方式方法而言要将理论文本认识和实践参与体验结合起来，使民族文化认同教育"活"起来。总之，民族文化认同教育是复杂的系统的，各种要素之间要形成多元共谐的有序关系，以一种"无形而遍及周身"的教育存在影响着人们的认识和行动。

（二）培育"心灵反思"的民族文化认同教育依托载体

民族文化认同教育是连续性的，也即它要起到一种渗透式的影响效果，而非断裂式、跳跃式的"应景之作"，不断被各种上级任务要求而临时性展开文化运动，虽然这样的民族文化认同教育也能调动民众的"激情"，可常常是"一头热或闷头热"，事后并未真正起到引发其心性变化的效果。毋庸置疑，教育、文化对一个人的影响是"润物细无声"或"直指内心"，也就是说民族文化认同教育只有"改变或塑造了一个人"，其真正的意义才生成，因为只有民族社会成员清楚明了"文化于我"的必要性，他才能不断去进行反思取舍，而不是一味跟从。因此，民族文化认同教育要重视民族社会成员心灵反思素质培养，在喜闻乐见的歌舞娱乐形式之外，也应加大如以阅读为主的学习活动组织，通过建立乡村图书馆或阅览室、网络机房等场所设施，为民族社会成员提供了解世界、认识和提升自我的教育载体，既让其拥有"比较"的眼光来进行反思，又能够为其结合生产生活实践提供知识技术的支撑。总之，民族文化认同教育的重心是要塑造一个健全的生命主体，要让其有能力来不断引导自我生命的超越，这要求民族文化认同教育有良好的依托载体，从而让传统文化精神和时代精神借助于阅读学习等方式而在民族社会成员生命生活中生根。

（三）凸显"乡镇基层"的民族文化认同教育引导力量

民族文化认同主体虽然包括所有的民族社会成员在内，但在对其展开民族文化认同教育过程中应有一个引导性力量存在，使之作为民族文化活动的组织者、协调者来参与其中，其必要性在于：其一，当前民族社会成员纷纷外出打工经商赚钱，一部分人忙于盖屋买车以示富有，一部分人则在城市买房远离故土，但无论哪种情况都隐藏着人们价值思维中的物欲化倾向，在民族社会成员忙于生计的同时，民族文化似乎是人们"没来得及""不愿意"也"没去"思考的问题，在人们实现了财富梦之时，民族文化之"河"可能早已干涸；其二，当前包括民族文化认同教育在内的教育系统深受"为学以求官致仕"思想的影响，人们思维深处依然有着严重的权力、金钱崇拜心理，受此影响，教育被人们"待价而沽"，也即上述所提及的教育与民族社会成员生命之间是隔离的，人们没有用真心真情来对待教育。所以，当前民族文化认同教育需要强化乡镇基层的草根力量，尤其是作为深入在民族村落中的乡镇政府部门要主动承担起传承与创新民族文化的重任，通过建立村落民族文化保护组织机构，由乡镇政府人员、村落成员、学校教师参与其中，构成引导性教育力量，从改变一个个村落的民族文化风貌做起，由点带面逐渐成为一种气候。

参考文献

[1] 马克思，恩格斯.共产党宣言 [M]. 北京：人民出版社，2017.

[2] 马克思.1844 年经济学哲学手稿 [M]. 北京：人民出版社，1979.

[3] 马克思、恩格斯.德意志意识形态 [M]. 北京：人民出版社，1972.

[4] 马克思.资本论：第一卷 [M]. 中共中央马克思恩格斯列宁斯大林著作编译局，译. 北京：人民出版社，2004.

[5] 马克思恩格斯选集：第一卷 [M]. 中共中央马克思恩格斯列宁斯大林著作编译局，译. 北京：人民出版社，1972.

[6] 马克思恩格斯全集：第三卷 [M]. 中共中央马克思恩格斯列宁斯大林著作编译局，译. 北京：人民出版社，2002.

[7] 马克思恩格斯全集：第 26 卷 [M]. 中共中央马克思恩格斯列宁斯大林著作编译局，译. 北京：人民出版社，1973.

[8] 马克思恩格斯全集：第 1 卷 [M]. 北京：人民出版社，1956.

[9] 潘乃谷、潘乃和.潘光旦教育文存 [M]. 北京：人民教育出版社，2022.

[10] 王德峰.哲学导论 [M]. 上海：复旦大学出版社，2021.

[11] 孙正聿.哲学通论 [M]. 北京：北京师范大学出版社，2020.

[12] 马克思·范梅南.教育的情调 [M]. 李树英，译.北京：教育科学出版社，2019.

[13] 李泽厚.伦理学新说述要 [M]. 北京：世界图书出版公司，2019.

[14] 马克思·范梅南.教育的情调 [M]. 李树英，译.北京：教育科学出版社，2019.

[15] 约翰·杜威.我的教育信条 [M]. 彭正梅，译.上海：上海人民出版社，2019.

[16] 邓晓芒.实践唯物论新解：开出现象学之维 [M]. 北京：文津出版社，2019.

[17] 梁漱溟.中国文化要义 [M]. 上海人民出版社，2018.

[18] 钱穆.国史新论 [M]. 北京：生活·读书·新知三联书店，2018.

[19] 王国轩 . 中庸 [M]. 北京：中华书局，2016.

[20] 克里希那穆提 . 唤醒智慧的教育 [M]. 周豪，译 . 重庆：重庆出版社，2016.

[21] 肖川 . 完美的教学 [M]. 北京：北京师范大学出版社，2015.

[22] 马克斯·范梅南 . 教学机智：教育智慧的意蕴 [M]. 李树英，译 . 北京：教育科学出版社，2014.

[23] 内尔·诺丁斯 . 学会关心：教育的另一种模式 [M]. 于天龙，译 . 北京：教育科学出版社，2014.

[24] 田夏彪 . 多元一体：农村教育价值取向与实践路径 [M]. 北京：九州出版社，2014.

[25] 杰里米·里夫金 . 第三次工业革命：新经济模式如何改变世界 [M]. 张体伟，孙豫宁，译 . 北京：中信出版社，2012.

[26] 张世英 . 张世英讲演录 [M]. 长春：长春出版社，2011.

[27] 让·雅克·卢梭 . 爱弥儿 [M]. 檀传宝，等译 . 上海：上海人民出版社，2011.

[28] 刘铁芳 . 乡土的逃离与回归：乡村教育的人文重建 [M]. 福建教育出版社，2011.

[29] 王芳 . 青少年道德教育中生命意识的培养 [M]. 石家庄：河北师范大学出版社，2010.

[30] 钱穆 . 学籥 [M]. 北京：九州出版社，2010.

[31] 雅克·马里坦 . 教育在十字路口 [M]. 高旭平，译 . 北京：首都师范大学出版社，2010.

[32] 孙京媛 . 父母是孩子最好的老师 [M]. 天津：天津科学技术出版社，2008.

[33] 钱理群，刘铁芳 . 乡土中国与乡村教育 [M]. 福建教育出版社，2008.

[34] 李泽厚 . 批判哲学的批判：康德述评 [M]. 北京：生活·读书·新知三联书店，2007.

[35] 韩震 . 西方哲学概论 [M]. 北京师范大学出版社，2006.

[36] 贾馥茗 . 教育的本质：什么是真正的教育 [M]. 北京：世界图书出版公司，2006.

[37] 亚历山大·科耶夫 . 黑格尔导读 [M]. 姜志辉，译 . 南京：译林出版社，2005.

[38] 李安宅 .《仪礼》与《礼记》之社会学的研究 [M]. 上海：上海世纪出版集团，2005.

[39] 张诗亚 . 强化民族认同：数码时代的文化选择 [M]. 现代教育出版社，2005.

[40] 靖国平 . 教育学的智慧性格 [M]. 武汉：湖北教育出版社，2004.

[41] 袁振国 . 当代教育学 [M]. 北京：教育科学出版社，2004.

[42] 爱弥儿·涂尔干.道德教育 [M].陈光金,等译.上海:上海人民出版社,2001.

[43] 张世英.张世英讲演录 [M].长春:长春出版社,2001.

[44] 胡塞尔.哲学作为严格的科学 [M].倪梁康,译.北京:商务印书馆,1999.

[45] 维果茨基儿童心理与教育论著选 [M] 龚浩然,等译,杭州:杭州大学出版社,1999.

[46] 徐万邦,祁庆富.中国少数民族文化通论 [M].北京:中央民族大学出版社,1996.

[47] 马克思恩格斯选集:第 1 卷 [M].北京:人民出版社,1995.

[48] 杜威.学校与社会·明日之学校 [M].赵祥麟,等译.北京:人民教育出版社,1994.

[49] 张诗亚.祭坛与讲坛:西南民族宗教教育比较研究 [M].昆明:云南教育出版社,1992.

[50] 谢松龄.天人象:阴阳五行学说史导论 [M].济南:山东文艺出版社,1989.

[51] 约翰逊.社会学理论 [M].南开大学社会学系,译.北京:国际文化出版社,1988.

[52] 泰勒.原始文化 [M].蔡江浓,译.杭州:浙江人民出版社,1988.

[53] 科纽尔.马克思的思想起源 [M].王谨,译.北京:中国人民大学出版社,1987.

[54] 席勒.美育书简 [M].徐恒醇,译.北京:中国文联出版公司,1984.

[55] 黑格尔.精神现象学:上卷 [M].贺麟,王玖兴,译.北京:商务印书馆,1981.

[56] 陶行知.陶行知教育文选 [M].北京:教育科学出版社,1981.

[57] 论语 [M] 杨伯峻,译注.北京:中华书局,2017.

[58] 荀子 [M] 安小兰,译注.北京:中华书局,2018.

[59] 张中原."五育融合"的人性化审视:基于复杂性理论视角 [J].教育研究与实验,2022(3).

[60] 李森,郑岚."五育融合"的时代价值及其教学实现 [J].课程·教材·教法,2022(3).

[61] 杨柳,宁本涛.以"五育融合"重塑教育的完整性 [J].教育发展研究,2022(15).

[62] 李松林.以整体的教育培养整体的人:五育融合教学的框架与方法 [J].课程·教材·教法,2021(11).

[63] 叶澜.新时代中国教育学发展之断想 [J].中国教育科学,2021(5).

[64] 李政涛."五育融合"推动基础教育高质量发展 [J].人民教育,2020(20).

[65] 高燕.《精神现象学》中"主体"思想及其当代意义 [J].复旦学报(社会科学版),

2018（04）.

[66] 张正江.中学德育应注重道德智力教育[J].教育导刊,2016（8）.

[67] 姜正林.对青少年培育与践行社会主义核心价值观的思考[J].黑龙江社会科学,2016（1）.

[68] 叶澜.终身教育视界：当代中国社会教育力的聚通与提升[J].中国教育科学,2016（03）.

[69] 王国维.论教育之宗旨[J].教育,2015（37）.

[70] 鲁洁,余维武.儿童道德生活建构新突破[J].中国教育学刊,2015（10）.

[71] 单丽卿.教育差距与权利贫困：基于连片特困地区扶贫开发实践困境的讨论[J].中共福建省委党校学报,2015（3）.

[72] 刘蕴莲.论新形势下加强大学生社会主义核心价值观教育[J].思想理论教育导刊,2014（5）.

[73] 胡芳.马克思东方文化思想的嬗变及其当代启示[J].贵州大学学报（社科版）,2014（3）.

[74] 谢君君.教育扶贫研究述评[J].复旦教育论坛,2012（3）.

[75] 彭人哲.讨论式教学：价值、形式和前提[J].教育理论与实践,2011（24）.

[76] 杜育红,梁文艳.农村教育与农村经济发展：人力资本的视角[J].北京师范大学学报（社会科学版）,2011（6）.

[77] 周丽莎.基于阿玛蒂亚·森理论下的少数民族地区教育扶贫模式研究：以新疆克孜勒苏柯尔克孜自治州为例[J].民族教育研究,2011（2）.

[78] 秦瑞芳,闫翅鲲."共生"视角下的农村教育扶贫路径探讨[J].教学与管理,2011（24）.

[79] 詹小美,王仕民.论民族文化认同的基础与条件[J].哲学研究,2011（12）.

[80] 鲁洁.道德教育的根本作为：引导生活的建构[J].教育研究,2010（6）.

[81] 董玲玲.后现代主义思潮对教育的启示[J].开封教育学院学报,2008（1）.

[82] 刘金明,张烨,玉莹,等.在高校学生思想政治工作中发挥班级日志作用[J].科教文汇,2007（07S）.

[83] 赵志勇.农民教育与农民弱势处境的改善[J].前沿,2007（2）.

[84] 张诗亚.和谐之道与西南民族教育 [J].西南大学学报（人文社会科学版），2007（1）.

[85] 邹小华.农民的教育需求与农村教育改革 [J].江西科技师范学院学报，2006（1）.

[86] 李录堂，张藕香.农村人力资本投资收益错位效应对农村经济的影响及对策 [J].农业现代化研究，2006（4）.

[87] 赵怀仁.白族：一个值得研究的民族 [J].中央民族大学学报（哲学社会科学版），2006（5）.

[88] 庞文敏.关于后现代思潮及其意义的再认识 [J].中国农业银行武汉培训学院学报，2006（3）.

[89] 陈雨思.论复杂系统同一性的复杂性：兼论后现代思潮颠覆同一性的双重意义 [J].系统科学学报，2006（2）.

[90] 高德胜.回归生活的德育课程 [J].课程·教材·教法，2004（11）.

[91] 高德胜.学校德育的范式转换 [J].教育研究与实验，2004（2）.

[92] 《教育研究》期刊记者.为"生命·实践教育学派"的创建而努力：叶澜教授访谈录 [J].教育研究，2004（2）.

[93] 高德胜.论现代知性德育与生活的割裂 [J].探索与争鸣，2003（4）.

[94] 邓晓芒.教育的艺术原理 [J].湖北大学学报（哲学社会科学版），2003（2）.

[95] 霍永刚.21世纪扶贫开发的战略重点：教育扶贫 [J].中共山西省委党校学报，2001（4）.

[96] 小威廉姆·E.多尔，王红宇.后现代思想与后现代课程观 [J].全球教育展望，2001（02）.

[97] 金尚理.失礼则入刑：略论先秦礼法制度及其对后世的影响 [J].中州学刊，1999（6）.

[98] 毛乃佳.当前我国学校德育的困境与出路 [J].西北师大学报（社会科学版），1997（2）.

[99] 衣俊卿.论社会转型时期的生存模式塑造 [J].北方论丛，1995（4）.

[100] 王岳川.走出后现代思潮 [J].中国社会科学，1995（1）.

[101] 刘义兵.当前中小学美育的思想 [J].现代中小学教育，1991（3）：55.

[102]J.H.Higginson，Nottingham.The Centenary of an English Pioneer in Comparative Education：Sir Michael Sadler（1861—1943）[J].*International Review of Education.* 1961：Vol.7, No.3.

[103]中共中央办公厅.关于在全党大兴调查研究的工作方案[EB/OL].（2023-03-23）[2024-05-23].http：//www.nhc.gov.cn/wjw/mtbd/202303/57ecf6b568df49318abfeb0a2f753f8c.shtml.

[104]中国科协.全民科学素质行动规划纲要（2021—2035年）[EB/OL].（2021-07-14）[2024-5-23].http：//m.toutiao.com/group/6984762174166336031/

[105]国务院办公厅.关于全面加强和改进新时代学校体育工作的意见[EB/OL].（2020-10-15）[2024-05-23].中华人民共和国中央人民政府.https：//www.gov.cn/zhengce/2020-10/15/content_5551609.htm.

[106]国务院办公厅.关于全面加强和改进新时代学校美育工作的意见[EB/OL].（2020-10-15）[2024-05-23].中华人民共和国中央人民政府.https：//www.gov.cn/zhengce/2020-10/15/content_5551609.htm.

[107]中华人民共和国教育部.大中小学劳动教育指导纲要[EB/OL]（2020-07-07）[2024-05-23].https：//www.gov.cn/gongbao/content/2020/content_5535329.htm

[108]中共中央国务院关于全面深化新时代教师队伍建设改革的意见[EB/OL].中华人民共和国中央人民政府.（2018-01-20）[2024-05-23].https://www.gov.cn/gongbao/content/2018/content_5266234.htm

[109]中华人民共和国教育部.大中小学劳动教育指导纲要[EB/OL]（2020-07-07）[2024-05-23].https：//www.gov.cn/gongbao/content/2020/content_5535329.htm

[110]中共中央国务院.新时代公民道德建设实施纲要[EB/OL].（2019-10-27）[2024-05-23].https://www.gov.cn/gongbao/content/2019/content_5449646.htm.

[111]马春影.蔡元培美育思想及其现实意义[D].合肥：安徽大学,2007.

[112]叶澜.教天地人事，育生命自觉[R].上海：华东师范大学,2006.

后　记

　　教师的职责乃教书育人。韩昌黎先生在《师说》里有言：师者，所以传道授业解惑也。作为传道的师者，当以育人为本，己能修身以德，施教如春风时雨，潜移默化中促学生志道行远，树立其为中华民族伟大复兴的中国梦实现之理想；作为授业的师者，当以学问为根，己能乐学好学，启智如剥丝抽茧，审问明辨中促学生学而时习，夯实其为社会主义现代化建设服务之本领；作为解惑的师者，当以性命为源，己能忠恕仁爱，立诚如民胞物与，合天人内外中促学生情理共谐，陶冶其眷爱祖国河山风景和中华民族一家亲之品格。

　　一言明之：师之所存，道之所存也。此道流畅千古，惟师当之；故师道弘扬，人道光明。2022 年 10 月 16 日《中国共产党第二十次全国代表大会报告》指出：加强师德师风建设，培养高素质教师队伍，弘扬尊师重教社会风尚，建设全民终身学习的学习型社会、学习型大国。历史证明，重视师道即是重视人道，中华儿女向来修身以道，生命实践中人人服膺遵守人生正道为上，从而形成中华民族"耕读传家""清白人间"的家庭教育传统，"亲仁善邻""通情达理"的社会教育风气，"天下兴亡，匹夫有责"的民族教育心理。中华民族之所以能在历史实践中绵延久远，与师道传统关系尤切，不论男女老幼、不论职业有别、不论地域相分，皆以尊师重道为其人生发展的价值导向和本源动力。

　　习近平总书记在北京师范大学师生座谈会上说：正确理想信念是教书育人、播种未来的指路明灯。老师对学生的影响，离不开老师的学识和能力，更离不开老师为人处世、于国于民、于公于私所持的价值观。教育是一门"仁而爱人"的事业，爱是教育的灵魂，没有爱就没有教育。今天，在新时代新征程上，作为一名高校教师，吾辈不能有负历史重托，教育教学实践中理当积极弘扬中华民族优秀传统文化，发挥大德至理之人文精神，用高尚的道德情操和仁爱之心去言传身教，切实践行立德树人的根本任务；也不能有负历史期望，教育教学实践中理当积极创新、开拓进取，发挥博学达真的科学精神，用坚定的理想信念、扎实学识去研究自然宇宙社会真理，将师道和学问之光辉洒满人间大地。

作为师者，自己得到过很多老师的教诲，他们以其特有的人格魅力和睿智学识影响着自己的学问人生。本书出版之际尤其要感谢张诗亚、张瑞才、王凌、陈瑶、张润发等老师在求学和学术研究道途上的引领，感谢大理大学教师教育学院的各位同仁在学术研究、工作和生活上的支持、关心、宽容和厚爱，感谢大理大学教务处杨利权教授的激励和指导。感谢我所指导的已毕业的蒋新秀、靳亚梦、安文华，她们为本书的部分观点多有贡献，也感谢在读的硕士生特别是为本书的文献和文字校对花了功夫的李安琪、王婷、苏珊、李佳昕同学，感谢我的父母、妻子和两个小孩给我生命带来的温暖、感动和意义。